百万富翁
快车道

Crack the Code to Wealth
and Live Rich for a Lifetime

The Millionaire Fastlane

【美】MJ·德马科（MJ DeMarco）著
郑磊 王占新 译

中信出版集团 · 北京

图书在版编目（CIP）数据

百万富翁快车道 /（美）MJ·德马科著；郑磊，王占新译. -- 北京：中信出版社，2017.5（2025.9重印）

书名原文：The Millionaire Fastlane: Crack the Code to Wealth and Live Rich for a Lifetime

ISBN 978-7-5086-7061-4

I.①百… II.①M…②郑…③王… III.①经济学－通俗读物 IV.①F0-49

中国版本图书馆CIP数据核字（2016）第287498号

The Millionaire Fastlane: Crack the Code to Wealth and Live Rich for a Lifetime by MJ DeMarco
Copyright ©2011 MJ DeMarco
Simplified Chinese translation copyright © 2017 by CITIC Press Corporation.
ALL RIGHTS RESERVED
本书仅限中国大陆地区发行销售

百万富翁快车道

著　者：[美] MJ·德马科
译　者：郑磊　王占新
出版发行：中信出版集团股份有限公司
　　　　　（北京市朝阳区东三环北路27号嘉铭中心　邮编　100020）
承 印 者：北京通州皇家印刷厂

开　　本：787mm×1092mm　1/16　　印　张：27　　字　数：300千字
版　　次：2017年5月第1版　　　　　印　次：2025年9月第25次印刷
京权图字：01-2016-9674
书　　号：ISBN 978-7-5086-7061-4
定　　价：69.00元

版权所有·侵权必究
如有印刷、装订问题，本公司负责调换。
服务热线：400-600-8099
投稿邮箱：author@citicpub.com

译者序

理财方法 vs 心灵鸡汤

我从事的工作属于财富管理范畴，无论是协助机构还是个人，最终目的都是帮助客户提高财富净值。所谓"你不理财，财不理你"，理财对于我们这批20世纪70年代的人来说是一件大事。其实不只我们这代人，理财对我们之前的几代人也十分重要，只是那时情况有所不同。当时人们的医疗和养老主要依靠国家，更重要的是，绝大多数人都没有多余的钱财，人们不是不理财，而是无财可理。

时代不同了，如今是一个充满梦想和机会的时代。美国人有白手起家竞选总统、出人头地的美国梦，中国人也有国富民强的中国梦。发财致富并不是什么丢人的事，也绝不是低级趣味，相信人们已经完全认同这一点，否则像《富爸爸穷爸爸》（Rich Dad Poor Dad）这类书就不会空前畅销了。在国外，理财类图书就像国内的炒股书一样，非常普及且很接地气。靠传播理财秘籍而发家致富的例子不少，国内的某些炒股秘籍也能卖出上百万册。虽然本书也算此类书，但本书独具特色。

首先，作者出身平民，致富之前曾尝试过种种途径，看过各种致富秘籍，最终摸索出了一套"致富哲学"。作者开过出租车，做过直销，代理过产品，介入过品牌连锁，最终通过租车网站赚到了人生第一桶金。在网络股泡沫期间，他将公司成功卖出套现。这样一段经历，完全可以在国内很多人身上看到，容易引起读者共鸣。而且也说明，他经历的路径在国内其实是可以复制的。如果成功可以复制，那这个成功经验就具有较大的现实意义和价值。

其次，作者提出了明确的观点，旗帜鲜明地反驳了一些大家惯常接受的财富理念，比如努力工作，提高自身价值，顺着职业阶梯向上爬，节俭持家，最终获得退休的财务保障。作者认为，这是一条慢车道，甚至是人行道，致富效果极差，甚至完全不能达到致富目的。人们往往辛苦了大半辈子，老年时却无福享受这些辛苦积累的财富。对此，作者提出了快速致富的理念，并通过层层说明，构建了一套符合这个理念的致富方法论。

最后，本书文字轻松活泼，全书用口语写成，就像作者在与读者聊天谈心，其中还用了一些比喻和排比，有点类似演讲。这种写作风格对翻译此书带来了一定挑战，我们尽可能将其处理得较为书面化，同时不改变原作的语言风格。

快速致富是本书宣扬的理念。这种说法是不是给人以浮躁的感觉？俗话说，"心急吃不了热豆腐"，所以一夜暴富基本就是妄想。作者在本书中所说的百万富翁快车道是相对于平常靠打工致富的慢车道而言的。作者认为打工真的很难致富，辛苦工作换来的只是财富的缓慢积累，"个人创业"才能快速致富。这个观点马上让人联想到当今的国策"大众创业，万众创新"。只有创业，拥有自己独特的业务，才能踏上发家致富的快车道，这就是本书的出发点。

作者说，创业并不等于"自己做老板"或者"做自己想做的事"，这通常是理财书给读者造成的误区。通过创业发家致富，必须找到满足市场需求的切入点。作者用了大量篇幅，告诉读者在初次经营商业的过程中要注意哪些事项，这也是本书的与众不同之处。正如作者所说，致富是一个过程，而不是一个事件，除了想象力之外，还需要找到正确的方向，采取正确的做法，此外，坚持和耐力也是必备条件。作者的这套方法论显然有别于某些人对快速致富产生的误解。快速致富不是白日梦，不是捷径，不能让你一夜暴富。它只是告诉你，除了为别人打工之外，你还有其他更为快速的致富途径。如果方法得当，也许你不到 40 岁，就能够实现财务自由了。而作者用自己的经历和经验证明，这是可行的。

在本书的 40 多章里，每一章都论述了作者致富理论的一个主题，并且在最后一章，作者巧妙地将所有内容要点串在一起，用每个词的首字母拼成了一个英文词汇"FASTLANE SUPERCHARGER"，即"快车道超级充电器"，这可谓别出心裁。当然，个人愚见，让所有人都去创业并不现实，如果你正好有这个机会，那就抓住它！记住，认真看完这本书，你可能会更好地把握这样难得的快速致富机会！

来吧，伙计！开始行动！

前言

兰博基尼预言实现了

　　本书源于我多年前的一次偶遇。当我还是一个矮胖的少年时，我看到一个陌生的年轻人开着一辆神奇的跑车——兰博基尼康塔什，这使我萌生了要快速致富的想法。这种想法是一种决心和信念：你不需要去打几十年的工，不需要攒几十年的钱，不需要过几十年省吃俭用的生活，也不需要几十年获得8%的股市回报。总之，你不用忍受50年平庸的财务状况。

　　本书中多处提到了兰博基尼这个品牌，这不是为了炫耀我自己拥有多少辆兰博基尼，而是代表我完成了对生活的预言。那个年轻人所开的兰博基尼是我有生以来第一次看到，我受到了很大的刺激。当时我问了他一个简单的问题："你怎么开得起这么贵的车？"我将在本书的第2章中揭晓我得到的答案。这个答案简短而有力，但是我希望知道更多。我希望那个年轻人能花一分钟、一小时、一天，甚至一周时间，好好跟我说说。我希望他能指点我如何得到兰博基尼所代表的东西——财富。我希望他从车里拿出一本书递给我。

　　如今，我也开上了兰博基尼在街上兜风闲逛。我重温着那种感受，只不过角色已经调换过来。为了庆祝我实现了快速致富，我买了一辆"传奇怪兽"——兰博基尼迪亚波罗。如果你从未开过一辆比大多数人家的房子还贵的车，就让我告诉你那是怎样的状况：你不能害羞。人们在路上追着你看，他们跟在你的车后，伸着脖子看，不小心还会出车祸。你给车加油也是件不寻常的事情：人们会抢着

V

拍照，激愤的环境保护主义者会对你怒目而视，而那些嫉妒者会暗讽你身材矮小，就好像他们开现代牌汽车就意味着身材魁梧似的。但多数情况下，人们会问你一些问题。

那些羡慕地看着这辆车的年轻人最常问的问题和我很多年前问的一样，"哇哦，你怎么买得起这车？"或者"你是做什么工作的？"人们把兰博基尼和财富关联在一起，然而那只是一个幻觉，其实兰博基尼是人们无法理解的梦想生活方式的象征。

现在，当有人问我几十年前我问的那个问题时，我就可以送他一本书，或是个梦想。这本书，就是我给出的正式回答。

目录

引言　财富之路有一条快车道 / 1

第 1 篇　轮椅上的财富：缓慢致富意味着人老了才会有钱 / 9
    第 1 章　伟大的欺骗 / 11
    第 2 章　我是怎么逆转缓慢致富的 / 16

第 2 篇　财富不只是一条路，而是一场旅行 / 31
    第 3 章　旅行在财富之路上 / 33
    第 4 章　财富路线图 / 40

第 3 篇　贫穷：人行道路线图 / 45
    第 5 章　走得最多的路：人行道 / 47
    第 6 章　你的财富中毒了吗 / 58
    第 7 章　你滥用金钱，金钱就会报复你 / 64
    第 8 章　幸运儿玩的游戏 / 72
    第 9 章　致富需要承担责任 / 78

第 4 篇　平庸：慢车道路线图 / 87
    第 10 章　你一直在被谎言误导：慢车道 / 89
    第 11 章　不平等的交易：你的工作 / 101
    第 12 章　慢车道：你为什么不富有 / 108
    第 13 章　徒劳的抗争：教育 / 119
    第 14 章　大师们的虚伪 / 124

第 15 章　慢车道的胜利——一场关于希望的赌博 / 130

第 5 篇　财富：快车道路线图 / 143

第 16 章　财富的捷径：快车道 / 145

第 17 章　转换团队和剧本 / 156

第 18 章　富人发财的真相 / 160

第 19 章　破解财富和时间的联姻 / 171

第 20 章　招募你的自由战士 / 182

第 21 章　真正的财富定律 / 192

第 6 篇　获取财富的工具：你自己 / 199

第 22 章　首先管好你自己 / 201

第 23 章　生活的方向盘 / 206

第 24 章　将你的挡风玻璃擦拭干净 / 217

第 25 章　排除阻碍你的绊脚石 / 231

第 26 章　你的原始燃料：时间 / 238

第 27 章　换掉脏机油 / 247

第 28 章　冲击红线 / 259

第 7 篇　通向财富之路 / 269

第 29 章　通向财富的正确道路 / 271

第 30 章　需求戒律 / 274

第 31 章　进入戒律 / 290

第 32 章　控制戒律 / 297

第 33 章　规模戒律 / 307

第 34 章　时间戒律 / 315

第 35 章　快速致富的 3 条大道 / 319

第 36 章　找到你的金光大道 / 328

第 37 章　为你的路设定终点 / 335

第 8 篇　加速累积财富 / 345

第 38 章　成功的速度 / 347

第 39 章　烧掉商业计划，立即开始行动 / 353

第 40 章　步行者会让你发财 / 358

第 41 章　把搭便车者扔出去 / 370

第 42 章　成为别人的救星 / 378

第 43 章　打造品牌而不是生意 / 383

第 44 章　选择"一夫一妻"制 / 399

第 45 章　为你的致富计划充满电 / 402

附录 A　读者反馈 / 409

附录 B　40 条快车道指南 / 417

引言

财富之路有一条快车道

通往财富和财务自由有一条隐秘的道路，你可以在这条道路上以极快的速度积累财富，在年少时就得到想要的生活，而不用等到暮气沉沉。你可以脱离平庸，过上富足的生活，甚至提前40年退休，令人羡慕。可悲的是，你却没有发现这条捷径，而是在一条通往平庸的拥堵道路上越走越远，这条路是为沉睡中的人们量身打造的财务策略。你虽付出了很多努力，却牺牲掉自己远大的梦想，去满足那些令人麻木的奢望。

你走的是那条路吗？走在财富慢车道上缓慢致富，或者称为"坐在轮椅上致富"。那种乏味的日子听起来就像这样：

"上学读书，取得好成绩，读研究生，得到一份好工作，省吃俭用，拿出10%的钱投资于股票市场，尽可能多地积累退休金，少刷点信用卡，使用优惠券……然后，某一天，当你65岁时，你就会衣食无忧了。"

这听上去是人生的标准模式。这条道路很漫长，而且沿途风光并不秀丽。假如让财富漂洋过海的话，财富慢车道会绕行南美洲的合恩角，而快车道则是选择最快捷的巴拿马运河。

百万富翁快车道绝不是静态策略，不会去鼓吹投资房地产、积极地思考、开始创业，它是一个完整地破译了财富代码的心理和数学公式，是解开致富快捷之路的密钥。百万富翁快车道是通向卓越的旅程，可以让你与众不同。它不仅可以使你在年轻时生活富有，而且可以让你提前退休。也就是说，不管你是 18 岁还是 40 岁，都可以赢得自由富足的人生。通过缓慢致富达到这个境界要花 50 年，而走快车道则只需 5 年。

为什么不选择快车道

如果你是一个典型的财富淘金者，可以预见的是，在积累财富之前，你会不断地问自己："我做什么事情才能致富？"对答案的渴求就是你源源不断的动力，它会将你置身于追逐模式，让你追逐各种各样的策略、理论、职业和计划，你认为它们会给你带来巨大的财富。投资房地产！货币交易！打职业比赛！"我到底应该怎么做？"你开始沉不住气了。

对不起，请先停一停。问题的答案与你一直在做的事情有关，而不是你还没做的事情。有一个古老的谚语，虽然几经变化，但其核心意思是说：如果你想继续得到你所拥有的，就要继续做你正在做的事情。

这话怎么理解？停下来吧！如果你不是很富裕，请停下你正在做的事情。不要再听信那些传统的智慧了，别再随波逐流地使用那些错误的方法了，也不要再跟随那些抛弃梦想并导致平庸的路线图了，更不要在那些有超速罚款限制性规定和到处是弯道的路上行驶。我将这些称为"反建议"，本书的大部分内容都遵循这个原则。

本书列出了近 300 条财富特质，旨在破译财富密码，带你驶离当前的道路，进入一条新的探索快速致富的道路。这些财富特质将为你指明方向，"叫停"你现有的行动、思考以及你所信赖的致富方式，为你指引一个新的方向。从本质上说，你必须忘掉你过去所学的东西。

你是你，我是我

这部分内容是写给不喜欢我的理论的人看的。我提出的快车道理论带有傲慢的愤世嫉俗的色彩，本书中有大量"严厉的爱"，这些只是我的个人观点，读者最终还是要寻求适合自己的理论。快车道理论可能会让你感到面子受损、被冒犯或被挑衅，因为它将颠覆你曾经深信的理念。它会有别于你的父母、老师和理财规划师的教导。既然我在颠覆社会的主流意见，可以和你打个赌，平庸的人一定会质疑我。

谢天谢地，不管你对快车道理论持信任还是怀疑态度，都不会改变我的现实情况，它只会改变你。我重申一次：不管你对快车道理论的看法怎样，信与不信，都不会改变我的现实生活，你读这本书旨在改变你的生活。

我先来介绍一下我的现实情况：我很幸福地生活在美丽的亚利桑那州凤凰城，居住在一座可以俯瞰群山的大房子里。其中有些房间，我经常好几个星期都不会走进去，因为房子实在太大了。有关它的来历，一言难尽，最好忘掉它。

我不记得我上次被闹钟吵醒是哪一天，因为对我来说，每天都是星期六。我不需要上班，也没有老板；我不穿西装，也不打领带；我的胆固醇水平证明我在意大利餐厅用餐次数太多。从写这本书起，我开着丰田塔科马轿车去工作（"工作"其实就是去健身房和百货店购物），驾驶最新一代的兰博基尼去玩。我开着750马力、排出二氧化氮的"蝰蛇"① 参加街头赛车差点丢了性命。如果过了中午12点，我又正好在好市多（Costco）、科尔士（Kohl's）或沃尔玛（Wal-Mart）附近，我就会去购物。不，我从不开兰博基尼去沃尔玛，这一定会导致长时间连续性的堵车。《星舰家族》（*Trekkies*）的星迷们很懂这个的。

我喜欢网球、高尔夫、骑自行车、游泳、徒步旅行、垒球、扑克、桌球、艺术和写作。无论想去哪里，我都可以随时出发。除了抵押贷款，我没有其他债务。由于我拥有想要的一切，你都无法给我送礼物。大多数东西的价格对我来说无关紧要，只要我想要，我就能买得起。

31岁的时候，我赚到了人生中的第一个100万美元。而在5年前，我还和母亲住在一起。我在37岁的时候就不用上班了，因为每个月我都能赚几千美元的利息，还能获得在全球各地投资的增值。无论是哪一天，也不管我在做什么事，有一点是可以肯定的：我有收入，却不用去上班。我有财务自由，因为我破译了财富密码，并且远离了财务平庸状态。我是一个普通人，却过着不平凡的生活。这看上去像是一个童话世界，但确实是我的现实和正常生活，我可以自由追逐令人难以置信的梦想，尽情享受不用负担任何财务包袱的自由状态。

假如我选择的是走缓慢致富的老路，我就只能期望维持生活，梦想可能会被日复一日的叫醒闹钟和拥挤的上班早高峰所替代。

你的梦想到底是怎样的？你会梦想成真吗？你是裹挟着梦想前行，还是让梦想始终是一个梦想？如果你失去了梦想，很可能就是因为缓慢致富剿灭了它们。缓慢致富残忍地逼迫你用一种自

---

① 美国克莱斯勒公司生产的一款经典跑车，发动机舱盖上有一个蝰蛇（viper）车标。——译者注

由换取另一种自由。这是一个荒唐的交易，梦想可能就这样被摧毁了。

相反，如果你的旅途是按照正确的道路前行，并且利用正确的路线图，你就有可能实现梦想。没错，作为一个行走在快车道上的旅行者，你可以迅速地创造财富，扭转缓慢致富的局面，并赢得一生的财富和自由，实现梦想的荣光……就像我做到的那样。

如果你之前没有发现这本书，请不要担心。快车道不在乎你的年龄、工作经验、种族或性别。它也不介意你在八年级体育课上的成绩是"F"，或者在大学里酗酒的名声。快车道不关心你是否拥有常春藤大学或者哈佛大学的工商管理硕士学位。它不会要求你是一个著名的运动员、演员，也不会要求你晋级《美国偶像》(*American Idol*)的决赛。如果你刚刚打开大门，进入快车道的世界，它会对你的过去充满宽容和仁慈。

这听起来有点像午夜的电视购物广告，让我澄清一下：我既不是也不想成为所谓的"大师"。我不喜欢"大师"，因为"大师"意味着无所不知，所以请称我为"缓慢致富"的"反大师"吧。快车道是一所终身学习的学校，它没有毕业生。我混迹其中摸爬滚打了20年有余，但是还得谦卑地承认，我还有更多的东西需要学习。

对不起，这里没有每周 4 小时的工作

首先，我需要澄清的一点是：这不是一本教你"如何做"的书。我不会告诉你"我是如何做的"每一个细节，因为这无关紧要。这本书没有给出如何将你的生活进行"外包"的网站。成功是一个旅程，它不是可以外包给印度的每周 4 小时的工作。百万富翁快车道关乎心理学和数学，它可能给你带来海量的财富。

在我的快车道发现之旅中，我一直在寻找能带来财富的绝对可靠的公式。但是，我发现的理论表述起来都含糊不清，或者是主观

祈使句，如"下定决心"、"坚持"，或者是"你知道什么并不重要，你认识谁才是最重要的"。当这些表述被编译为公式的一部分后，它们就失去了保障财富的作用。一个可行的公式应该使用数学结构，而不是含糊其词。那么，财富真的有数学公式吗，是否能够用其将概率扭转到对自己有利的地步？是的，百万富翁快车道完全能够胜任这项工作。

现在要告诉你一些坏消息了。许多财富淘金者对讲述"赚钱"的书籍，都会有不切实际的期望，他们幻想童话大师一定会帮他们实现致富的梦想。在通往财富的道路上，是没有人会护送你的，而且这条道路永远处在建设中。没有人会把百万财富砸到你的身上，你只能独自一人去探寻。我可以开启这扇大门，但我不能护送你一直走下去。我不敢说快车道是轻松容易的，相反，这其实是一条艰辛的旅程。如果你期望在这里每周工作 4 小时，那么你一定会失望的。我所能做的全部，就是像一个令人毛骨悚然的小鬼指着远处，严厉地说："沿着黄色的砖路往前走。"快车道就是那条路。

与千万富翁喝咖啡

我是用交谈的方式来写这本书的，就像你是我的新朋友，我们在附近一家雅致的咖啡馆里喝咖啡。这意味着我的目的是劝导你，而不是把你忽悠到一些昂贵的研讨会、会员网站或营销终端去。在我与你进行沟通、将你视为我的朋友的时候，我们还要面对一个现实，那就是我还不知道你是谁。我对你的过去、年龄、偏好、配偶或教育状况一无所知。因此，我需要得到一些有关你的基本情况，好让我们的谈话看上去是针对你个人的。

我对你的假设如下：

- 你对自己的生活会这样想，"我应该拥有更多"。

- 你有远大的梦想，但你担心目前的道路可能永远无法实现那些梦想。
- 你刚刚进入大学、已经在大学就读或接受过大学教育。
- 你有一份不喜欢或者不会让你发财的工作。
- 你的积蓄很少，而且有债务负担。
- 你定期向养老账户缴款。
- 你看到有钱人时，很想知道"他们是怎么做到的"。
- 你买了几本"快速致富"的书和/或参加了这样的课程。
- 你生活在一个自由、民主的社会，有选择教育和自由的权利。
- 你的父母遵奉老一套的想法，"去上大学，然后找个好工作吧"。
- 你没有任何身体上的天赋，成为一个专业运动员、歌手或演员的可能性为零。
- 你年轻有活力，对未来饱含热情，却不知去哪里挥洒。
- 你年纪较大，已经饱经风霜。经过这些年，你没有什么资本可以炫耀，也无力重新开始。
- 你曾经将全部心血投入工作，却由于经济不景气而面临解雇。
- 你曾经听信金融专家的建议，在股票市场或传统投资中亏得一塌糊涂。

如果这些假设有一部分和你的情况相符，那么本书将会对你产生影响。

关于本书的编排

本书在每一章的结尾处设置了一个特别的模块："本章小结：助你踏上快车道"，阐述了慢车道与快车道策略的关键区别。不要忽视这些内容！它们是你构建快车道的基石。另外，本书引用的案例均来自快车道论坛和其他个人金融论坛。虽然故事是真实的，故事中的主人公和问题也是真实的，但我改了他们的名字，而且为了清楚起见，我还重新编辑了对话。请你到快车道论坛（TheFastlaneForum.com）和数千粉丝一起参与快车道策略的自由讨论吧！当快车道改变了你的生活，顺便在论坛里或发邮件告诉我你是如何做到的（邮箱地址：mj. demarco@yahoo.com）！

我花了许多年才开发和创建了快车道策略，请你学习它，使用它，最终成为百万富翁。无论你是秀发飘飘的年轻人，还是已经退休，都可以阅读本书。请系好你的安全带，打起十足的精神，和我一起开启旅程吧！

第1篇

轮椅上的财富：
缓慢致富意味着人老了才会有钱

第 1 章
伟大的欺骗

> 平凡不是什么值得向往的事情,应该远离它。
> 朱迪·福斯特(Jodie Foster)

《名人豪宅秀》节目永不会发生的情景

主持人:"22 岁的霍大佬拥有一幢 700 多平方米的豪宅,它坐落在美丽的大西洋海岸,佛罗里达的阳光棕榈海滩上……好了,霍老大,快说说你的爱车吧!"

霍大佬:"嗨,老兄,我在那里有一辆配置 22 英寸轮辋的法拉利 F430,一辆装载定制 10 声道音响的兰博基尼盖拉多,如果我想和女士们度过一个轻松的夜晚,我会选择劳斯莱斯。"

主持人:"那么,你怎么能买得起这些豪华的座驾呢?还有这座海滩上的豪宅,它的价格一定会超过 2 000 万美元吧!"

霍大佬:"让我告诉你吧,老兄,我致富的法宝是共同基金和我在从事 Win-Go 无线业务工作时获得的 401K[①] 保险。"

突然,唱片转动的响声戛然而止,一切陷入沉寂。

你可以想象,这样的情景永远不会发生。霍大佬的回答是荒谬

[①] 美国的员工社会保险制度。——译者注

可笑的。我们非常清楚，22岁的年轻人致富，并不是由于投资了共同基金，也不是因为在手机店工作时积累的401K账户回报。通常情况下，有钱的年轻人是社会的一个独特圈子：职业运动员、歌手、演员和其他行业的名人。圈子之外的人们，只能听从财务专家的传统建议。

这就是所谓的缓慢致富，听起来像是这样：上学，毕业，取得好成绩，找个好工作，在股票市场投资，最大化401K保障，少刷信用卡，尽量使用优惠券。然后终究有一天，或许是65岁的时候，你就会很有钱。

缓慢致富是一场失败的游戏

如果你想发财，却将缓慢致富作为你的策略，我认为这是一个不幸的消息。缓慢致富是一个注定失败的游戏，它会将你的时间耗费在赌博中。你真的认为那些生活在富丽堂皇的棕榈海滩豪宅里、拥有价值50万美元超级跑车的家伙的致富原因是投资共同基金吗？还是靠积攒优惠券？当然不是。那么，我们为什么还会相信这是一条通向财富和财务自由的道路呢？

请给我举出一个22岁的人通过投资共同基金发财的例子。告诉我又有谁是通过最大化利用401K保险，在3年内赚到了数百万美元。再告诉我有哪个20岁出头的年轻人通过积攒优惠券变得富有了。这样的人都在哪里呢？他们根本就不存在。那只是童话，根本不切实际。

然而，我们还在继续信任那些财经媒体宠儿传播的财富理论。是啊，找个工作，干满50年，勤俭持家，过简朴的日子，投资股票市场，很快你就到了70岁，你财务自由的日子也来到了。如果股票市场行情不错，而且你很幸运的话，还能提前到60岁！哎呀，这听起来是不是令人兴奋的"轮椅上的财富计划"？

令我震惊的是，在当前动荡的金融环境中，人们还相信这些策略会奏效。是不是由于经济衰退才暴露出缓慢致富存在欺诈行为呢？哦，我明白了，如果你工作了40年，并且避免了40%的市场低迷，缓慢致富还是有效的。你只要坐下来，工作，祈求死亡不要先找上你，天啊，你会成为养老院里最有钱的人！

说白了，缓慢致富就是：牺牲你的今天、你的梦想、你的人生，当你生命几近尾声时，你将得到支付的股息。坦率地说，如果财富之路吞噬你充满活力的成年生活，那这条路一定是很烂的。如果你的财富之路过度依靠华尔街并且要赌上你毕生的时间，那么这条路一定是肮脏烂污的死胡同。

然而，那些所谓的"理财专家"向大众推荐并强制他们执行的设定路线仍占主导地位，而这些"专家"之所以能够发财，并不是因为遵从了这个路线，相反，他们走的是百万富翁快车道。慢车道的鼓吹者们心知肚明，但是他们不会告诉你：他们所教的东西对致富不起作用，兜售这些东西却可以致富。

年轻人有钱：是胡说八道吗

百万富翁快车道不是在你退休时拥有百万财富，而是对财富重新进行定义，包括青春、快乐、自由、富裕。下面摘录发表在快车道论坛中的一个帖子：

"这是在胡说八道吗？你要知道，每个人都梦想在年轻的时候就拥有进口轿车，得到梦想中的房子，空闲的时候去旅行，追逐自己的理想。你真的能在年轻的时候就从疯狂的竞争中解脱出来吗？我今年23岁，住在伊利诺伊州芝加哥市，是一名投资银行从业者，我的工资和佣金很丰厚，在大多数人的眼里，这是一份好工作，但我讨厌它。我开车到芝加哥市中心，看到了一些人的生活，于是我开始反思。他们驾驶着昂贵的进口汽车，年龄在50岁开外，花白的头发开始爬上发际！其中一个人告诉我：'孩子，你要知道，当你终于能负担得起这样的玩具时，你就太老了，都无法享受它！'他是一个52岁的房地产投资者。我当时在想，上帝啊，这不可能是真的！真是胡说八道！绝对不是这样的！"

我敢肯定，年轻人有钱并不是胡说八道。年轻人可以过这种生活，年老并不是致富或退休的先决条件。真正胡说八道的想法是能按照缓慢致富的方式做到这一点，至少在你30岁的时候，你还会是老样子。认为到了老年才该退休的说法简直是一派胡言，这是在容忍缓慢致富偷走你的梦想。

重新定义退休，将年轻包括在内

说到退休，你会想到什么？我看到的是一个破旧的摇椅上坐着一个古怪的老人；我看到的是药店、医生诊疗室、拐杖，还有难看的尿不湿；我看到了疗养院里那些不堪重负的亲人；我还看到了衰老和行动不便。见鬼，我甚至闻到了1971年的那种霉味。人们在六七十岁的时候退休，即使到了那个年龄，他们仍然入不敷出，还得为生存继续奔波劳碌，依靠政府的救济勉强度日。其他顺利进入"黄金年代"的人，也只是过着普通的生活，甚至有一些人远远做不到这一点，他们一直工作到生命的终点。

这是为什么？答案很简单。缓慢致富需要一辈子的时间，而且会遇上太多你无法控制的因素。花50年做一份工作，却过着省吃俭用的日子，然后有一天，你终于可以富足地退休了，却要和轮椅与疾病为伍，这是多么令人沮丧啊。

然而，数以百万计的人们正在进行着这项长达50年的赌博。那些成功获得财务自由的人，得到的回报却一文不值，因为他们已经步入垂暮之年。谢谢,他们终于不必再担心了,庇护雨露从天而降,"黄金岁月到来了!"在开什么玩笑?黄金是留给谁的?

如果这个旅行要耗费你 50 年的生命,值得吗?一条要走 50 年的财富之路,是绝不会激起任何人兴趣的,因为很少有人成功,而且即使达到财务自由了,这个人也俨然进入了生命的垂暮之年。

一般意义上的退休在于"你什么也看不到"。你看不到青春,看不到乐趣,也看不到梦想实现的那一天。黄金岁月根本就不是黄金,而是一个等待死亡的牢笼。如果你想在死神向你招手之前获得财务自由,缓慢致富绝不是答案。

如果你想趁着年轻,在健康、充满活力、满头秀发时就退休,请无视社会默认的缓慢致富的路线图和"大师们"灌输给你的填鸭式教条,你应该选择另一条路。

本章小结:助你踏上快车道

※ 缓慢致富需要有一个收入颇丰的长期工作。
※ 缓慢致富是一个失败的游戏,因为它依赖于华尔街和你投入的时间。
※ 真正的黄金岁月是你的青春、充满活力的岁月。

第 2 章
我是怎么逆转缓慢致富的

> 人生的目的不是在芸芸众生中苟且偷生,而是要在疯狂中寻找自我。
>
> 马可·奥勒留(Marcus Aurelius)

缓慢致富是梦想的杀手

少年时代的我,没曾想过自己有机会成为年轻的富豪。"财富+青春"是一个无法做简单计算的公式,对于年轻人来说,通往财富的路上通常布满了竞争的荆棘,而且需要天赋。对于我来说,成为一个演员、歌手或职业运动员,或在其他道路上,都悬挂着一个巨大的牌子,上面写着"此路不通",它们在嘲笑着:"你没有任何机会!"

所以,早在少年时代,我便接受了这个现实。我放弃了我的梦想。缓慢致富的道路非常清楚:上学,找工作,节省,牺牲,吝啬,放弃财务自由的梦想、山间豪宅和进口豪华汽车。但我还是心存梦想,这是所有十几岁男孩都会有的梦想。我对汽车情有独钟,尤其是兰博基尼康塔什。

90 秒彻底改变了我的生活

我在芝加哥长大,小时候长得胖嘟嘟的,身边没有什么朋友。

第2章 我是怎么逆转缓慢致富的

我那时候对少女或运动不感兴趣，只是喜欢躺在懒人沙发上，一遍又一遍地看《猫和老鼠》（Tom and Jerry）。我缺少家庭的温暖，父母很早就离婚了，母亲拉扯着哥哥和我长大。我的母亲没有上过大学，除了在肯德基上班，几乎没做过其他工作。少年时的我十分放纵，经常吃各种甜食，痴迷于《天龙特攻队》（The A-Team）。从一把又长又破的扫帚就能看出我的懒惰，我把它当作电视机遥控器使用，因为遥控器坏了，我都懒得动一下身。如果我想出去活动一下，那一定是去冰激凌店，享受甜品带来的快乐就是我的动力。

那一天，我像往常一样去买冰激凌，边走边想着哪种口味的冰激凌更好。当我走到冰激凌店时，我看到那里停着一辆兰博基尼。我终于能够目睹梦想中的车了，那是一辆因20世纪80年代热播电影《炮弹飞车》（Cannonball Run）而出名的兰博基尼康塔什。它就像一个至高无上的国王，高傲地停泊在那里，我凝视着它，就像一个信徒在膜拜上帝。我对它肃然起敬，完全忘记了自己是去买冰激凌的。

我卧室的墙上挂满了汽车的图片，我也常常对着最喜欢的汽车杂志流口水，我对于兰博基尼康塔什非常熟悉：狡猾、邪恶、高速、太空舱门、异常昂贵。然而，它现在就出现在我的眼前，仿佛是"猫王"埃尔维斯（Elvis）复活了。它的外观庄严精致而不落俗套，我就像一个艺术家，在面对面欣赏一件莫奈（Monet）的真迹，品味着它的线条、弧度、气味……

我愣了几分钟，直到一个年轻人走出冰激凌店，朝那辆车走过去。难道这是车主吗？他看上去都不到25岁！身穿蓝色的牛仔裤和超大的法兰绒外套，内穿一件铁娘子演唱会的衬衫，我判断他绝不可能是车的主人。我原以为车主应该是一个老家伙：满脸皱纹、满头灰发、发际朝后、穿着过季的衣服，然而结果并不是这样。

"真是见鬼！"我想。一个年轻人怎么能买得起如此昂贵的汽车呢？上帝啊，这辆车的价格超过了我所住的房子！于是，我推测这

17

是一个彩票幸运儿，或是一个继承了家族财富的有钱人。不，他是一个职业运动员。是的，肯定是这样，我得出了结论。

突然，我的脑海中冒出一个大胆的想法：为什么不问问他是做什么的呢？我可以吗？我站在人行道上发呆，心中犹豫不决。最终，我克服了紧张，鼓足勇气，不由自主地朝车的方向走了过去。在我的印象中，好像是我的哥哥在嘲笑："危险，威尔·鲁滨逊（Will Robinson），危险！"

车主见我朝他走来，掩饰着自己的恐惧，冲我挤出了笑容，并打开了车门。哇！车门猛地向天空竖起来，而不是像一辆普通的汽车一样向外打开。虽然我内心十分慌乱，但我努力保持冷静，竭力掩饰自己，就像车门这样开启十分平常。机会就在这里，我抓住了它。"您好，先生！"我有点紧张，喃喃地说道，希望他能注意到我。"我可以问你是做什么的吗？"对于我来说，这几句话就像一部小说那么长。

车主意识到我不是一个少年流浪汉，便放松了警惕，并亲切地回答："我是一个发明家。"他的回答让我不知所措，这和我心中的答案完全不同，我准备的后续问题都作废了，我不知所措，僵硬地站在那儿，就像几分钟前想吃的冰激凌。就在我想伺机逃跑的时候，年轻的兰博基尼车主关上了车门，然后发动引擎。排气筒发出的咆哮声响彻整个停车场，像是在提醒周边的一切兰博基尼强大的存在。不管我愿不愿意，谈话就这样结束了。

我知道这样的情景可能几年后才会重新遇到，面前的这个汽车独角兽深深地铭刻在了我的内心。我如梦初醒地离开，仿佛脑中的中枢神经突然被打通。

从名声和天赋中解放出来

那天发生了什么变化？我接触到了百万富翁快车道，接触到了新的真理。我没有走进那家冰激凌店，而是转身回到家中，正视现实。我不是运动员，也不会唱歌，不能表演，我没有名望也没有身体天赋，但我仍然可以变得富有。

从那一刻起，事情就发生了变化。与兰博基尼相遇的90秒，改变了我一生的信念、方向和选择。我下定决心总有一天也会拥有一辆兰博基尼，而且我在年轻的时候就能做到。我不想等到下一次的街头相遇，也不想在下一期海报上看到它，我要自己真正拥有。于是，我扔掉了扫帚，从沙发中爬了出来。

探索百万富翁快车道

偶遇兰博基尼之后，我就努力研究那些名不见经传、没有天赋的年轻人是如何成为百万富翁的。但我不是对所有的百万富翁都感兴趣，只是青睐那些过着富裕和奢侈生活的人。因此，我研究了一个人数很少且隐秘的人群，他们是一群名不见经传的百万富翁，符合以下这些标准：

- 他们都过着或者有能力过富足的生活。我对与中产阶级毗邻而居的节俭的百万富翁没有兴趣。
- 他们相对都很年轻（35岁以下），或者他们能够飞速地致富。我对花了40年时间，靠吝啬节约成为百万富翁的人没有兴趣。我想在年轻的时候就能富有，而不是要等到老的时候。
- 他们必须是自己创造财富。我身无分文，不想研究那些幸运的彩票中奖者。
- 他们的财富增长不能是来自个人声望、身体天赋、打职业赛、唱歌或其他娱乐。

我寻找的百万富翁，他们刚开始应该像我一样都是普通人，没有任何特殊的技能或天赋，通过某种努力才成了富豪。在高中和大学阶段，我曾经非常认真地研究过百万富翁之间的差异。我在杂志、书籍、报纸中阅读成功商人的相关资料。任何能够洞察到这个小群体的东西，我都会通通吸收。

不幸的是，这种揭开快速致富密码的热情让我尝到了失望的苦头。我曾经痴迷于深夜的商业信息片，并对此深信不疑，愿意为此刷信用卡，但它们没有带来财富，不管是华而不实的广告，还是声嘶力竭的推广，抑或是大胸模特，从没有变成现实。

在我不断地满足求知欲，并经历了一份又一份的零工之后，终于发现了关于快速致富的一些显著的共同特征。我相信我已经揭开了百万富翁快车道和闷声发大财的所有密码。我立志要成为有钱人，而这一旅程在大学毕业后马上就要开始。虽然我不知道在前方有多少障碍、弯路，也不知道我会犯多少错误。

抵制平庸

我毕业于北伊利诺伊大学，拥有两个商务学位。我认为，大学就是用5年时间给未来的公司员工洗脑，使他们以为毕业便是人生的巅峰。我认为大学就是教学生乖乖地进入公司就职，将其一辈子紧紧地与老板、过度工作和低薪绑在一起。我的朋友找到了一份好工作便向我炫耀：

- "我在摩托罗拉工作。"
- "我在西北保险公司找到了一份工作！"
- "我在赫兹汽车租赁做管理见习生！"

在我为他们高兴之余，我的朋友们已经搭上了慢车道的谎言列车。我？谢谢，我不要。我一直试图躲开慢车道，就像躲避中世纪的瘟疫。我的想法是找到快车道，年纪轻轻就过上富足的退休生活。

路障、弯路和抑郁

尽管有信心，但接下来几年发生的事情，远远低于我的期望。当时我和母亲生活在一起，我的创业项目一个接一个，但是距离成功都很遥远。我每个月都在经营不同的业务：维生素、珠宝、在商业杂志刊登热门的"交钥匙"营销工程，还有一些愚蠢的远程网络营销工作。

尽管我非常努力，但是屡战屡败，导致债务不断增加。几年过去了，愚蠢的骚动迫使我尝试了一系列粗俗不堪的工作，并严重打击了我的自信。我曾在一家餐馆打杂（没错，后厨有蟑螂），在芝加哥的贫民窟做短工，送过比萨外卖，当过鲜花送货员、调度员、轿车司机，在《芝加哥论坛报》（*Chicago Tribune*）做过早报投递员，在地铁三明治店做过推销员，在西尔斯百货（Sears）做过理货员（在讨厌的纺织品部门工作），捡过别人施舍的易拉罐，还做过房屋油漆工。

还有比这些工作和低廉工资更糟糕的吗？有，那就是时间。大部分工作需要黎明前就开始，凌晨三四点。不管这个时间多么邪恶，我可以打赌这种工作需要在这个时间去做。上了5年的大学，毕业后我的生活就像是一个奶农。该死！因为手头太紧了，为了给我最好的朋友准备结婚礼物，我不得不向一个老女人出卖自己的肉体。没错，那是在20世纪90年代，我有一种虎落平阳的感觉。

与此同时，朋友们的职业生涯发展得如日中天。他们的年薪增长了4%，他们购置了野马（Mustangs）和讴歌（Acuras），还有100多平方米的联排别墅。他们安于现状，过着注定被社会期望的生活。他们是正常的，而我不是。

26岁的时候，我备感沮丧。我的生意亏本，无法自给自足。周期性的抑郁折磨着我破碎的心灵。芝加哥的天气多雨，阴暗又沉闷，我渴望躺在舒适温暖的床上，品尝美味的糕点。是的，我没有什么成就。我厌倦了这些高中阶段辍学者才干的工作，挣扎着起床成为我每日的必修课。失败让我的身体、情感和财务耗尽，我知道现在的我并不是真正的我。我所知道的百万富翁快车道密码未能生效，我做错了什么？为什么不进反退？经过这些年的研究和学习，阅读了大量的书籍和杂志，看了那么多"快速启动"的视频，我还是没有接近财富。我被困在人行道上，快车道对于我来说遥不可及。

虽然沮丧让我逃避，但我没有沉浸于毒品、性或酒精中，而是沉浸在书籍中，持续研究那些名不见经传的百万富翁。如果我不能成功，我会潜逃到那些致富圣经、成功自传和白手起家的传奇故事主人公的生活中。

但情况变得更糟糕了。在我的生活中，有人放弃了我。相处很久的女友对我说："你无药可救了。"她在一家汽车租赁公司有一份安稳的工作，但她的工作时间很长，挣到的只是小钱，每年只有2.8万美元，我们常因此事争吵。当然，她理所当然地反驳，指出事实："你没有工作，你挣的钱比我少2.7万美元，你的生意没有一个是赚钱的。"她倒是挺机灵的，找到一个新男友，是一家广播电台的广告经理，我们的关系就这样结束了。

然后是我的母亲。大学毕业后的前几年里，她完全不屑搭理我，我后来又经历了连续的挫败和那些愚蠢的工作。我乞求她对我要有足够的耐心，并向她解释道，快车道企业家创造的财富是指数型增长，而那些上班族的财富是按照线性增长的。不幸的是，无论我的图表和指数多么伟大，母亲都对我失去了信心，而我也没有责怪她。因为在她眼中，可能听到一个人在火星上着陆也比我的话更加可信。

她的指令只会适得其反。她每周至少会冲着我大叫20次："找个工作吧，孩子！"时至今日，我仍然对这句话不寒而栗。这句话从母亲的大嗓门中喊出来，足够在世界末日之时消灭蟑螂。有好多次，我都想把头塞进老虎钳中，压碎耳朵让我变聋。"找个工作吧，孩子！"钻到我的灵魂里了，这是母爱的法令，经陪审团一致裁决是终审决定：失败，一个不信任投票。

母亲对我说："杂货店里招聘一个熟食部门的经理，你为什么不去试一下呢？"貌似我在大学寒窗 5 年后，最终要落魄到熟食店的柜台上，切割博格尼亚（blologna）肉块，将土豆沙拉卖给邻居大妈。虽然我感谢母亲的工作建议，但我不会去的。

在暴风雪中觉醒

芝加哥一场寒冷的暴风雪把我彻底抛到了痛苦的人生十字路口。这是一个黑暗、寒冷的夜晚，干了一天的豪华轿车司机，我极度疲惫。我的鞋子被冰雪湿透了，脑袋痛得像要爆炸一样，两小时之前服用的 4 片阿司匹林已经不管用了。我想回家但是回不去了，我被困在了暴风雪中，我平时行驶的路线完全被大雪覆盖。我将车开到依稀有亮光的路肩上，融化的雪从我的小腿蔓延到脚趾，我感到刺骨的寒冷。我把车开到了公园，面对着死一般的寂静，只有雪花纷纷飘落，我讨厌冬天！我点燃一支香烟，茫然地看着烟绕到轿车顶棚，我不断地问自己："我到底在干什么？这就是我想要的生活吗？"

我在暴风雪的黑夜里待在一条空旷的道路上。这种情景有时像是清净沐浴过你的灵魂，恰似微风拂面使你清醒，有时又像是一部施坦威钢琴，砸在你的头上。对我来说，是后一种感受。这时候我的头脑中出现了一个强有力的声音："你不能再这样过下去了！"如果我要生存下去，就需要改变。

做出改变的决定

严酷的冬天迫使我迅速地转变。我决定控制一些人们认为不可控的东西：我所在的环境。我决定重新定位，虽然在那一刻我不知道将何去何从，但我不在乎。

在那一瞬间，我觉得自己很强大。这个决定给我痛苦的生活注入了希望和一丝幸福。我忘却了失败，重获新生。突然间，一条死胡同与一个梦想交汇。关于行动的决定并不重要，重要的是能够控制，并且知道我还有选择。

有了新的力量，我开始思考我从未想到过的选择。我问了自己一个简单的问题："如果不受任何约束，我会住在这个国家的何地？"我思考着这个对我来说很重要的事情，并在地图上圈出35个城市。下个月我要搬家，或者应该说，我逃跑了。

从慢车道跨线到快车道

于是，我来到了凤凰城，当时我身上只有900美元，没有工作、没有朋友，也没有家，我有的只是330天的晴朗天气和寻找快车道的强烈欲望。我的财产包括一个旧床垫、一辆开了10年有些掉漆的没有第三挡的别克云雀、几个不赚钱的小生意以及几百本书。我的新生活坐标原点是凤凰城中心的一间小公寓，租金是每月475美元。我把我的公寓变成了办公室，房间里没有卧室，没有家具，只有一个放在厨房空地上的床垫。我睡觉的时候，馅饼屑会掉下来，这是床垫靠近厨房台面带来的"福利"。

我生活拮据，缺乏安全感，但我觉得自己很富有，因为我能控制我的人生。

我做的众多业务之一是建了一个网站。我在芝加哥做司机的时候，有时会坐在车里等客人，一坐就是几小时，我并没有浪费这段宝贵的时间。当我在机场候客或等客人去酒吧消遣时，我就坐在车里阅读。从金融学到互联网编程，再到富人自传，我几乎无不涉猎。

开车的工作对我有某种特殊的意义，它让我了解到许多乘客面临的难题，需要我给出解决方案。例如，我的一个乘客问我是否知道纽约有什么好的豪华车出租公司。虽然，我完成了我的工作，把乘客送到了机场，但他却给了我启发。如果我生活在芝加哥，但是需要在纽约租一辆豪华轿车，我能在哪里找到它？我手头没有纽约的黄页指南，当然在纽约以外的其他任何人也没有。从这个问题我得出结论，其他旅客将面临同样的难题，所以我建了一个网站来解决这个问题。

因为互联网没有地域限制，所以我带着这个网站来到了凤凰城。在此之前，像我以前的公司一样，它并没有赚很多钱。然而，现在情况有点不一样了。我在一个陌生的城市里，没有钱、没有工作，也没有安全感，我不得不集中精力做这个项目。

我积极地推销我的网站。我发电邮、打电话、寄信，并学会了搜索引擎优化。因为买不起书，我每天都去市立图书馆，学习网络编程语言。我不断地改进我的网站，学习制图和文案知识。任何能帮助我的东西，我都去学习。

直到有一天，事情出现了转机。我接到堪萨斯一家公司的电话，说很欣赏我的网站服务，希望我能为他们设计网站。然而我的重点不是网页设计，我提出 400 美元的报价，他们认为这个价格很便宜。我在 24 小时内就建好了这家公司的网站。我欣喜若狂，只用 24 小时，我就能支付大部分的房租。然后，巧合的是，还没过 24 小时，我又接到了另一个来自纽约的电话，同样的需求，设计一个新的网站。我提出了 600 美元的报价，花了 2 天时间全部做完，我有了另外一个月的租金！

我知道这些钱不是很多，但是 3 天内从极度贫困到 1 000 美元的收入，使我感觉像是中了 5 000 万美元的大乐透彩票。在凤凰城的头几个月里，我获得了毕生第一次独立生存的能力，并生存了下来。我不再是卖花的男孩，不再是餐厅服务员，不用再去送比萨饼，不用依靠妈妈。我是纯粹地靠我自己！我实现了重要的加速，强大的推动力预示着我将改变方向，进入一片创造财富的新天地。

但有些事情还是不对劲儿。我知道还少了点什么，我的大部分收入是来自网站设计，而不是网站广告业务。我的收入和网站建设的时间完全绑定在一起。做更多的网站业务意味着要花费更多的时间，如果我不工作，我的收入也将停止，我是在用时间交换金钱。

新的财富公式产生财富加速

冬天的时候，一位芝加哥的朋友来凤凰城看我。我给他看了我的网站目录，他对我的网站流量感到惊讶。每分每秒，我的网站都会有来自世界各地的用户查询豪华轿车的出租价格。坐出租车从波士顿到伍斯特多少钱？从机场到曼哈顿多少钱？我们查看了一下邮箱，那里有450封邮件。10分钟后，单击"刷新"，又收到了30封邮件。每时每刻，电子邮件都在增加。他建议："哥们儿！无论如何要把这些电子邮件转化为财富。"

他的建议很好，但该如何操作呢？如何解决这个问题呢？他留给我这个挑战，我想去解决它。几天后，我想到了一个冒险的毫无先例的解决方案，并开始尝试。我做了什么？我不卖广告空间，我决定卖"潜在顾客"。但有一个问题，这种盈利模式是创新和开创性的。此外，我需要让我的客户相信，这种商业模式对他们是有益的，但是我并没有数据来预测它是否能成功。要知道，在20世纪90年代末，网络空间中还没有"潜在客户开发"的概念，至少在我这样做之前是没有的。

尽管如此，我还是冒着风险付诸实施。我预测，在短期内这会降低我的收入，事实也确实如此。如果它完全运行起来的话，将需要几个月的时间。新系统运行第一个月的收入是473美元，其间我做了更多的网站设计业务来填补我的收入差距；第二个月的收入是694美元；第三个月的收入是970美元，然后是1 832美元、2 314美元、3 733美元，持续增长。

我的收益、收入、资产都在成倍增长，但也不是没有问题。随着流量的增长，投诉、反馈和挑战接踵而来，我根据客户的建议不断提升系统。我会在几天之内，甚至几小时内实现客户的想法。我知道要在几分钟内回复客户的邮件，而不是一小时。我学会了善于接受客户的意见，与此同时业务量迎来了暴涨。

我的工作时间开始越来越长，挑战也越来越多。每周只有40小时的休息时间，通常每周的工作时间超过60小时，工作日和周末常常很难分清楚。当我的新朋友们出去喝酒聚会时，我却蹲在小公寓里反复推敲代码。我不知道这是星期四还是星期六，那并不重要。努力工作的荣耀感往往是这样的：你不觉得是在工作，相反觉得是在享受。我没有一份工作，我有的是激情。成千上万的人受益于我所创造的东西，这使我沉溺其中，我有所作为。

我开始从客户那里收到感谢信：

- "因为你，我的生意增长了10倍。"
- "你的网站让我遇到了我最大的客户。"
- "你的公司一直是增加业务量的好工具。"

这些反馈并不是货币财富，虽然我还没有拥有财富，但是我觉得富有。

通往财富的"假"捷径

2000年，我的来电中多了一些其他类型的咨询。科技创业公司打来电话，询问我是否愿意出售自己的生意。那一年，网络的疯狂达到了顶峰，每天都在上演一些出售科技财产变成互联网百万富翁的故事，还记得那些名不见经传的百万富翁吗？这个圈子内的财富以惊人的速度增长，那个冲击波都波及了我。

那么，我想卖我的公司吗？当然想！我接到了3个收购方的报价方案。第一个报价25万美元，第二个报价55万美元，第三个报价120万美元。我接受了第三个报价，一下子成了百万富翁。

但好景不长。当时，我以为120万美元是很多钱，其实不然。除了纳税耗掉一大部分，还有毫无价值的股票期权，并且我犯了错误，进行了不良投资。我还买了一辆克尔维特（Corvette），希望它会让我看上去很有钱。最终，我剩下还不到30万美元。

高科技泡沫带来了无情的后果，至少收购了我公司的买家是这样的。他们不听我的建议，做出了错误的决定，只注重短期收益，缺乏长远目光。他们胡乱花钱，好像资金会源源不断地供应。例如，他们定制品牌矿泉水瓶以及印有标志的T恤，然而这些并不能产生收入。

董事会决策缓慢，忽视客户利益。更令人难以置信的是，公司的大部分高管都拥有哈佛的MBA学位，但事实证明这些昂贵的标签并不能带来正确的商业逻辑。尽管有1 200万美元的风险投资来应对这次风暴，但也阻止不了我的网站慢慢走向死亡。

几个月后，公司接近破产边缘。经过投票，公司决定将我的网站清盘，即使它仍然可以盈利。那家科技公司已无力支撑，股票也在暴跌。每个人都在苦苦支撑，包括他们。

我不愿意看着自己的创作成果消失，便提出了以25万美元的抄底价格回购网站，等于用其自身的利润回购。这一提议被接受了，我又恢复了对刚刚卖出一年的网站的控制权。当然，我将重新经营，用赚取的利润去偿还贷款，并将剩下的钱再投资到业务上。公司重新回到了我的控制下，我确立了新的目标，即不仅要使公司在网络泡沫的环境中生存下去，还要使它蓬勃发展。

摇钱树的诞生

在接下来的18个月里，我将服务恢复到一个新的水平。现在回想起来，我当时是想证明给自己看，我并非抓住了互联网泡沫机遇的幸运儿。我继续改进我的网站，不断地应用新技术，听取客户回馈意见。我新的工作激情是自动化和流程。

当我在简化流程和系统时，发生了一个缓慢而稳定的转变：我的工作时间越来越少了。突然，我每天只工作一小时，而不是10小时。然而，金钱却滚滚而来。即使我去拉斯维加斯赌赌手气，仍然是财源滚滚；即使我生病4天，同样是财源滚滚；即使我连续炒股一个月，也是财源滚滚；即使我休一个月的假，仍然是财源滚滚。

随后，我意识到我成功了，这就是快车道。我给自己栽培了一棵真正的、硕果累累的摇钱树。这是一棵茂盛的摇钱树，每天24小时、一周7天地创造财富，它甚至不需要我花时间打理。它每个月仅需要几小时的阳光和雨露，而这是我很乐意提供的。除了日常关注之外，这棵摇钱树不断长大，并结出累累硕果，它给了我自由，我可以做我想要做的任何事。

在接下来的几年里，我过着慵懒和暴饮暴食的生活。当然，我也需要一个月花几小时去工作，但重要的是，我可以自由地工作、旅行、打游戏、买跑车、在约会网站娱乐……我自由自在，因为我有一棵摇钱树，它不花费我的时间，每个月都能为我取得丰硕的回报。

自从收回我的生意后，它的成长速度极快。几个月时间，我就能获利超过20万美元。没错，是利润！即使不好的月份，也能达到10万美元收入，我在两周内赚到的钱相当于大部分人一整年里赚的钱。财富潮水般地涌向我，而我却并不引人注目。如果你每月赚20万美元，你的生活将发生哪些改变？

- 你会开什么车？
- 你会住在哪里？
- 你要到哪里去度假？
- 你的孩子们会上什么学校？
- 你还会债务缠身吗？

- 你成为百万富翁的速度有多快？4个月还是40年？
- 在星巴克喝一杯6美元的咖啡还会不会是个问题？

你看，当你的收入达到这个水平以后，很快就会成为百万富翁。我在33岁就是千万富翁。如果当初我不卖掉我的业务，可能会更快地达到这个目标。但是在你吃碗装方便面时，有人把120万美元放到你面前，没有多少人会说："不，我不要。"

我购买了我的第一辆兰博基尼，实现了我十几岁时的梦想。如今，几乎每周都有人问我几年前我问别人的那个问题。现在我能够回答这个问题了，这也是我曾经梦寐以求希望听到的答案。

2007年，我决定再次出售我的公司。我该退休了，该想想我那些宏大的梦想了，就像写这本书和做电影编剧。然而，这次我尽情享受各种各样的收购报盘，从330万美元到790万美元不等。在短短的几年里，报价增长了数百万美元，我接受了其中的一个现金收购，并在10分钟内重复了快车道过程——这就是兑现6张金额百万的支票所花费的时间。

本章小结：助你踏上快车道

※ 名望或身体天赋不是致富的先决条件。
※ 财富快速增长是指数型的，而不是线性的。
※ 变化可能发生在一瞬间。

第2篇

财富不只是一条路,而是一场旅行

第 3 章
旅行在财富之路上

> 千里之行,始于足下。
> 老子

财富是一场旅行,而不仅仅是一条路

上大学期间,我和几个朋友踏上了从芝加哥到南佛罗里达州的春游之旅。作为年轻人的我们不禁对目的地满怀憧憬:佛罗里达海滩上阳光明媚、人头攒动,到处是晒得黝黑、穿着清凉的美女。不幸的是,由于太关注目的地,我们没有留意旅程和车辆问题。经过 8 小时的行程,我们那辆破道奇汽车(Dodge Duster)吐着黑烟,终于坚持不住熄火了。车的垫圈破裂了,油也耗尽了,我们的车在伊利诺伊州南部的一条乡村公路上抛锚了。到处是奶牛、恶臭的粪便和玉米地,南佛罗里达州的海滩,对我们来说遥不可及。

可悲的是,大多数人的财富之旅像我的春游一样,经常会终止:停滞在不明道路的一边,在离开的时候会问:"我怎么会在这里?"就像我的春游,只知道并行驶在财富之路上是不够的,因为这条道路本身是不会提供财富的。当你的焦点是道路和目的地,而不是旅途时,你追求的财富注定会折戟。当然,快车道可能打开财富的快速路,但成功的旅途需要你尊重所有重要的旅行工具。我的春游无功而返,因为我们忽视了旅行的路途,而只关注了目的地。汽油?

路线图？发动机检修？算了吧，直接上路，一路南下！当你忽略了旅行中关键的组件时，你的发动机就会烧坏，机油就会耗尽，汽油就会白白浪费，甚至会走长时间的弯路。当你的焦点仅仅集中在目的地时，你的旅程可能会半途而废，永远不会抵达梦想中的目的地。

财富是虚幻的路

如果财富与你擦身而过，很可能是因为你"只关注道路"，而没有重视全局。当然，你可能了解一些只言片语的东西：从一两本书中得到的偏方，参加一些所谓的"致富"研讨班获得的灵感，抑或是大学好友炒股失败的惨痛教训。不幸的是，这些支离破碎的东西并不能创造财富，就好比是一辆抛锚在财富之路上的汽车，汽油已经耗尽，电瓶也已报废。在多变量的公式中，你不能用一个变量去破解财富密码。

财富旅途的公式就像一个食谱。想象一下，如果我把你扔到厨房里，给你准备了糖和面粉，要求你烤制饼干。这项任务是不可能完成的，因为两种原料不可能组成整个配方。忘了小苏打，饼干就不会起酥；缺了黄油，饼干的味道就很难吃。一旦遗忘或缺少一种配方，整个过程就会失败。这就是大多数致富书籍的先天缺陷：它们"只关注道路"。它们专门研究配方中最重要的成分——糖！它们只会告诉你这些：

- 购买抵押债券致富！
- 购买特许经营权，自己成为老板！
- 学习秘诀，积极思考！
- 自己做生意！
- 投资于房地产获得被动收入！
- 用货币交易来生钱！

这些策略指出了获得财富的各种道路：交易道路、经营道路和房地产道路。它们没有涉及任何其他的问题。失败发生在"其他"，因为"其他"正好是组成公式的其余部分。

百万富翁追求过程，而不是结果

所有白手起家的百万富翁都利用精心策划的过程来创造财富。他们拥有并使用完整的公式。不管你读到或者听到什么，致富绝不是一个结果。财富不会从天上掉下来，也不会在游戏竞赛节目中出现。它不会主动按响你的门铃，也不会像是膨胀到冰箱那么大的支票，等着你去捡起来。纺纱机里不会生产出柠檬和樱桃，过程决定结果。

财富是一个过程，而不是结果。问任何一位厨师，他们都会说一道完美的菜肴是一系列配料，再加上精心烹制的过程：加一点这个，再加一点那个，还要恰到好处地掌握时间，最后你才会拥有一道美味的菜肴。财富的创造也遵循同样的方法，将游离分散的组件组成一个有价值的整体。

大多数人常与财富失之交臂，因为他们专注于结果而忽视了过程。殊不知没有过程，就没有结果。花一点时间好好想想这个道理。过程造就了百万富翁，你耳闻目睹的结果来自过程。正如对于厨师而言，烹饪是过程，而美食是结果。

举例来说，一个运动员与球队签订5 000万美元的合同去打职业篮球比赛，这是一个过程的结果。你看到和听到的这个大合约，是一个惊艳的"致富"结果，但你却忽略该结果出现前的过程。这个过程是漫长的、你看不到的艰辛的路途：每天4小时的练习、午夜的篮球比赛、韧带撕裂、手术和复健、常坐在备选队员的席位上、和邻近的队伍进行对抗赛，所有这些过程形成结果。

你在一个高科技人士的博客中读到一个20岁的年轻人以3 000

万美元出售了他的互联网公司。整个事件被广为称道。在这个结果背后，你不曾听过创始人忍受长时间编写代码的过程，你不曾听过他在寒冷的车库中工作的那些黑暗的日子，你不曾听过公司是靠刷21.99%利息的信用卡创建的，你也不曾听过创始人开着一辆里程超过28万公里的廉价褪色丰田货车。

1996年，达里斯·比科夫（J. Darius Bikoff）创立了酷乐事维他命饮料（Glaceau Vitamin Water）公司，11年后，他的公司被可口可乐以40.1亿美元高价收购，成为当时全世界头条新闻。新闻里缺了什么？11年痛苦煎熬的过程。数十亿美元的收购只是结果，过程是奋斗和背后的传奇故事。

我的公司被人抢着收购是一个结果，而这个结果是由过程带来的。外人看到漂亮的房子和昂贵的汽车，可能会认为，"哇，如果我要是有这么幸运就好了。"这完全是在空想结果而忽略了过程。所有致富的结果都要历经过程，要经过磨难、风险、努力和牺牲。如果你试图跳过过程，那么你永远都不会得到结果。

不幸的是，在媒体的推动下，在"我现在就要"的社会中，我们都聚焦和崇拜结果，而将过程刻意掩藏起来，小心翼翼地避开公众的视线和认知。然而，如果你追本溯源，你总能找到这个过程，它埋藏在另一个故事中，或者在后面的段落中。

如果你收获了你的第一个百万美元，那是出自过程，而不是一些刚刚发生，且恰巧穿越你人生道路的神秘机遇。过程才是通往财富的路途，目的地作为结果虽光芒闪耀，但实现它全靠过程。是的，通往成功的电梯是不存在的，你必须自己努力爬楼梯。

财富旅途的公式

财富旅途的公式犹如一条漫长的横穿全美之旅。成功需要你把重点放在旅途中的方法和工具（过程）上，而不是目的地（结果）。

成功的公式由 4 个成分组成，它们分别如下：

路线图（第 3、4、5 篇）

　　旅途的罗盘（即路线图）将指引你前行的方向，用于构建你的财务观念体系。有 3 张路线图可以引导你的财富之路：

- 人行道。
- 慢车道。
- 快车道。

　　路线图就像是秘方，会告诉你原因、地点、方法和内容。

交通工具（第 6 篇）

　　你的交通工具就是你自己，除了你没有人能代你前行。你的车是由复杂的系统组成，机油、汽油、发动机、方向盘、挡风玻璃、马力和油门，所有的组件都需要频繁地调整和维护，以确保在旅途中达到最佳状态。

你的道路（第 7 篇）

　　你的道路是你的财务通道。例如，你可以走上班族的道路，但是你的选择非常有限：你可以是工程师、项目经理、医生、工人或卡车司机。你也可以走创业的道路，例如，成为房地产投资者、零售店主、经销商、网络推手或发明家。这就像一个穿越全国的旅行，有很多道路任你随意选择。

你的速度（第 8 篇）

　　速度是执行力，也是将想法付诸实践的过程。你可以坐进一辆停在宽阔笔直的道路上的法拉利，但如果你不踩油门，你就不会前进。没有速度，你的路线图就没有方向，你的车就会闲置，你的道路就成了一个死胡同。

在收费公路上的旅行

　　成功的快车道旅客都是终极斗士，他们战斗和行驶在崎岖的收费公路上，而那种收费往往无法进行简单支付。对一些人来说，这是好消息，因为收费会淘汰弱者，遣送他们到一般人去的地方。如果你拒绝付出，财富就会抗拒你。不幸的是，有些人认为财富的损失可以用权利或某些"先决条件"来支付，如下：

- 优越的家庭背景。
- "努力工作"而不是"聪明工作"。
- 你名字后的教育背景和学历。
- 一份出色的商业计划。
- 风险投资。
- 特定的性别、肤色或年龄。
- 希望、做梦、积极思考。
- 在正确的地方认识正确的人。
- 进入名校。
- 富有激情或者"做喜欢的事情"。

　　事实远非如此。百万富翁快车道不关心这些。快车道并不是绿树成荫的顺直街道，四周没有白色的栅栏，也没有孩子们吊在橡树上荡秋千。这是一个黑暗、冷清、坑洼不平、颠沛崎岖的道路。如果通往财富的旅途都是舒适的坦途，岂不是每个人都会很富有吗？

　　你要做好付出代价和应对风险的心理准备，意识到这是一条颠沛流离的路。当你遇到第一个坑洞时（是的，它会发生），你要明白你的过程正在进行，你的故事才刚刚开始。快车道过程要求的牺牲，很少有人能做到，也很少有人能下得了这个决心。

旅途不能外包给司机

我们生活在一个想把一切都外包出去的社会，无论是做家务事还是带孩子。外包可能在清洁厕所时有用，但它绝不可能用来打理财富。财富的旅途中没有司机，收费不能外包给一个印度的虚拟助理。

假如我在16岁的时候，有人送给我一辆兰博基尼（或其他任何梦想），我可以向你保证，我不可能成为今天的我。当有人满足了你的欲望而你并没有付出努力时，你的过程就会被阻滞。在一个人的成长过程中，如果有人为你做好了一切，你就不会收获到智慧和个人成长。旅途是你的而不是别人的。

本章小结：助你踏上快车道

※ 财富公式是一个整体，而不是其中的一部分。

※ 过程造就了百万富翁，结果只是过程的副产品。

※ 寻求"财富司机"是为过程寻求替代。过程不能外包，因为过程孕育了智慧、个人成长、力量和结果。

第 4 章
财富路线图

> 如果你不知道去哪里，任何一条路都是你的选择。
> 刘易斯·卡罗尔（Lewis Carroll）

财富的指南针

如果你不知道你要去哪里，那么你怎么知道你到达了那里？如果你的目的地还没确定，毫无疑问，你永远不会到达那里，甚至可能到达一个你不想去的地方。发现财富靠的是路线图，而不是投掷飞镖撞大运。

白手起家的百万富翁不会是因为不慎跌倒掉到钱堆里而致富的，正如财务上的失败，不是因为遭遇过贫穷就必然会失败。两者都是选择财务路线图的直接结果，并产生建立在这个路线图上的信念和行动。财务路线图对你的致富过程起着决定性作用，这就是你通往财富之路的第一个工具。

你目前的财务状况就是你现有路线图的结果，无论你是否选择它。你的路线图指导你的行为，而这些行为的后果形成了你的财务生活。你的生活将如何展开取决于你的选择，而这些选择源于你的信念系统，这些信念系统是从你先前的路线图中演变而来的。如果你想改变你的生活，请改变你的选择。要改变你的选择，你就必须改变你的信念系统。你的信念系统来自路线图。

信念是如何影响财务的呢？信念带来行动，行动指导选择。例如，如果你相信"富人发财靠投资共同基金"，你的行为就会反映这种信念。如果一些金融专家建议你停止使用信用卡，因为"所有的债务都是有害的"，你就会照做。如果有一个畅销书作者说："今天投资50美元，在40年内可增值到100万美元。"你也相信这种说法，你的行为就反映了这种信念。

信念是推动行动的强大机制，无论它是否正确。我们的父母说圣诞老人是真的，我们就相信了。我们放下饼干，眺望窗外，寻找那只飞翔的小鹿，我们想知道大屁股的圣诞老人是如何从烟囱里飞下来的。我们一直在相信他人的教导，直到我们发现相反的证据。

你的信念系统的作用就像一幅路线图、一个指南针，如果它是错的，那你将走一辈子弯路。虚构的信仰是错误的路线图，它们会带你走进死胡同，那里你永远找不到"下一个出口：财富"的指示牌。

通往财富的3个财务路线图

绘制你的财富旅程，铺设你的致富道路，首先要检查你当前的财务路线图和备选方案。你可以有以下3个财务路线图：

- 人行道路线图。
- 慢车道路线图。
- 快车道路线图。

在这3个路线图中存在着不同的心理学和信念体系，分别决定着每个路线图的行动。更重要的是，每个路线图在"宇宙"中的运行都被一个数学财富公式所控制。无论你选择哪一个路线图，创造财富的"宇宙"都将遵循其各自的财富公式。此外，每一个路线图都会指向一个特定的目的地：

- 人行道——➤贫穷。
- 慢车道——➤平庸。
- 快车道——➤财富。

无论你遵循哪一个财务路线图，都会将你引导到路线图固有的目的地，即路线图的"真实本质"。

那么，什么是真实本质？如果你玩 21 点游戏，连续赢了 15 把，你就违反了随机性的真实本质，自然状态下的随机性不可能让你连赢 15 把。一头野生的非洲狮被驯服后，被拉到拉斯维加斯做魔术表演，狮子被训练这件事就违反了它的真实本质。狮子天生就野性十足，捕食、喂养、交配。狮子想找回自然的自我，这就是为什么一些魔术师常被狮子咬掉头颅。你必须使用特殊的法则，才能强行改变事物的真实本质。

同样的道理，每个路线图都有一个真实本质，要么导致贫困、平庸，要么产生财富。例如，你走在人行道上，你的结局可能就是贫穷。虽然你可以使用任何地图发现财富，但是通过不以财富为目的地的路线图致富是很难的。

每个路线图都包含作为路标的关键思维方式，我们称之为"思维路标"，它们能为你提供方向和行动指导，这些思维路标如下：

- 对债务的看法：债务控制你，还是你控制债务？
- 对时间的看法：你是如何评估和对待时间的？时间很多，转瞬即逝，还是无关紧要？
- 对教育的看法：教育在你的生活中有什么作用？
- 对金钱的看法：金钱在你生活中的作用是什么？金钱是工具还是玩具？是丰富还是稀缺？

- 主要收入来源：你创造收入的主要手段是什么？
- 主要财富增长：你如何增加你的净资产和加速创造财富？
- 对财富的看法：你如何定义财富？
- 财富公式：你积累财富的数学公式是什么？什么样的财富公式定义了你的财富观念？
- 目的地：你有目的地吗？如果有的话，它是什么样子？
- 责任与控制：你的生活和财务计划受你的控制吗？
- 对人生的看法：你的一生将如何度过？你对未来有计划吗？为了明天的理想会放弃今天的享乐吗？或者放弃明天的理想，享受当下？

在不同的"宇宙"中运行的路线图

每一个路线图都是根据一组特定的数学公式来运行的，它决定了你创造财富的速度。就像爱因斯坦的 $E=MC^2$，这些公式支配着你的财富，正如物理学主宰着我们的宇宙一样，物理是受到数学绝对的束缚，所以你的财富也受到公式（概率）的束缚。

财富增加的速度是根据你选择的路线图的"宇宙"演变而来，在你所选择的"宇宙"中，你的财务计划会发生加速或终止。假设它是一辆列车的话，每一辆列车都有自己设定好的速度、规则和规律。你既可以跳上一辆时速为 20 千米的列车，也可以跳上一辆时速为 200 千米的列车。

如果你对自己的财务状况不满意，可以通过调整路线图，立即改变你的"宇宙"。但是，你首先必须了解路线图以便进行替换。在接下来的第 3 篇，我们将深入剖析这 3 个路线图：人行道、慢车道和快车道。

本章小结：助你踏上快车道

※ 你的路线图决定了你的信念。
※ 每个路线图都由一个财富公式控制，它会引导你迈向特定的财务目标：人行道带来贫穷，慢车道导致平庸，快车道通往财富。

第3篇

贫穷:
人行道路线图

第 5 章
走得最多的路：人行道

> 当你是第一个信念有别于他人的人，你通常会说："我是对的，其他人是错的。"这种处境令人非常不愉快，这种想法在令人振奋的同时也会招致攻击。
>
> 拉里·埃里森（Larry Ellison）

人行道路线图

大多数人终生都走在人行道上，他们是人行道路线图的追随者。人行道上的大部分人更注重今天是否有愉快的满足感，而不去考虑明天的安危。

走人行道的人时常处于一种破产的状态：生意失败破产、演出失败破产、失业后破产。在人行道上，你总是一个无家可归、濒临破产或者随时回到你父母地下室的人。

没错，有些走人行道的人还真的能挣到一大笔钱，但他们从来没有得到过真正的财富。别搞糊涂了，人行道上从来不会有通往财富的出口匝道，只有一个"此路不通"的标牌，厄运随时会来临。人行道旅途就是一个财务单行道，其最终结果不是破产，就是清算危机。

哪些是走人行道的人

走人行道的人没有财务目标,也从来不会有计划。一旦有闲钱,他们就会立即去旅游、买新车、买新款衣服,或者买其他火爆的新品。走人行道的人,毫不在乎陷入"生活方式奴役"的泥潭中,他们贪恋及时行乐,追逐感官刺激,获取即时的满足感。这使得危机周期加快,每个月的负担迅速增加,永远地奴役着他们的工作或生意。

人行道是大部分人选择的道路,因为它是阻力最小的路径。其中的诱惑在于能获得即时的满足,他们认为金钱是一个烫手山芋,必须快速花掉,才能修复一天的疲劳。想见识一下走人行道的人是如何生活和思考的吗?花几小时观看一下电视节目《朱迪法官》(*Judge Judy*)吧。女儿起诉妈妈要求支付100美元,人们不承担责任、不计后果,人们想要免费租房。严肃地说,这档节目应该重新命名为《人行道上的人生》。

走人行道的人的思维路标

走人行道的人的路线图包含驱使他们行动的思维方式。这些思维方式都是路标,亦称"思维路标",会指引他的一生。

- 对债务的看法:我依靠信用购买现在的东西!信用卡、整合贷款、汽车分期贷款,这些补充了我的收入,让我能够享受今天的生活!如果我现在要它,我马上就会得到它。
- 对时间的看法:时间太充裕了,我毫无节制地花钱。谁知道呢?也许我两周内就死了,钱财乃身外之物,生不带来,死不带去。
- 对教育的看法:我毕业后就完成了学业,万岁!
- 对金钱的看法:如果你挣到钱,就炫耀一下!为什么要存钱未雨绸缪呢?我花的每一分钱都是我赚到的,我的大部分账单都按时支付,难道这不是对财务负责吗?
- 主要收入来源:什么挣钱多,我就做什么。我追逐金钱!一切为了百元美钞!
- 主要财富增长:净资产?我进赌场、买彩票,我还主动向保险公司追索赔偿……这些算吗?
- 对财富的看法:死的时候,谁的玩具最多谁就赢!
- 财富公式:财富=收入+债务。
- 目的地:目的地?我为今天而活,不为明天烦恼。
- 责任与控制:所有的坏事都摊到我身上,其他人真让我失望,我是一个受害者,这是别人的过错。
- 生命感悟:活在今天,别管明天。人生苦短,不要去理会30天之后的事情。浮生若梦!你只能年轻一次!再说,我总有一天会撞到大运的。

令人不安的人行道事实

虽然这些假设的思维路标和评论听起来很荒唐,但事实会更令你震惊。根据美国人口普查局对2 000个样本的研究(在2001年技术爆炸和2008年金融危机之前),以下是令人不安的事实:

- 55岁以下的人中大约有57%很可能资产净值是零,或净资产为负数。
- 据估计,62%的美国家庭资产净值都不足10万美元。
- 35岁以下的家庭中,89%的家庭净资产少于10万美元。
- 在35~44岁年龄段的人群中,净资产中位数为1.3万美元,不包括房地产。
- 在45~54岁年龄段的人群中,净资产中位数为2.3万美元,不包括房地产。

2007年美国人口普查局调查显示，61%的人年收入不足3.5万美元。这些数据揭露了隐藏在肉毒杆菌注射和德国产豪华轿车事实背后的丑陋：走人行道的人是大多数，估计有60%的成年人走在人行道上。是的，世界上到处都是金融魔术师。受最近金融危机的影响，最新数据将会更加令人心寒。我估计，85%的美国家庭净资产为零或负数。但你可以打赌，他们家里有5个平板高清电视，上面不停地播放着650个有线电视节目。如果你超过35岁，你的净资产不到1.3万美元，恕我直言，你所做的工作并没有什么用，你需要一个新的路线图。

典型的走人行道的人：收入很低

典型的走人行道的低收入者是社会的中下阶层。他们为了微薄的工资而工作，为了炫耀自己而购买新奇玩意，但是他们没有积蓄，也没有退休计划。他们的未来完全押给了一种生活方式，即通过每月分期付款来透支自己的购买能力。他们的每一分钱都是有流向的：购买衣服、偿还汽车分期贷款或信用卡。

如果你以这种方式生活，就像是游走在悬崖边上，随时会碰触财务红线。人行道上的穷游者希望渺茫，因为他们的路线图被一时的满足感、自私和不负责任侵蚀了。这种有问题的配置方法排斥财富，并让其依赖的寄主不堪重负：纳税人、老板、朋友、父母和所爱的人。走人行道的低收入者是在自欺欺人："生命是短暂的，给我让路，让我走下去！"

人行道症状：你有吗

从高中或大学毕业后你没有学到太多东西。

"我从学校毕业了，万岁！"

你经常换工作。

"拜托,我辞职是因为新职位报酬更多。"

你认为别人有钱是因为他们的父母很富有,他们运气好,或生活环境比你更有优势。

"我已经很努力了。如果我的父母能供得起我上大学的话,我可能就会有一份好工作。我的童年很坎坷,那些有钱人根本就不懂。"

你很容易给人留下深刻的印象。

"我喜欢名牌皮包、德国车、意大利服装和纯种狗。我努力工作挣钱,我应该得到它!"

你的信用记录很差。

"我有拖欠信用卡的记录……我之所以经常不能按时偿还信用卡是因为我实在无能为力。此外,银行和公共事业公司都是富有的大公司,它们是我的敌人。"

你希冀政客和政府来改变社会系统,而不是专注于如何改变自己。

"一个更强大的政府才能解决问题。政府应该承担更多的监管责任,提供更多的项目和服务。政府应该为人民服务。富人应该为他们的财富支付更多的税款,他们能够负担得起,而我不能!"

你把典当铺、发薪日贷款商店和信用卡视为额外收入的一种手段。

"不能再等下个月的工资了,我的家人要吃饭!此外,有一家商店在出售蟹腿,只要18美元一磅。"

你已经至少申请过一次破产了。

"这不是我的错，我开销太大，没料到会失去工作，我也没料到会遇上经济衰退。我不担心破产记录，因为记录清除了，我还可以重新开始。我已经申请到一张新的信用卡。"

你靠工资为生。

"等等，大家不都是这样吗？"

在你买东西的时候，人家如果多找你钱，你不会提醒他。

"你疯了吗？如果别人找错钱的话，我会留着。这不是我的错，是他们搞砸了。"

你没有储蓄，你的净资产为负或几乎为零。

"那又怎么样？不管怎样，你的储蓄账户利息才1%，再看看那些投资股票市场的人。愚蠢！至少我会花掉我的每一分钱，我不能白白地丢了它！"

你没有汽车保险，没有医疗保险，你和别人随意发生性行为，没有采取安全保护措施。

"我能说什么，我是一个敢于冒险的人。我知道保险和生育控制很重要，但现在还不是最优先的。"

你经常在赌场赌博或买彩票。

"这次能赌赢，是吧？先别管赔率，这次不一样，我能感觉到。"

你将自己沉浸在另一个世界中，包括网络名人、八卦博客、体育、视频游戏或肥皂剧。

"我只爱看《美国偶像》、《迷失》(*Lost*)、《幸存者》(*Survivor*)和《公民法庭》(*Peoples' Court*)。星期一至星期五从下午6点至10点，我知道我会在哪里。"

你已经在"致富"计划上花了很多钱。

第5章 走得最多的路：人行道

"有一个简单的方法可以获取财富。如果我买这个软件/深夜电视购物产品，我就会得到秘籍！致富的秘密很容易知道，就在那里！"

当你开口要钱或者请辞的时候，你的家人感觉很烦恼，你自己也知道接下来等待你的是什么。

"天啊，只有500美元。我父母应该照顾我直到我死为止。他们不知道我有多辛苦吗？我是说，看看这套公寓！花岗岩台面需要更换！"

你能分辨出这些行为模式吗？这些思维都来自人行道上的人。希望你不会感觉愤怒或抵触，因为这可能表明了你的信念就是从人行道路线图而来的。

人行道上的引力：贫穷

经济衰退是道路上的颠簸。由于当前的经济危机，有多少人失去了自己的家园、积蓄、工作以及401K保险？走在人行道上的人得不到保护，因为你一无所有，无力承受打击。如果你被汽车撞了，你会死得很惨。如果你想在你的财务之旅中不可撼动，你得穿着结实的防弹背心，制订一个跨越几年的计划，而不是几天。

人行道上的生活自然会拉你下水，跌入贫穷之中。因为人行道是短期的，它永远不会长期起作用，你的未来会变成当下愉悦的背书。不幸的是，道路上的任何颠簸都会导致你负债累累：经济衰退、失业、加息、重新调整抵押贷款。毫不夸张地说，生活在人行道上，结局也是在人行道上。

如果你问任何一个走人行道的人，是什么导致他的财务失去了控制，他会马上将其归咎于一些外部因素。例如，我被解雇了！我的车坏了！我的脚受伤了却没有健康保险！法官判我多付20%的赡养费！当你加速财务引擎到极限时，它保证会烧坏。然后，讽刺的是，你愉快的今天会变成可怕的未来，你将面临更多的工作、更多的债务和更多的压力。

我不知道你的年龄，但请诚实地回答一些可能让你不舒服的问题：你确定能够在1.3万美元的净资产水平上退休吗，还是11.3万美元？你认为靠你的资产净值去再融资是合理的吗？你有没有想过下星期的薪水？你在什么情况下才会意识到应该换个方法或重新评估，有没有临界值？你做了5年、10年或20年的事情会突然奏效吗？反复做同样的事情，但期待不同的结果，这简直是痴心妄想。

除非你的策略是赌场、彩票，或是给你的配偶下毒以获得保险赔偿，否则人行道不会是通往财富之路。政府援助、社会保障、慈善事业以及"我的父母会很快去世，他们将留给我一笔财富"，这些都不是财务计划！如果你不想在凯马特（Kmart）工作到75岁，或者你不想在涵洞桥下的纸板箱里退休，你就需要制订一个计划。假如再给你50年生命，你的计划是什么？

逃离人行道的第一步，是要认识到你可能身处其中……然后用有效的方法代替它！

金钱解决不了金钱的问题

记住：人行道对金钱是视而不见的，它不关心你赚多少钱。你不能用更多的钱改善糟糕透顶的金钱管理。是的，你看起来有些钱，但还是游荡在人行道上。

走人行道的人来自各行各业，甚至包括那些看起来富有的人。他们拥有自己的事业，他们从事医生、律师等高收入的工作，或者是成功的演员或音乐家，他们挣钱非常多。但他们有着共同的特征：

没有计划、没有储蓄，花的永远比赚的多，牺牲明天，享乐今天。

走人行道的人的财富公式是由收入和债务决定的，由他本人的可用信贷来决定。

财富 = 收入 + 债务

走人行道的人的奢华生活方式，一般要依赖债务达到收入和开销的平衡。所有走人行道的人都需要承受各种压力，例如，支付抵押贷款或租金、支付每日的账单、还上信用卡的最低还款额，这些都是发薪日短短快乐时光过后要考虑的事情。

走人行道的"富人"：收入很高

一个走人行道的高收入者宣布破产会成为头条新闻。你有没有想过一个很有钱的歌手，在出完最后一张专辑的 3 年后宣布破产呢？或者为什么一个著名的演员在退出公众视线多年后会申请破产呢？一个身价 8 000 万美元的 NBA 签约球员，如何沦落到破产的境地呢？让我来告诉你：在人行道上，财富等于收入加上债务。

你不难找到一个高收入的走人行道的人。这些人看起来很有钱，但实际上那些钱就是一份工资，一张专辑或是一部电影的酬劳。一旦失败，他们无疑就会破产。虽然他们有巨额的收入，但他们将每一分钱都花到了购置奢华的装备上。他们的生活方式来自高额收入和巨大的信贷额度。是的，他们大手大脚地花钱，用本不属于他们的钱买了更多本来不需要的东西，他们相信这种巨额收入会源源不断地持续下去。

我嘲弄这些走人行道的人"全部依赖信用卡"，他们开好车、穿名牌衣服，然而一旦爆发金融危机，一切都是过眼烟云。

有一个快车道论坛成员在一家贷款机构工作，他在论坛中晒出一个关于人行道高收入者的帖子，内容如下：

"一个著名歌手6万美元的贷款申请被否决……尽管他的申请表中注明每月赚40万美元……然而,在过去的一年中他被撞两次,他一定会破产。他的信用记录也非常糟糕。我来告诉你,财务管理技能和良好的信用是非常重要的,即使你是一个很成功的人。"

由于走人行道的高收入者能赚到大钱,因此他们有设计师定制的衣服和配饰,有与他们的收入相称的爱好。例如,一个收入颇丰的走人行道的人,每月能赚到2万美元,他就会觉得买一双300美元的牛仔裤是很正常的。但问题是,和走人行道的低收入者一样,走人行道的高收入者并不满足于自己的消费,他们会花掉整月的收入,还要多支出许多额外的开销。这是一种不合理的生活方式,这些人似乎在担心钱花不出去就会消失。一个月赚5万美元?那就花6万美元;赚25万美元?那就花35万美元。他们花钱无度,支出总是超过收入。

一个每年赚200万美元的人和年收入2万美元的人一样,都容易踏入人行道陷阱。缺乏财务自律就会停驻在人行道上,这和你的收入或你开什么车,并没有直接关系。

人行道的收入/财富幻觉

请注意那些行走在人行道上的人,无论是低收入者还是高收入者都面临着相同的问题,只不过场景不一样而已。原因在于,更多的钱并不能解决财务管理不善的问题。糟糕的财务管理就像是在赌场赌博,随着时间的推移,坐庄的人总是赢家。把更多的钱花在有问题的地方,就像是试图用更多的水去堵塞大坝上的洞,再多的钱也买不到财务自律。

那些缺乏财务自律的人通过滥用金钱来拖延这个不可避免的事

实。如果一年给你 4 万美元你都活不下去,那么一年给你 40 万美元,你也活不下去。当低收入者为 900 美元抵押贷款而烦恼的时候,高收入者可能在担心 9 000 美元的抵押贷款。烦恼是相似的,问题是相同的,只是数额不同而已。只有转变对金钱的观念,才能解决金钱的问题。要改变你的思维方式,必须改变你的路线图。离开人行道,不要再把财富等同于收入和债务。

本章小结:助你踏上快车道

※ 踏入人行道的罪魁祸首是不做财务计划。
※ 人行道上的自然引力是贫穷,无论是时间还是金钱。
※ 你不能用更多的钱来解决糟糕的财务管理问题。
※ 你虽然收入丰厚,但是依旧踯躅在人行道上。
※ 如果财富是由收入和债务来定义,财富就是虚幻的,因为它很脆弱,无法承受弯路和颠簸的道路。一旦收入消失,财富幻觉也会随之消失。
※ 糟糕的财务管理就像是赌博,坐庄的人总是赢家。

第6章
你的财富中毒了吗

> 财富是充分体验生活的能力。
> 亨利·戴维·梭罗（Henry David Thoreau）

社会对财富的毒性作用

人行道的诱惑来源于社会对财富的有害和毒变效应。社会明确地宣布了财富的定义："财富"是一辆由专职司机驾驶的劳斯莱斯，是包专机，是到南太平洋异国旅行，是海景别墅和拉斯维加斯带阁楼的公寓。社会认为，财富就是6克拉的钻石耳环、阿斯顿·马丁和价值超过大多数人住房的手表。

你问10个人"什么是财富"，你会听到10种不同的答案。你的财富标志可以像我的一样是一辆兰博基尼，也可能是在蒙大拿州近30万平方米的农场和马厩中一匹跑赢满贯的赛马。如果你和多数人的想法一样，财富本质的定义就是豪华奢侈的生活方式。

社会让我们相信财富是由物质财产构成的。事实上，我将在本书中批判社会对财富的定义，并让读者明白什么才是真正的财富。为什么会出现误导？正如你看到的，社会为你完美地定义了财富的概念，不幸的是，他们（再次）误导了你。但不要担心，如果你想要奢华，快车道可以提供。

财富三位一体：什么是财富

财富并不像看起来那么模棱两可，生命中的幸福源于拥有真正的财富。你猜我最幸福的时刻是什么时候？我最幸福的时刻并不是我买了第一辆兰博基尼的那一天，也不是我搬到山畔豪宅之时，更不是以几百万美元出售我公司的那一刻。财富不是由物质财产、金钱或"东西"成就的，而是由我所说的3个基本的"f"组成，即家庭（family）或人际关系、健康（fitness）和自由（freedom）。在这个财富三位一体中，你会找到真正的财富和幸福。

首先，财富是与人构建的紧密的关系。不只包括你的家庭，还有别人，你的社区居民、你的神和你的朋友。著名的电影《生活多美好》（*A Wonderful Life*）在片尾时给我们上了一课，"记住，拥有朋友，你就不会失败。"这反映了你与朋友、家人和爱人保持紧密关系的重要性，财富在其中发挥作用。财富是一个共同体，也影响着他人的生活，它不能放在一个真空里单独体验。相信我，我生命中最富有的时刻，是与我的朋友、家人和爱人在一起的时候。

其次，财富是健康，即活力、激情和无限的能量。如果你不健康，你便不富有。你问一下任何患绝症的人，他们的追求是什么；问一下癌症幸存者，他们重生的感觉如何，对这些人来说，物质早已被替代，健康和活力才是幸福。

最后，财富是自由，即自由地生活，无论在何时，在何地。你可以远离老板、闹钟和金钱的压力，追求梦想，按照自己满意的方式抚养孩子。自由就是从你所憎恨的单调乏味的工作中解脱出来，自由就是随心所欲地过你喜欢的生活。

60 天的分期付款不能为你带来财富

我清楚地记得那一天。2000 年我出售了自己的公司后,我的律师交给我第一张分期付款的支票,价值是 25 万美元。

"耶,25 万美元!我很有钱!我做到了!"我傻笑着。现在是时候宣告天下了。我脑海中立即浮现出跑车、名牌衣服、快艇和身边簇拥比基尼女郎的场景。我以为我很有钱,我要去炫耀一下。

不幸的是,这种幻想是不切实际的,我已经尝试过了。我买了一辆苹果红的克尔维特敞篷车。跑车?真棒!诺德斯特姆公司(Nordstrom)设计师定制的服装?没问题!我还曾想买一艘快艇。但是,互联网泡沫中断了我亢奋的幻觉。我把刚得到的一笔钱投资到科技类股票,损失了好几千美元。几个月内,我的财富蒸发了近半。在与我的会计师交谈之后,我得知又有 1/3 的财富不久也要拿去交税。

具有讽刺意味的是,在我看起来相当富有的时候,真正的财富正离我越来越远。没有工作、没有生意、没有收入,只有一笔小钱,我都无法支撑正常的生活,更不可能过那种想象中富人的奢侈生活,我根本就不富有。

财富假象:看起来很富有

在流行文化中,财富的魔术大师被称为"30K 百万富翁"。你可能还没有听说过这个说法,它指的是一些人表面看起来像是百万富翁,但实际没有净资产。这些人不难找到,他们驾驶着入门级的宝马,车轮上配置了定制的铬合金轮毂,他们穿着名牌服饰,上面带有法国名人哥特式的亲笔签名,他们在俱乐部贵宾席聚会,用信用卡订购酒水服务。这些人表面光鲜时尚、生活奢侈,但在聚光灯和金钱背后，他们只是行走在人行道上的可怜的魔术师。

比较一下看上去很富有和真正富有，你就会发现前者很容易做到，而后者不行。唾手可得的信贷和长期的月度金融服务（一年期免支付服务）是帮助你获得财富幻觉的诱人工具。社会让你相信财富可以在一家商城、汽车经销店或在电视购物中买到。正如我第一次用支票完成的疯狂消费，这些表面上的财富都在告示天下："我很有钱！"

可是你真的有钱吗？你用 6 年分期购置一辆 8 万美元的奔驰轿车，因为这是你所能负担得起的全部，这并不是真正的财富，而是虚假的财富。你是在自欺欺人，是在绕行快车道。千万不要赶时髦，这可不是警告你不能花钱购买昂贵的德国轿车的说教，完全不是。

财富绝不是体现在一辆汽车上，而是体现在你可以自由地购买它。我曾经自由地走进汽车经销店，咨询一下价格，付完现金，然后把车开走。这是我给我的哥哥买的礼物———一辆新的雷克萨斯。这是我曾经做过的最简单的交易。我研究了这辆车，并确定了我想支付的价格。我带着一张现金支票走进汽车经销店，对售货员说："我有一张 4.4 万美元的现金支票，我想买那辆车。"我需要一个"可以"或"不行"的答复。20 分钟后，我就拥有了一辆雷克萨斯。这才是真正的财富，不是虚假的财富。

当我开车去健身房的时候，经过高速公路附近一个破旧的公寓大楼。在停车场里，我总能看到停着一辆闪着光亮的黑色凯迪拉克，装配有 22 英寸镀铬的轮毂。那你发现有什么不协调的地方了吗？你生活在一个破烂的公寓，却开着价值 6 万美元的汽车，上面配置了价值 1 万美元的轮毂？我会去看那些座椅枕上的显示器，去听 24 个音响的立体声音乐吗？哎呀，感觉挺高大上的，其实不符合常理。难道拥有一栋漂亮房子，和一位好邻居毗邻而居，不比住在马贝拉花园公寓（Marbella Gardens）却分期付款购买一辆豪华轿车更明智吗？有些人想看起来很富有，而另一些人则希望真正变得富有。

虚假财富破坏真正的财富

虚假财富在制造财富幻觉，而不是真正拥有财富。它笃信社会所定义的财富，没有意识到追求虚假财富具有强大的破坏性，即它会破坏真正的财富。

随着真正的财富和虚假财富之间的鸿沟不断扩大，期望将不停地被亵渎，痛苦也将不断蔓延。你越想看起来有钱，就越紧紧地被贫穷左右。在奔驰经销商那里是买不到财富的，但是可以在那里破坏你的自由。

在财富转换的过程中容易迷失自由。人们炫耀财富的象征，却没有自由，当你失去自由的时候，就意味着你正在丧失真正的财富，那就是健康和人际关系。

亨利·苏加诺（Henry Sukarano）花180万美元在巴尔的摩郊区购置了他梦想中的豪宅。作为一家知名制药商的医药销售代表，亨利的职业生涯可谓风生水起。他的大房子中有他想要的一切，包括游泳池、马厩和一个能停泊5辆汽车的车库，这真是令人羡慕不已。购买这套房子让亨利觉得"我已经成功了"，但好景只持续了大约8周时间。

受到公司政策和裁员的影响，亨利被迫每天长时间工作。他开始从事被解雇的员工扔下的其他工作，需要处理覆盖整个东海岸地区的业务。他已经分不清楚是在路上、在飞机上，还是在睡觉。长时间的工作打破了他清净的生活。亨利很少住在他向往的家中，一旦在家，他就沉浸在酣睡中，或者在学习充电。他与妻子和孩子的关系也变得紧张起来。因为承担着巨大的压力，他的健康状况也越来越糟。

亨利悟出了一个道理：我没有生活在梦想中，是梦想主导了我的生活。亨利感觉被困在理想生活方式的幻觉中，但他仍继续努力工作，相信财富需要付出代价的哲学。

请注意破坏自由是如何攻击财富的其他组成部分的。负担不起的物质财富会对我们的健康和人际关系带来不良后果。富有讽刺意味的是，看起来有钱才是真正富有的敌人，因为它破坏了自由、破坏了健康，也破坏了人际关系。

最重要的是，百万富翁快车道解决了三位一体的自由部分，因为自由为健康和人际关系提供保护。只有你自己才能定义你的自由和你想要的生活方式。如果你想要搭乘私人喷气式飞机，那是你的自由；如果你想要保持极简主义的生活方式，那也是你的自由。自由因人而异。在你个人的定义中，你会发现属于自己的财富拼图，而不是社会定义的通往人行道炼狱的那个版本。

本章小结：助你踏上快车道

※ 财富是由强大的家庭关系、健康和自由构成的，而不是由物质构成。
※ 负担不起的物质财富，是对财富三位一体的破坏。

第7章
你滥用金钱，金钱就会报复你

> 金钱买不到幸福，但是当你痛苦的时候，它会让你感到非常的舒服。
>
> 克莱尔·布思·卢斯（Clare Boothe Luce）

金钱买不到幸福，但是贫穷能买得到幸福吗

那些口口声声断言"金钱买不到幸福"的人，他们永远不会有钱。这个老生常谈的话题成了助推贫穷的利器。既然金钱买不到幸福，那么为什么还要存钱呢？接下来的逻辑是，如果有钱都买不到幸福，那么贫穷的人又该怎么办呢？难道一个拥有法拉利的人就自动归入到不幸福的行列，而开本田车的那个人就一定幸福吗？

上网搜索"有钱买不到幸福"，总结搜到的页面，结果就是有钱就没有幸福。这不禁令人震惊，难道康涅狄格州一位赚6位数薪水的商人，可能连肯尼亚的牧牛人都不如吗？

事实是，这些分析有失偏颇，因为它们并没有把窃取幸福的人作为自由的对立面隔离开来。具有讽刺意味的是，当大多数人赚到"更多的钱"时，自由感不但没有增强，反而减弱了。人们往往会在创造生活方式的过程中受到金钱的奴役，更多的金钱会对财富的三位一体（家庭、健康和自由）造成破坏。

根据克瑞顿大学（Creighton University）婚姻家庭中心的研究结果，债务是新婚夫妇不和的主要原因。债务和生活方式的奴役驱使人们去工作，而对人际关系视而不见。2003年，全球价值调查网（worldvaluessurvey.com）的一项研究发现，世界上快乐的人都有一种紧密的社区意识和强大的家庭纽带。基本需求（安全、住房、健康、食品等）得到满足之后，人们的幸福感明显地受到人际关系质量的影响，这些人际关系包括合作伙伴、家庭、朋友等。如果我们疲于购买各种商品去和他人攀比，我们就是在自寻烦恼。该网站得出的结论是："消费主义"是通往幸福的最大障碍。

的确，很多百万富翁和高收入的职业精英是痛苦的，但是这和钱无关。他们痛苦的根源是自由，金钱控制着他们，而不是他们拥有金钱。例如，一个收入很高的工作狂没有时间在家里陪伴妻子和孩子，那么他的幸福感不见得比一个半天种地，半天陪家人的贫穷农民要高。

2009年，美国脱口秀主持人大卫·莱特曼（David Letterman）公开曝光了美国哥伦比亚广播公司（CBS）另一个节目制作人的敲诈勒索事件。据报道，该男子精心布下了一个勒索骗局，宣称投资200万美元一年能够赚取21.4万美元。然而，该男子自己处于严重的财务破产状况，部分原因是无力向配偶支付每月近6 000美元的赡养费。难道勒索者是想通过敲诈一个名人"买到幸福"吗？他真正的动机是什么？我认为他想买到自由，因为债务让他深陷奴役状态。200万美元会带来不同结果吗？也许在短期内可以，但从长远来看绝无可能，因为他与金钱的关系已经破裂。一个参与调查的知情人士说："他只是不想再工作。"换句话说，他渴望自由。

一个现代版的奴隶

相比那个一大早开车急匆匆去上班的家伙，我为什么有钱？因为我有自由。我可以做自己想做的事情，追求自己的梦想。在写这本书的时候，我根本不担心有多少人会买。我驾驶私人飞机去拉斯维加斯，不必担心上班、老板，也不用担心电费还没支付。自由是美妙的。

然而，我的生活方式并不"正常"。就像财富一样，社会通过缓慢致富的授权，已经为你定义了"正常"的标准："正常"就是每天早上6点起床，拼命工作8小时；"正常"就是从星期一工作到星期五，做工作的奴隶，靠优惠券省钱，如此循环50年；"正常"就是买任何东西都刷信用卡；"正常"就是相信股市能让你发财；"正常"就是相信一辆跑车和一个更大的房子会让你快乐。你习惯于接受这种"正常"的标准，它来自社会上被扭曲的财富定义，"正常"就是一个现代版的奴隶。

令我惊讶的是，大多数人都在以一种铤而走险的方式来避免财务破产。我们在毫无节制地花钱和消费，大家都不受约束、奢侈无度，人们在用压力书写自己的讣告。如果你的生活方式被劫持，你就不再富有，像人质一样，因为你缺乏自由。

正确地使用金钱

当金钱被滥用时，它是买不到幸福的。它不仅买不到自由，反而会买来束缚。不同于社会所定义的财富，实际上财富和幸福是可以互通的。社会提到的财富概念是指"现金"，因为这个错误的定义，连接财富和幸福之间的大桥轰然坍塌。当你不觉得富有的时候，你可能会希望"变出"那种感觉，你购买能够象征财富的商品，你渴望受到尊重，被接受和被爱，感到骄傲和喜悦。这些感觉代表了什么？你希望得到幸福。

这就是诱饵。我们把这种腐化的财富定义视为幸福，当它不能兑现时，我们便会失望，便会感受不到幸福。

如果使用得当，钱就能买到自由，自由是财富三位一体的集合体，自由带来选择。事实上，很多穷人的生活比劳累的上层中产阶级还要富足，因为后者没有足够的自由，他们缺乏牢固的人际关系、缺乏健康，他们深受每周5天、连续50年的工作所害。

金钱是财富公式和自由的卫士，强有力地守护着财富的孪生兄弟——健康和社会关系。

- 金钱能买到自由去看着你的孩子长大。
- 金钱能买到自由去追求你最疯狂的梦想。
- 金钱能买到自由让你无拘无束。
- 金钱能买到自由去建立和加强人际关系。
- 金钱能买到自由去做你喜欢做的事，无须瞻前顾后。

上述情况是否会令你感到快乐？我想一定会的。它们绝不会令你不开心。

生活方式的奴役：人行道陷阱

走人行道的人被奢侈的生活方式所奴役，让自己的生活陷入无尽的循环中，他们会为了赚钱让自己处在高速运转的工作状态下，赚钱则是为了过奢侈的生活，要过奢侈的生活则必须工作赚钱。这种被奴役的生活方式会彻底摧毁自由。

- 工作创造收入。
- 收入确保生活/借债偿还（汽车、船只、定制服装）。
- 被迫工作去还债。
- 周而复始，无限循环。

在20岁时，我便被这种生活方式所奴役。大学毕业后，我得到了一个不如意的工作，每天疲于挤公车上班。随着收入的增加，我自认为很富有，于是我调高了自己的生活标准，并在财富幻觉的驱使下无度消费。我买了第一辆跑车——三菱3000GT。

没过多久，我就意识到梦想中的车并不是财富的象征，而是一条潜伏在我的自由中的寄生虫。我讨厌我的工作，它使我满负压力，使我筋疲力尽，使我的创业梦想被束之高阁。但是我无法放弃工作，因为我要偿还汽车分期付款、油费和保险费。我被迫为这些"东西"工作，被自己讨厌的工作套在了枷锁中。

然而，这种奴役在社会看来是正常的。我们长期被教导要努力争取到最理想的结果，它让我们多年签约，使我们被这种生活方式绑架……你买了越多负担不起的东西，你的刑期就越长。

你要是需要思考能不能负担得起，就是负担不起

想想你会为购买一包口香糖而发愁吗？可能根本不会的。这个购买决定丝毫不会影响你的生活方式或你对未来的选择。对于一个走进一家4S经销店，买了一辆六气缸宾利的有钱人来说，道理是一样的。

所谓有能力负担就是指你丝毫不需要考虑它。如果你需要考虑承受能力，那就说明你负担不起，因为有能力负担不需要考虑条件和后果。如果你买一条船超过了心理承受能力，那么你就负担不起。人们往往会通过以下假设来减轻心理负担：

- "只要……我就能买得起它。"
- "如果我的职务得到晋升……"
- "如果我的抵押贷款没有调整……"
- "如果我的股票这个月上涨10%……"
- "如果本月我的销售业绩翻番……"

- "如果我妻子找到一份工作……"
- "如果我不买健康保险……"

这种自我交谈就是在警告你负担不起，负担能力是没有附加条件的。你可以自欺欺人，但你无法承担虚张声势的后果。

所以你怎么知道你能负担得起呢？如果你能一直为你的生活方式支付现金，而不用考虑未来的情况，那你就能负担得起。换句话说，如果你买了一条船，直接支付现金，并且不会受到意外"路途颠簸"的影响，那你就可以负担得起。如果你在一周内丢了工作，或者你的销售业绩下滑50%，你会后悔买了一包口香糖吗？不，它丝毫不会改变。这就是如何根据你的财富水平来衡量消费能力。

为了克服冒充富豪的倾向，你要清楚地知道你能承受什么以及不能承受什么。如果你真能买得起船和兰博基尼，那么你还要有充足的时间和地方去放纵。百万富翁快车道的目的是让你去到那个地方。

让生活方式遭遇奴役的诱惑

让生活方式遭遇奴役的诱惑是错误的消费主张，也就是在消费的时候，能得到自我感觉良好的即时享乐和快感。如果感觉到一切都是良好的，那有什么不好吗？巧克力？豪华套餐？日光浴？不幸的是，短时间内的良好感觉往往会导致长期的不良后果。即时享乐是一种人数众多的瘟疫，它的主要副作用是显而易见的——债务和肥胖。

大多数美国人都很胖，因为最容易的（也是最便宜的）即时享乐来自食物。当你一屁股坐在躺椅上，慢慢咀嚼一罐品客薯片，你选择的是即时的快乐，而没有想到以后的痛苦。如果你的年薪只有

3.1万美元，却靠72个月的贷款购置了一辆价值4.5万美元的新野马越野车，你获得了即时的享乐，但是奴役般的生活方式也会随之而来。

财富和健康如出一辙，是不容易保持的。获得它们的过程也是相同的，需要纪律、牺牲、坚持、承诺，而且要推迟自己的享乐。如果你不能抵御即时享乐的诱惑，你会很难获得健康与财富。两者都需要将生活方式从短期思维（即时享乐）转向长期思维（延迟享乐），这是唯一能够阻断生活方式被奴役的篱笆。

寻找鱼钩

即时享乐是诱饵，生活被奴役是鱼钩。

广告人员是杰出的钓鱼高手，它们的目标是钩到你。他们提供了多汁的诱饵，闪亮的新车、宽敞的豪宅、定制时装和各种"唾手可得"的好东西。每一天你都被即时享乐的诱饵包围：

- "没有这个产品你就无法生存！"
- "拥有它，生活会更轻松！"
- "拥有这些，你才是成功达人！"
- "当你拥有它的时候，你可以想象邻居羡慕和嫉妒的目光！"

这些信息都有一个共同点，那就是你只是他们的猎物，卖家根本不在乎你能否负担得起。你要确保自己不咬到鱼钩下面的诱饵，因为它们是奴役生活方式的枷锁。当即时享乐成功引诱你上钩时，你就被生活方式所奴役。不是你拥有这些东西，而是这些东西拥有你。它们是财富的敌人，千万不要邀请这些敌人进入你的生活。等你真的可以负担得起这些生活方式和奢侈品的那一天吧……在快车道里，这一天迟早会到来的。

本章小结：助你踏上快车道

※ 金钱买不到幸福，因为金钱会破坏自由。任何对自由的破坏都是对财富三位一体的破坏。
※ 金钱使用得当，便可以买到自由，带来幸福。
※ 幸福源自健康、自由和良好的人际关系，不一定是金钱。
※ 生活方式被奴役，其结果是剥夺自由，剥夺自由就等于剥夺了财富。
※ 如果你需要思考能不能负担得起，就是负担不起。
※ 即时享乐的结果是破坏自由和健康。

第 8 章
幸运儿玩的游戏

> 我相信运气，并且相信付出更多的努力，就会有更多的运气。
> 托马斯·杰斐逊（Thomas Jefferson）

想得到运气吗

我曾经听到有人叫我"幸运儿"。多么可悲，这是人行道上的人的观念。我不是很幸运，我只是一个玩家。当幸运的家伙稳坐独木舟时，我还趴在木板上飘来荡去。

乔（Joe）是一个走人行道的人，他认为要发财，运气是必不可少的。他白天写博客日志，晚上则去评论博客、打游戏、看电视。他认为自己不是一个幸运的人，因而放弃了自己的梦想。乔的弟弟比尔（Bill）在做与建筑相关的工作，他晚上除了上网之外，还花时间去研究一些新发明和工程学。他还利用休假时间去参观贸易展览和营销研讨会。比尔的梦想是成为一个发明家，他拥有不同领域的 4 项发明。当乔沉醉于游戏时，比尔则努力跳出空洞的构思，向世界展示自己和他的发明。谁会"很幸运"呢？

白手起家的百万富翁成名于自创的运气

资产数十亿的富翁、美职篮达拉斯小牛队的掌门人和股东马克·

库班（Mark Cuban）在其博客中讲述了自己关于成功运气的传奇故事，他回忆起了自己的奋斗史。在每一个故事中，人们都把马克的成功归因于运气：幸运地出售了自己的第一家公司微方案（Micro Solutions）；幸运地在技术繁荣时期大赚一笔；幸运地将公司以高达几十亿美元的价格卖给了雅虎，但是成功的过程却被尘封起来。

和大部分人相比，库班对运气的看法有着天壤之别。过程创造结果，但是别人将结果视为运气。他说，当他在阅读复杂的软件代码和思科路由器手册，或者一遍又一遍地测试和试验新技术的时候，怎么没有人提到运气呢。那么运气究竟从何而来？

"有钱人运气好"被走人行道的人视作真理，这是一个消极的观念，能够打击你的意志。人们虽然可以通过彩票、赌场和有钱的父母获得财富，但不可能创造持久的财富。利用百万富翁快车道去理解运气是一个过程的结果，是行动、工作和"正在那里"。当你"正在那里"，在正确的时间出现在正确的地方，你才能抓住机会。

世界上有正确的地方和错误的地方。正确的地方不是在躺在沙发上看综艺节目，不是在夜总会观看歌舞表演，也不是在酒吧狂饮。如果你想在正确的时间出现在正确的地方，你必须首先确认你在正确的地方，只有在正确的地方，才能感知哪些是错误的地方。

如果你不在人行道上采取行动，并参与过程，你将永远不会得到运气。运气总被人们认为是一件重要的事。例如，你的彩票中了大奖，或者你在阁楼上偶然发现了一幅价值连城的古画。但是，财富和运气并不是一个偶然事件，而是过程的结果。运气是过程的产物。

走人行道的人喜欢结果，但是憎恨过程。对于他们而言，获得财富是运气，这种论调是自然的，因为他们相信财富是结果。有一位快车道论坛的成员最近发帖说，比尔·盖茨很幸运，我不得不反对他的观点。光靠运气，根本无法创造出视窗操作系统。运气创造不了一家公司，运气也无法为了一个特定的目标而创造出协调一致的重复行动。当你坚持一贯的行动,通过努力去撼动世界,与他人发生相互作用才会产生结果。走人行道的人将这解释为运气,事实上,没有什么比行动拥有更大的成功概率。

当概率从不可能演进到可能时,运气才会出现。对于上述两个兄弟来说,谁会得到幸运?概率会倾向于向世界展示发明的那个弟弟,而他懒惰的哥哥不会得到幸运。让你的过程直面世界的险恶,你就可以克服险境,从而使置身在"正确的时间和地点"的可能性大增。

一提到运气,我就会想到扑克玩家,认为他们的手法和技艺是纯粹的运气,这是错误的观点,职业扑克玩家绝不会将其视为运气,这是复杂的系统分析和玩家心理学的结合。世界上最好的扑克选手,都是优秀的人类行为统计师和释义者。运气会起到作用吗?当然会,但作用是次要的,玩家主要是靠能力来赢取大部分的资金。向一个杰出的扑克玩家说"你真幸运",那是一种侮辱。同样的道理,将一个白手起家的百万富翁的成功历程归咎于运气好,也同样是侮辱。

要想获得运气,就要更好地经营过程,因为只有过程才蕴含着机会。当你在玩的时候,好运就在你身边。当你想要赢的时候,运气就会现出它的原形。不幸的是,走人行道的人将结果归咎于运气,他们的观念是运气不需要过程来参与。如果你想要有运气,请参与到过程中,因为成功是在过程的废墟中浴火重生的。

不要将"热门"作为你的财务计划

走人行道的人厌恶过程,所以他们的财务计划无视标准流程(如储蓄、预算)和结果。如果你相信运气是财富的唯一来源,你就会只对与运气相关的事件感兴趣,所有努力的目标都是在寻找"热门"的项目。

什么是热门？热门是创造财富突如其来的奇迹。彩票、赌场、扑克比赛，甚至是靠打官司和欺诈等。实际上，寻找"热门"都是试图绕过财富旅途，直接在终点线旁边守株待兔。它不能将你带向成功。

走人行道的人热衷于寻找"热门"，因为他们坚信财富是一个结果。不幸的是，热门都是冒险的远射，违反事物的真实本质。你相信奇迹吗？走人行道的人正在这样做。

为什么电视真人秀节目如《美国偶像》中的大多数选手会名落孙山，但仍然有那么多的参赛者？这些人正在寻找难以捉摸的"热门"。当天才的选手顺利通过的时候（他们有天赋是因为参与了过程），遭淘汰的选手哀声一片，他们指责节目评委，抱怨麦克出现问题，找出一些微不足道的事，并称是这些因素导致他们落选。但殊不知，真正的原因是他们没有经过过程的历练。

被欺骗：走人行道的人所受的诱惑

"现在只要分3期支付39.95美元的订单，你就能轻松学到如何赚到百万财富，你要做的只是每周花40分钟倒挂在地下室荡秋千。赚钱相当容易。别着急，还有更多的方法！只要今天成功订购，你就会收到我旁边这个丰满女人的照片。她看上去漂亮吗？当你像我一样开始赚钱的时候，像她这样的女人，一天24小时络绎不绝，她们会踏破你的门槛。这个系统真的很棒，今天所剩的机会不多了。现在就行动吧！"

广告大师很清楚他在做什么。他的目标是走人行道的人，那些人痴迷于结果和"热门"。为什么在凌晨2点做广告？那时候走人行道的人相对聚集，因为他们要么失业，要么看重播的肥皂剧。相信我，快车道的司机决不会在凌晨2点看这些，因为他们正废寝忘食地投入到过程中，朝着自己的目标坚定前行。

走人行道的人容易被欺骗，因为他们在孜孜不倦地追求结果，并竭力避免过程。一旦这种观念在你的脑海中根深蒂固，收看电视购物节目就会成为夜晚必备的娱乐。

脱离人行道的3个关键点

按照正常的逻辑，如果你有一个神奇的"系统"，在短短几个月里就能轻松赚到几百万美元，你做的第一件事会是什么？你会组建一家直销公司，把你的财富秘籍打包成5张光盘和一个快速入门视频，在每周二凌晨3点的"花园频道"（Garden Channel）中兜售吗？如果我有10亿美元财富的秘籍，这会是我要做的第一件事吗？而不是去环游世界，不是慈善捐款，也不是再去赚几百万美元？我会把这个系统打包好，告诉全世界只要39.95美元吗？

人们是相信这套说教，还是在拼命地寻找容易事？在电视广告中叫卖赚钱"系统"是一条强大的快车道。不幸的是，它所出售的系统本身可不是快车道，如何躲开这种疯狂的广告轰炸呢？别急，慢慢来！走人行道的人沉湎于以下3种观念无法自拔。

- 观念1. 财富需要运气。
- 观念2. 财富是一个结果。
- 观念3. 别人能给我财富。

这些观念为什么是错误的？首先，财富不是运气，而是不断提升概率的过程。其次，财富并不像彩票和赌场，它需要过程而非结果。最后，真正的财富只能靠自己。没有人会给你带路，电视购物中的那些赚钱软件也不会护送你。这些骗局让大多数走人行道的人对电影《大公司，小老板》（In Good Company）的剧情耿耿于怀，他们在凌晨2点醒来，躺在床上设想着打一个电话就能让财源滚滚而来，因为电视上的财富领路人就是这么说的。

本章小结：助你踏上快车道

※ 像财富一样，运气是由过程产生的，而非结果。
※ 运气的产生是靠持续提升的概率，而概率会在行动过程中得到提升。
※ 如果你发现自己玩"热门"的博彩游戏，你就是结果驱动而不是过程驱动的人。这种心态适合人行道上的人，而不是快车道上的人。
※ "快速致富"的广告营销是一条快车道，因为精明的营销人员都知道，走人行道的人把希望寄托在结果上，而完全忽视过程。
※ 赚钱"系统"本身无利可图，但把它们卖给走人行道的人却收获颇丰。

第 9 章
致富需要承担责任

> 伟大的代价就是责任。
> 温斯顿·丘吉尔（Winston Churchill）

只搭车不开车

人行道上的人会把理财计划委托给别人，他相信会有一个财富领路人载着他驶入致富旅程。这样的想法往往使其成为脆弱的受害者。

想象一下你搭便车走遍全国的情形。你获得了一个搭便车的好机会，但是你可能搭乘一辆由精神病人驾驶的汽车，穿越一段意想不到的弯路；也可能会遇到一个杀人犯，用刀架在你的脖子上，然后把你抛弃到路边的水沟里。搭便车时你会孤单无助，而且险象环生！

然而，走人行道的人对于搭便车的宣言是：信任别人！但当事情不按预期行事时，他们就责怪别人。除运气和结果外，责备是迫使人们停留在人行道上的第三个原因。

20世纪80年代末，当时我还是个孩子，我妈妈和朋友合伙在当地经营一家餐馆。朋友圈的几个人将他们的积蓄投资到了一个叫"基金"的项目。这些人当中，有些是受人尊敬的商人，他们对这项投资赞不绝口，声称项目的月回报极高。妈妈那时候单身，正在创业，这些朋友鼓励她进行投资。我妈妈不轻易受人摆布，她对有些事情"感觉"不对劲儿。最终她决定放弃投资,"基金"也远离了她的生活。

几年后,"基金"成了头条新闻。一家投资公司诈骗了投资者数百万美元。投资公司被曝是一个诈骗集团,几个上当受骗的投资者自杀,包括涉案的行骗人。这家投资公司正是母亲在前几年婉言谢绝进行投资的那家公司——"基金"。

受害者法则

受害者法则——只要你不放弃控制权,没有人能让你成为受害者。当你把控制权交给别人后,你就成了一个不系安全带的搭便车者。坐在陌生人的车上,可能会让你的财务计划破产,你便成了受害者队伍中的一员。

没有担当的人最终会成为受害者,他们拒绝责任,也拒绝问责。他们中的一些人天生就是受害者,因为他们不是试图努力获得主导权,而是选择躲避和放弃。对于他们而言,人人都有解决问题的方法,却无人帮助他们。他们并不认为这是他们的过错,而是有人应该为此受到责怪。他们从不找自己的问题,而是习惯于将责任归咎到其他人身上。走人行道的人拒绝将命运掌握在自己手中,而是生活在"他们总跟我过不去"的阴暗想法中。

- "他们把我解雇了。"
- "他们改变了条件。"
- "他们骗了我。"
- "他们不告诉我。"
- "他们提高了我的房租。"

一直以来,所有这些"他们"都是受害者自己强加上去的。如果房东提高了租金,而你还住在那里,却没有去认真看租约合同,这是房东的过错吗？如果公司裁掉了你，你还是选择在那里工作，这是公司的过错吗？难道在 25 岁那年，我在风雪交加的夜晚滞留在路边的轿车里也是我的错吗？是的，那确实是我的错。

最近，沃尔玛员工因不满意他们可怜的工资而发起了工会抗争。一个名叫尤金的 33 岁雇员抱怨说，自己已经在这里做了 3 年的卡车卸货工作，一小时的工资才 11.15 美元，这低于零售行业每小时 12.95 美元的平均工资。他买不起汽车，也负担不起沃尔玛的健康保险。

哇，多么令人不安。难道有人要被抓起来了吗？说真的，那个把枪架到尤金头上强迫他在沃尔玛工作，而且让他只拿到低于市场工资的人应该被抓起来！给这家伙一巴掌。但是，没有人强迫他在沃尔玛工作，他在那里工作是他本人的选择。嘿，尤金，如果你厌倦了一小时赚 11.15 美元，请提高你的社会价值，去加强学习提高自己吧！沃尔玛如果没有像你这样的受害者排着队找工作，他们就不会只开出这样低的工资了。

有个财务顾问向你承诺，保证让你的银行存款获得 14% 的增值，之后你发现自己受骗了，这是你的错。你根本就没付出过努力，你没有做调查，甚至想都没想。你的渎职行为使你成了受害者。

搭便车的政治

在世界各国都有大量搭便车的人。这些人追求安逸的生活，却要别人为之埋单。他们一辈子都在搭便车，相信政府（或其他一些实体）应该为他们做更多的工作。他们是"赚钱"系统的受害者，是生活的受害者，因为生活给他们留下了一只罪恶的手。他们把选票投给了那些向他们承诺这个世界不需要代价的政治家，这些人承诺免费医疗、免费教育、免费汽油，没有任何门槛的抵押贷款。

约翰·肯尼迪（John F. Kennedy）著名的言论"不要问你的国

家能为你做什么,而是你能为你的国家做什么"被曲解为"我的国家能为我做什么"。虽然我不能评论美国以外的社会是否恶化,但是在过去 20 年里,在人行道上蹒跚已成为很多美国人的一种生活方式。美国人曾经忠实地宣称:"不自由毋宁死。"而现在我们只说:"给我吧。"

在我写这本书的时候,整个经济陷入低迷,房地产市场崩溃,贷款枯竭,数百万人没有积蓄。我们是怎么走到这一步的?答案并不复杂——我们依靠"他人"为我们做财务决策,忽略了合同细则,甚至根本就没有看过合同,我们也没有读过这方面的法律文件,我们强迫政府推出了保险政策。作为一个社会,如果我们继续同样的行为,历史注定会重演。

我也经历着经济衰退的大潮。当然,我的房屋也贬值了,但没有关系,因为我从不拿我的房产作为致富工具!然而,那些大师们又在鼓吹:"你的房产就是你最大的投资!"胡扯!当市场崩溃的时候,我并没有失去很多钱,因为市场并不是我的财富加速工具!快车道是关于控制的,如果你喜欢那种在人行道搭便车的生活,你就没有控制力。

在 2005 年 8 月的一个公开论坛上,我便预测房地产泡沫即将破裂,并概述了其破裂的 7 个原因。事实证明我是正确的,真相一目了然。我选择自己做财务决定,不相信电视节目中那些叫嚣房产是安全的保守派。我不依赖于主流媒体,不依赖别人,就靠我自己。我自己开车,不搭便车。驾驶的美妙便在于责任,而大多数人都错过了。

致富首先需要承担责任,其次才是问责

承担责任是问责制度的先决条件,切不可本末倒置。当你承诺对你的账户透支行为负责,可你还继续透支,你就是不负责任的;

当你承诺对私生子负责，可你依旧不去做，那你就是不负责任的；你明知道把钱包放在桌子上炫耀可能被偷，可你依旧将它放在桌子上，你就是不负责任的。

问责就是责备你行为的后果，如果需要的话去修正你的行为，以防这些后果再次出现。你虽然没有被问责，但也可以负责。在快车道论坛上有一个用户对责任和问责之间的区别进行了如下阐述：

> "真正让我气愤的是，人们屡次做出同样的糟糕选择，但随后宣称对其负责。如果负责只是抬腿走人的话，那么负责就太容易了。一些单身父母，发誓为他们种下的风流债负责，但结果只是偶尔给付一笔抚养费。有人轻易卖掉自己的房子，自称对自己的行为负责，结果却购买了一栋他们根本负担不起的房子。那些宣称对酒后驾车造成的后果负责的人，却重蹈覆辙！我不喜欢那些"负责"的人甚至讨厌！我想让人们真正负起责任。人们在行动之前需要思考，在做出行动后要坚持自己的选择。我对于犯错的人没有什么意见，但是，你不能犯了一个错误，却不从中吸取教训。这就是真正的问责和责任的区别。"

我有一个朋友，最近她的社会保险卡被盗。当我们在餐厅一起用餐时，她便开始抱怨。我打断了她的话，问了她几个问题。因为我不知道，她是否是一个受害者，或者用不用为此负责。

"你的卡是怎么被偷走的？"
"我的钱包在墨西哥被偷了。"
"当时发生了什么？"
"我在一家餐馆吃饭时有人偷走了它。"
"哦？你的钱包是放在桌子上吗，就像现在这样？"

她瞥了一眼她的钱包，猜透了我的意思。就在我们吃饭的时候，她的钱包就放在桌面上。任何一个小偷都可以轻而易举地拿起她的钱包后溜走。她看着我,感到自己被嘲弄了,然后抓起钱包放到她的大腿下确保安全。

是受害者?还是自己不负责?她做了一个错误的选择,她选择不去保护她的钱包,甚至在付出昂贵的代价之后,她仍然不明白自己应该为此负责。如果她一开始就对此负责,那么她的钱包就不会放在桌子上,给小偷可乘之机。

使自己从受害者模式中解脱出来

不要再成为承担责任的受害者,要学会负责。

2006年,我在亚利桑那州凤凰城购买了一套群山环抱的豪宅。这是凤凰城景致最好的房子之一,但是内部需要大改造。于是,有个朋友推荐了一个总承包人,我偷了个懒,没有做调查,没有检查他的个人资料,也没有进行资质审查……总之,我什么都没做,就直接雇用了这个承包商。

这下糟了,原本应该8个月的工期居然变成了为期3年的马拉松。这场噩梦最终成为我生命中最糟糕的体验。承包商毫无能力,把事情弄得一团糟。然而,我不能怪他,只能责怪自己。我承担了责任并对此负责,因为是我雇用了这个承包商。套用《星球大战》(*Star Wars*)中的一句话:"谁才是真正的白痴,是白痴本人,还是雇用了白痴的那个白痴?"

但我不是受害者,因为我首先对此负责,这是我的过错,是我让它发生的。然后,我开始问责,现在当我雇用装修工时,我一定会做调查。如果没有问责的过程,我可能也会沦落为一个受害者,像其他人一样自食苦果。

对于我那个丢了钱包的朋友来说,用快车道的处事方法应该先负责,再问责。责任在于,我的钱包被偷了,这是我的过错。问责则是,以后我会采取预防措施,确保它不会再次发生。

当你同时为你的行为及可能引发的不良后果负起责任并发起问责的时候，你就有可能脱离受害者模式，自己的功过得失自己承担，反思自己的选择。你将自己置身其中了吗？你在这个过程中有错误吗？你懒惰吗？大多数情况下，糟糕的结局源于糟糕的选择。掌握选择权，你就会拥有你的生活。没人能带你偏离航向，因为是你在控制方向。失败从来就不是受害者的专利，它会让你变得智慧。不要忽视问责和责任，不要把你生命中最重要的东西交给别人，要由你来驾驭自己的生活！

你值得！你值得！你值得

一天，我听到了几条令人心烦的商业广告。要去了解他们的目标，你不需要成为一个核物理学家，人行道上的受害者们。

第一条广告是住房抵押贷款规划公司的："规划你的贷款，我们帮助你在分期付款上花钱最少。"下一条是律师的广告："你经历过意外吗？我们帮你得到你应得的钱。"最后一条是一家信用恢复公司的广告："让我们帮你消除债务记录，这样你就可以得到你应得的生活！"

注意到最常见的短语了吗？"你应得的。"这些真的是应得的吗？你的信用很糟糕，你不按时支付账单，你应该得到更好的生活吗？一位老人追尾了你的车，你从有钱的保险公司突然拿到一笔丰厚的现金赔偿，这本就是应得的吗？你买不起房子，你应该得到一个较低的贷款利息吗？"应得"来得如此容易，没有任何特别的努力，就像天上掉下来一个馅饼？我们正在逐渐被洗脑，相信不需要经过任何过程就应得到一切，也不需要问责。

你应该得到的东西都是你行动的结果，否则就不应得到。负责是一回事，问责是另外一回事。当你能对自己的选择问责时，你在未来会改变你的行为，并驾驭你的生活。

本章小结：助你踏上快车道

※ 搭便车的人把自己的财务计划控制权交给别人，使自己成为受害者的概率显著增加。

※ 受害者法则——只要你不放弃控制权，没有人能让你成为受害者。

※ 你要为你的选择负责。

※ 承担责任是迈向你驾驭自己生活的第一步，问责是最后一步。

第4篇

平庸：
慢车道路线图

第10章
你一直在被谎言误导：慢车道

> 一个普通人每周辛苦工作 50 小时，50 年后被迫退休，然后被送进养老院，希望在病痛缠身之前有尊严地死去，这不算疯狂吗？
>
> 史蒂夫·布西密（Steve Buscemi）

下一个出口：不温不火的慢车道

在前面的章节中，我强调了走人行道的人没有理财计划，只关注当下，喜欢即时的满足感。人行道是一种生活顽疾，通过透支未来的幸福换取今天的快乐。慢车道正好相反，即牺牲今天的幸福，把希望寄托在未来。

作为一个慢车道的旅行者，你整日沉浸在一系列理论中权衡取舍。找一份工作，一周在办公室工作 5 天。自带午餐，舍不得喝 10 美元的咖啡。节约出薪水的 10%，辛苦投资到股票市场和 401K 保险。放弃购买跑车的梦想，因为你根本买不起它！你想将你的满足和享受推迟到 65 岁退休以后。存钱，存钱，再存钱，因为投资收入是巨大的：今天投资 10 000 美元，50 年后其价值连城。

令人惊讶的是，慢车道是人们驶离人行道的第一个出口，它伴随着人们的逐渐成熟和担负责任。大多数大学毕业生是在人行道上开始他们的人生之路的，我也是从那个时候走过来的。毕业就等于疯狂消费和享受即时愉悦。我们自驾去坎昆玩，开着一辆熠熠闪光装配高级立体声音响的汽车，带着海量的 CD 唱片，通宵喝酒狂欢。生活就是现在这个样子，不去理会未来的结果是什么。走人行道的人（和普通人）本能地期待着一个美好的未来，"我会赚更多的钱"，"我会中彩票大奖"，"我的父亲去世后我会继承千万财产"。未来的期望往往根据当下的愉悦进行调整。而这背后暗藏的危机，就是被奴役的生活方式开始膨胀。

然而，伴随着家庭债务等责任感的增加，以及对未来期望与现实的巨大反差，走人行道的人逐渐看清了人行道的不确定性，并着手进行看起来负责任的车道转换：离开人行道，向慢车道靠拢，这个路线图被很多可靠的人广为称道。在人行道上行走是典型的无纪律行为，而慢车道财务计划则把责任和问责引入财富公式中。看上去不糟糕，对吧？

不幸的是，这条慢车道也是被误导的错误方向，误导你的人不仅有陌生人，还有你信任的人——老师、电视台和广播中的名人、财务顾问，甚至还有你的父母。这些公开的误导强化了慢车道策略，其功效就好比一场难以抗拒的赌注。慢车道是一场终生的赌博，它是用牺牲今天来换取明天的财富。

财富的代价为何？你的一生

慢车道几乎不会受到质疑。但这是一个谎言，当诡计被揭穿的时候，人们几十年的岁月已经付之东流……而与此同时，数以百万计的人还在不停地被带到这个骗局中。

如果你已经相信了这个谎言，请你今天就放弃它，这样你还能拥有一个辉煌的明天。那么辉煌的明天会在哪里呢？你什么时候可以尽情挥霍，花上几百万美元来享受生活呢？这是个好问题。在缓

第10章 你一直在被谎言误导：慢车道

慢致富模式下，财富背后的驱动力是时间，给人打工的时间和在市场上投资的时间。你辉煌的明天可能会在40年后出现，那时候你可能是在最后一任的总裁职务，可你腰肌劳损被迫做第二次髋关节置换手术。你辉煌的明天也有可能要等到73岁的时候，可是那时候你已疾病缠身，生活不能自理，身患严重的老年痴呆症。说真的，这个退休后致富的慢车道计划什么时候才能梦想成真，然后你能享受百万富翁的生活呢？

当乔还是一个十几岁少年的时候，他读了几本关于如何致富的个人理财书。书中告诉他要存钱，找到一个好工作，尽量使用优惠券，勤俭生活，量入为出。大学毕业获得法律学位后，乔就按照这个建议生活。虽然执行起来有些困难，但乔还是努力地按照这个计划积累财富。他每周在公司工作60小时，经常忽视家庭和孩子。他平日都耗在办公室，而周末则偷闲在家"充电"。

做了12年的律师后，乔发现他的职业并不惬意。然而，他决定继续忍受，因为职务升迁让他放弃了和合伙人共同创业的机会，他的薪水也一跃跨过6位数的关口。当乔的生活取得进步的同时，他也没有忽略自己的目标：55岁的时候退休，因为金融专家大卫说过，"聪明的人才能致富。"

乔辛苦攒钱，超时间加班，投资共同基金，并投保公司的401K保险。为了慢车道计划，他继续忍受他的工作，没有人说这是件容易的事情。"那一天"到来的日子，就是他退休并拥有百万财富的日子。他认为，为了未来，每周痛苦地工作5天是值得的。不料，在一个烈日炎炎的夏天，乔在修剪草坪时，因心脏病发作不幸辞世，享年51岁……此时，距离他的目标还差4年。

你可以在年轻的时候就很富有，也可以在垂暮之年才有钱。选择权完全在于你，无可争议，25岁的富翁完胜65岁的富翁。你肯定想知道一个年轻人怎样才能变得有钱。如果说是使用优惠券、投资共同基金和401K保险，你信吗？这简直是开玩笑。

最好在年轻的时候就获得财富，趁你拥有健康、活力、能量的时候纵情享受。最好在你生命历程的前半程就拥有财富，而不是经过40年每周50小时工作的煎熬，梦想已经不复存在，你已步入垂暮之年的时候才拥有。在我们的灵魂深处，我们深知这一点，但我们却依旧忠实地遵守慢车道路线图，因为它承诺在40年或50年后给我们带来财富。

你更应该担忧的是，这个路线图管用吗？全球性的经济衰退暴露了慢车道就是一场骗局。一旦失去工作，所有的计划就会流产；当股票市场下跌，你损失了50%的储蓄，你的计划同样失败；当房地产泡沫危机爆发，你的不动产在一年内缩水40%，你的计划宣告失败。慢车道计划注定是要失败的，因为该计划是基于时间的，有太多你不可控制的因素。不幸的是，数以百万计的人已经倾注了几十年的心血投入到该计划，最终却迎来丑陋的真相：慢车道上充满了风险，人们却无能为力。

如果一种策略需要你用一生的时间和全部梦想作为代价，那就是一场糟糕的赌局。慢车道理论傲慢地认为，无论如何你也会生存下去，当然，这得靠工资。不幸的是，轮椅装不进兰博基尼的后备厢中。

慢车道的思维路标和信件

随着时间的推移，走慢车道的人一直在收集和支持一系列思维路标，那些可靠的人们也在不断地提供证据。父母说："上大学，毕业后找个工作。"畅销书作家大卫说："别喝昂贵的拿铁咖啡。"苏兹说："开一个罗斯个人退休账户，每年缴纳薪水的10%。"拉姆齐说："滚雪球债务。"所有这些信息都让走慢车道的人的思维路标逐渐成形,让他们在通往财富的旅途中消耗一生的时间。

- 对债务的看法:债务是邪恶的,要用一切办法避免,即使这意味着为了工作需要加班。
- 对时间的看法:我的时间很多,我会很乐意为了多挣钱去花时间工作。我工作的时间越长,就有越多的钱还清债务,省下的钱可以在65岁退休后去花。
- 对教育的看法:教育是很重要的,因为它能帮助我获得更高的薪水。
- 对金钱的看法:钱是稀缺的,所以花费每一个铜板都需要纳入预算,同时还要尽可能存钱。如果我想在65岁退休时拥有几百万,我要确保不浪费每一分血汗钱。
- 主要收入来源:我的工作是唯一的收入来源。
- 主要财富增长:投资收入是超级强大的,因为投资10美元,50年内其价值会飙升到30万美元。哦,不要忘了共同基金、房产的升值空间以及401K保险。
- 对财富的看法:工作、储蓄和投资,重复40年,就到了退休年龄,也许是65岁。如果我幸运的话,我的股票投资还有12%的年回报,也许到55岁我就能如愿退休了!
- 财富方程式:财富=工作+市场投资。
- 目的:在我的晚年享受舒适的退休生活。
- 责任与控制:我的责任是养家糊口,但是我的工作必须依赖于别人,包括我的雇主、财务顾问、政府以及良好的经济环境。
- 对人生的看法:退而求其次。放弃梦想、勤俭持家、不冒风险,总有一天我会退休,然后拥有百万财富。

如何知道自己走的是不是慢车道?表10.1就是慢车道路线图的路标。

表 10.1　慢车道路线图的路标

上学	投资股票市场
取得好成绩	叫停消费昂贵的拿铁咖啡
毕业	勤俭持家
生活自理	不去举债度日
超时加班	使用优惠券
职务晋级	不再使用信用卡
拿出工资的一定比例做储蓄	定期定投策略
投资401K保险	攻读更高的学位
投资共同基金	尽早付清住房抵押贷款
购买并持有基金	你的房产就是资产
薪资、养老金、福利待遇	建立个人退休独立账户
尝试多样化投资	量入为出
提高保险免赔率	谙熟投资经营之道

当你遇到这些"时髦的短语"时，要警惕有人向你推销慢车道理念，并将其作为通往财富的总体计划。因为优惠券和其他慢车道策略在计划中并不值钱，它们不应该称之为计划。将慢车道作为总计划，而不是计划的一部分，是一个严重的问题。

慢车道路线图：通过数学方式理解

如何在慢车道创造财富？揭示它的方法（和弱点）需要分解，将其策略解构成数学，也就是用财富公式来表示。换句话说，你要揭示这个计划对于财富的理论限速，财富是由两个变量决定的：一是主要收入来源（工作）；二是财富加速工具（市场投资）。这两个变量决定了慢车道财富公式，并控制其创造财富的能力。

第10章 你一直在被谎言误导：慢车道

财富＝（主要收入来源：工作）＋（财富加速工具：市场投资）

该公式考虑了各种因素，可简化为：

财富＝工作收入＋投资收益

主要的收入变量（即工作收入）本身有两个变量，这取决于你的工作状况，既可以是：

工作收入＝每小时时薪×工作时长

也可以是：

工作收入＝年薪

投资收入的来源是市场投资，这是一个通用概念，就是今天你在股票市场投资×美元，过几十年后今天的×美元将增值到×百万美元。在第12章中，我将研究慢车道的数学构造，指出其真正的缺点。届时你会发现，为什么社会计划、你父母的计划、媒体计划和那些大师的计划其实是可怕的财富策略。

你在周末出卖灵魂吗

你的灵魂价值要比一个周末更值钱。慢车道制度化会导致盲目和平庸。

2007年1月的一个寒冷清晨，在华盛顿特区的一个火车站，有个小提琴手演奏了巴赫的6个经典作品。这个小提琴手不同寻常，而且他的小提琴也非同一般。这个人就是隐姓埋名的约书亚·贝尔（Joshua Bell），一个伟大的音乐家，早些时候他在波士顿音乐厅演奏的夜间音乐会门票近100美元，而且顷刻便会销售一空。约书亚在早晨上班高峰期间，用价值350万美元的小提琴做了一场演奏，当时大约有2 000人从这里走过，大部分都是赶着去上班的人。

他持续演奏了45分钟，中途只有6个人停下来简单地听了一下，没有形成围观的人群。大约有20个人给了他钱，但又脚步匆匆，继续向前。当他演奏结束时，这个繁忙的火车站除了拥挤之外，寂静无声。没有掌声，没有围观人群，没有一个人理他。

这个实验由《华盛顿邮报》（Washington Post）一手策划，目的是揭示那些令人难以置信和不安的事情。即使是世界上最伟大的音乐家，也无法在忙忙碌碌和冷漠的人面前焕发光辉。难道你为了养家糊口变得如此麻木吗？难道你已经完全被生活所控制了吗？你已经被星期一到星期五的工作操劳蒙蔽了双眼吗？难道你面前的任何美好事物都变得黯淡无光了吗？那些乘坐火车上下班的人就像僵尸一样来来往往，除了浑浑噩噩地上班，他们对那些华丽的荣光熟视无睹。然而，如果这个实验发生在星期六，它的结果会有什么不同呢？

这个故事暴露了慢车道的弊病：当你的生活只是为了一份薪水，你就有可能被蒙蔽在生活本身当中，正如你在繁忙的火车站匆匆而过。生活不只是在星期五晚上开始，一到星期一就关上大门。

"终于熬到周末"：慢车道是温床

最近一个朋友责备我，因为我拒绝在星期六晚上和他出去。"你疯了吗？这是星期六晚上！"他带着哭腔说道。我告诉了他一些走慢车道的人不明白的事情：对我来说，每天都是星期六，因为我没有卖掉星期一到星期五的时间。

财富源自3个"f"：家庭、健康和自由。财富自由的价值体现在星期五晚上，那是我和朋友天马行空地畅所欲言并分享快乐的时刻。我们坐在酒吧的露台上，听到几个顾客在诉说衷肠，纵情地进行心灵的对话。酒吧里完全感受不到任何经济衰退的迹象。嘈杂中，我问我的朋友："你听到了什么？"

她说："我听到的是人们在欢庆一个美妙的时刻，他们在庆祝。"

我继续追问："为什么？"

"什么为什么？今天可是星期五！"她不解地说道。

我进一步和她探讨："星期五有什么特别的？如果我们在星期一来到这里，这个地方将是空的，听不到庆祝的声音。为什么星期五和平日完全是两个样子呢？"

她因为我自相矛盾的盘问陷入僵局，"嗯……他们应该是在星期五得到薪水吧？"她自嘲地说道。

我给出了答案：星期五晚上之所以热闹非凡，是因为人们在庆祝他们的交易收益：用5天的工作束缚换取2天的自由。星期一到星期五的工作是为星期六和星期日的自由买单，而星期五晚上则意味着两天自由的到来。因为星期一到星期五被出卖给了别人，所以"终于熬到周末"的想法才会存在。

60％的负收益：慢车道惨淡的回报率

最终，你把灵魂卖给了星期一到星期五，用星期六和星期日作为薪水来补偿。是的，今天你给我5美元，作为回报明天我给你2美元，这是5对2的关系，对吗？今天你给我5个面包，我明天给你2个，你不干？为什么？这是一个亏本买卖！

希望你能认识到，在任何交易中，5对2肯定不是好的回报。5对2的投资回报率是 – 60％。如果你的投资回报率为 – 60％，你很快就会破产。有什么样逻辑的人会接受这样一个可怕的交易呢？

不幸的是，你现在已经这样做了。当你接受慢车道路线图，将其作为你的策略时，你就接受了5对2的回报。你被工作奴役了5天，以换取周末2天的自由。是的，星期一到星期五被出卖给了星期六和星期日。当货币收益率是 – 60％时，人们会断然拒绝，但是

97

换成时间的话，人们却乐此不疲。

如果你有孩子，你一定会质疑这个问题的合理性。孩子在星期一和星期二长身体，我听说他们在星期三、星期四和星期五也长身体。是的，他们不会等到周末才长身体。当小米兰达（Miranda）第一次学会讲话、第一次学会走路、第一次学会跳舞的时候，她不会关心你是否在休斯敦参加季度经理会议，不要等到周末再去关心孩子的成长和家庭关系。当你进行 5 对 2 交易的时候，猜猜看，发生了什么？孩子都长大了，你也早已人过半百。

被时间奴役的人们眼睁睁地看到自己的自由、家庭和亲情关系在分崩离析。时间管理不善的原因，就是因为慢车道是以时间为前提的。5 天奴役，2 天自由，显然不是一个好的交易，除非你在一个回报更好的系统中交易你的时间。如何取代 5 对 2 的生活，让 5 对 2 的交易拥有更高潜力的性价比？像 1 对 2 或者 3 对 10？假如你了解到 5 对 2 的交易可以逆转为 1 对 10 的时候，你还会坚持 5 对 2 的交易吗？难道那不是一个投资的机会吗？

我也曾执行过慢车道计划，我做的是 7 对 0 的交易（我一周工作 7 天，没有休息一天），因为我充满梦想。在不久的将来，我会得到一个更好的回报率，而不是花上 40 年。我控制着自己的命运，最终我投资的时间交易产生了 40 年的红利。现在我的回报是 0 对 7。我每周工作 0 天，获得 7 天的自由。可悲的是，如果你还是徘徊在慢车道上，你就需要做出选择，要打破 -60% 回报率的桎梏，因为它使你的自由受到限制。记住，财富的定义是自由，不信请看看星期五的晚上，人们是如何因为得到周末休假的自由，而去庆祝推翻慢车道专政的欢庆场面。

生活常态对平庸的谴责

由莱昂纳多·迪卡普里奥（Leonardo DiCaprio）和凯特·温斯莱

第10章 你一直在被谎言误导：慢车道

特（Kate Winslet）在2008年主演的影片《革命之路》（*Revolutionary Road*），出色地展现了慢车道的死亡结局。一对年轻的夫妇生活在郊区，经历着生活的反反复复：丈夫每天早上按时上班，和一群同龄人一样，是个无聊的上班族，他的妻子是一个完美的家庭主妇。他们内心都知道哪里不对劲，想去修正和解决，但后来都接受了平庸。为了慢车道计划，他们放弃了自己的梦想。在这部电影中，我们见证了他们如何选择试图逃离，然后又经历危险的后果。

问题是，我们都被洗脑，已经接受慢车道路线图，并视之为正常。这个错误的路线图在生命的早期有着强大的号召力，对于"平民百姓"来说，这意味着财富，而且听起来很合理。像我们这样的人不可能通过做职业球员、歌星或演员来致富，所以对我们来说只有慢车道。对某些人而言这也许是好事，但对其他有着伟大梦想、目标和想法的人来说，这个计划并不符合要求。

下面是从快车道论坛中摘取的一个慢车道故事：

"在致富的过程中，我的生活非常糟糕。5年前，我一无所有。转眼间，我已跨过了30岁，那时我认为靠薪水根本没有办法活下去，我发誓要变得有钱。为了这个目标，我又找了第二份工作，把这份工作挣到的钱都存下来，用第一份工作的钱来支付我的生活费用。基本上，为了省钱，我最近的5年是这样的：

- 租住在一个不到10平方米的廉价房间。
- 使用公共交通工具和摩托车代步。
- 几乎每天工作，没有休息日。
- 节衣缩食。
- 从不为自己或妻子买"好玩的"或精致的东西。
- 几乎从不外出享受生活。
- 在5年里我通过节衣缩食存了5万美元。2007年10月，道琼斯指数暴涨，我错失了一个净赚3万美元的良机，否则我还能多存点儿。

- 我已经达到了一个临界点。5年时间，长期生活在一个监狱牢房大小的房间里，头脑被工作搅得麻木了。我觉得我的生活就是关在一个监狱中。我省钱的方式便是以牺牲精神健康和正常人的幸福为代价。我的直觉告诉自己不能再这样活下去了。"

走慢车道的人接受节俭的生活，也心甘情愿地接受监禁生活。这些人的生活是令人敬畏的还是平庸的？他会实现梦想吗？慢车道计划放弃今天的幸福，去追求遥不可及的未来财富承诺。我不认同"退而求其次"的策略，这就是为什么慢车道容易使人平庸。生活不一定是大富大贵，但也不至于那么糟糕。生活是美好的，但你得换一个新的路线图来替换慢车道。

本章小结：助你踏上快车道

※ 慢车道是对人行道的自然修正，它需要承担责任并问责。

※ 当你年轻、有活力和能力的时候，拥有财富是最好的体验，不要等到垂暮之年的时候才拥有财富。

※ 慢车道是一个需要花费几十年才能成功的计划，通常需要在工作中具有过人的能力。

※ 对于走慢车道的人来说，星期六和星期日就是支付给星期一到星期五的薪水。

※ 在慢车道，你投入的时间收益率为-60%，也就是5对2。

※ 在慢车道，5对2的交易收益一般是固定不变的，因为一周工作5天就是标准的工作时间。

※ 慢车道预设的目的地是平庸。生活不一定大富大贵，但也不至于那么糟糕。

第 11 章
不平等的交易：你的工作

> 每天一心一意地工作 8 小时，你可能最终会成为老板，然后每天工作 12 小时。
>
> 罗伯特·弗罗斯特（Robert Frost）

我上了 5 年大学，就是为了一个电话本吗

大学毕业前，我做过几个见习职位。有一个我至今记忆犹新：在芝加哥的一家大保险公司做基层职位。在向我们介绍公司的特色服务时，公司招聘人员告诉我们所期待的事情：

"那边的位置（指着面向大海的房间）是留给我们的新员工的。说实话，这项工作刚开始的时候是很难的。我们会给你 3 样东西：一张桌子、一部电话和一个电话本。你每天要花 10 小时进行电话营销，来建立你的客户关系。我知道这项工作不吸引人，但回报嘛……"

他所说的回报并不是很合理，而我却表现出了极大的兴趣，表现得很开心，表现得乐于接受。其实我是在演戏。心想，我花了 5 年时间读大学，到头来就是坐在一个小隔间里，拿出该死的电话本向比我年长的人打电话推销吗？你是在和我开玩笑吧？早知这样，

我在中学就可以做这一行，而不需要花好几千美元上大学攻读学位。然而，我对拥有一个诱人的基础工资、杰出的401K保险和顶级健康计划的工作机会垂涎不已。如果我拿出该死的电话本打电话推销，这不是为我的老板，而是为我自己。

工作：训化成常态

如果你想逃离慢车道，快速地找到财富和自由，你得把工作扔了。打工之所以差劲，是因为它基于有限的平衡和控制。当然，你可以有很好的工作（同时也是有趣的工作），但是在财富范围之内，你迫切地需要这两样东西。下面的6个现象是慢车道的核心，它们将告诉你为什么财务计划不应该以工作为中心。

现象1：花时间去换钱

是谁告诉你花时间去换钱是一个伟大的想法？为什么这个想法逐渐转化成为一个误区？如果你被工作所束缚，那么你正在做的事情就是用你的时间（生命）来换取几张纸币，而这些纸币能给你带来自由。你出卖你的自由再去获得自由，看出问题了吗？

打工吞噬着你的时间。在一份工作中，时间交易是你如何赚钱的核心，基于5对2的工作是可怕的。请听我说，时间不能等同于生活。在一份工作中，你不能卖掉你的生活换钱。如果你工作，就得到报酬；如果你不工作，就得不到报酬，是谁在主导这场交易？

表11.1分别列举了不同的职业需要花多长时间才能赚到100万美元和存100万美元。如果你拼命省钱，每年拿出收入的10%存起来，计算你存下100万美元所花的时间还要将年平均工资乘以10%。那么你能活到300岁存下区区100万美元吗？

表 11.1 不同职业赚 100 万美元和存 100 万美元所花费的时间

职业	年平均工资（万美元）	赚 100 万美元所需时间（年）	存 100 万美元所需时间（年）
酒保	1.6	61	625
理发师	2.2	47	454
汽车修理工	3.4	30	294
木匠	3.7	27	270
秘书	3.8	27	263
老师	4.6	22	217
警务人员	4.8	21	208
建筑师	6.4	16	156
物理治疗师	6.6	15	152
兽医	7.2	14	139
软件工程师	8	13	125
药剂师	9.5	11	105

注：表中为四舍五入后的数字。
资料来源：美国劳工统计局的统计数据、安东尼·博尔德罗马（Anthony Balderrama），以及 CareerBuilder.com

无论你是否工作，你都会有报酬，难道这样不好吗？你在睡觉时赚钱，在上厕所时赚钱，躺在海滩上也能赚钱。为什么不在时间推移中获得报酬呢？为什么不是让时间为你工作而是正好相反呢？真的有这种机会吗？是的，但它绝非来自慢车道。

现象 2：经验受限

我在创业 2 个月的时间里学到的东西，比在 10 年无聊打工时学到的还要多。问题是，在打工中学到的那套专门技能，只能在有限的市场需求中才有价值。你只不过是多级齿轮中的一环。如果齿轮过时了或废弃了，你的运气可想而知。

举个例子，成千上万的汽车工人面临流离失所，因为他们的工作被外包或被机器人取代。经验并没有助他们一臂之力，反而阻碍了他们的发展。你还记得打字机吗？知道打字机修理工现在都在干什么吗？股票经纪人又何尝不是如此呢？还有旅行代理人等。许多落后的工种正在远离时代潮流，你的技能可能下一年就没有用了。

通常，工作经验是系统化工作的核心，被日复一日，一遍又一遍地重复。初学者在学到经验后，工作就变得刻板乏味，这时就需要积累新知识，如果一项工作限制了学习，就等于敲响了丧钟：为了赚钱而出卖生命。

经验也来源于你的生活，而不全是来源于你的工作。你不需要非得通过工作来获得经验。

问问自己：哪个经验更重要？是一个养家糊口支付你账单的工作经验呢？还是一个能为你提供终身自由，不必再出去求职的工作经验（可能会失败）呢？

现象3：无法控制

打工就像坐在一张放在皮卡货车厢中的床上。你在恶劣的车厢里遭罪，而卡车司机坐在舒适的驾驶座上。如果路况变糟，你会被颠来颠去，甚至会被颠到车厢外。正如坐在货车厢里没有控制权一样，在你的财务计划中，出现这种放弃控制权的"策略"是极其愚蠢的。如果你无法控制你的收入，你就无法控制你的财务计划。如果你无法控制你的财务计划，你就无法控制你的自由。

数以百万计的人员投入就业大军，他们相信工作是支撑自己的核心。没错，工作是能够支撑你的生活，但是你的目标只是"支撑"吗？你是想要财富还是平庸？你的致富梦想很可能被解雇现实敲醒，你这是在赌博。你的工作既不会带给你安全保障，也不会给你带来安全感。

现象4：办公室政治

我的家人中有人是终身雇员，我很清楚他们遭遇的考验和磨炼。尽管过去几年我做过十几份不同的工作，但我发现所有工作的办公室政治都是一样的：某人和老板上床求得保护伞；吉姆懒惰，却是有功之臣；琳达有口臭，但大家都不敢告诉她；莱西经常迟到和早退；贺拉斯偷吃食物，每天都穿同一件运动夹克；李斯特连复印纸都懒得换。这是同一个故事，只不过是不同的人，在不同的时间，位于不同的办公室。

不管你在哪里工作，办公室政治都发挥着重要的作用。舞台不同，但演员是相同的。而不幸的是，作为一名员工，你身处这样的工作环境中，就必须学会玩政治游戏。你不得不学会听话，或者面对同事或老板设下的圈套。

我记得有个朋友在下班后抱怨，她所在的公司环境等级森严，每一件事都要经过一个循环。如果你有一个想法，你得先把它发送给你的上级，你的上级再把它发送给他的上级，然后交给律师，律师看完后再把它交给自己的上级做批复，待律师的上级审核后再返回意见，如此这般。在这个想法到处漂流的时候，可能早已时过境迁而变得没有价值了，也有可能其他4人都声称这个想法是他们想出来的，这个乱成一团的复杂关系几乎让你崩溃。在办公室进行政治斗争，唯一的防御方法就是控制游戏的主导权，要做到这一点，你必须是老板才行。作为老板，你不仅需要掌握游戏的控制权，还需要拥有它。

现象5：高额税收

"优先支付给自己"是慢车道倡导的观点。问题是，在工作中这几乎是不可能的。地方、州和联邦政府的税收很重，它们要靠你的收入来征税，你可以选择缴纳401K保险和个人退休账户（IRAS）去避税，但额度是有限的，你只能豁免收入的10%，而且这个数额到16 500美元封顶。如果你不懈努力出卖你的生活，有朝一日升职到公司管理层，你收入的50%还没装进你的钱包就被征税了。作为一名员工，你立即收到"最后付钱给自己"俱乐部的邀请，是的，即使你不情愿，邀请函也会送到你的手中。如果你选择了"最后付钱给自己"，别人都会拿到你的钱，不要期望能快速积累财富。

现象6：收入独裁

你的老板有没有给你10倍的加薪？想象一下这个场景：在你的印象中，你对公司的贡献明显多于公司给你的薪水，于是你自信地走进老板的办公室，要求加薪。"我给这家公司带来价值，我很可靠，极少生病。"

你的老板显然是防守姿势，交叉双臂，歪着头看向天花板，躺在红色老板椅上身体向后倾。你深吸一口气，决定赌一把。"因此，先生，请给我10倍的加薪。"

你的老板嗓子里会发出咕噜的呻吟，他身体突然向前倾了一下，结束了后倾的坐姿，将双手锤在办公桌上。"什么，开什么玩笑？我很忙！"他开始搪塞起来。你回答说："没有开玩笑，我是认真的。我每小时才赚9美元，我想要时薪提高到90美元。""这怎么可能呢？你会一无所获的，就像这样。请离开我的办公室，不要浪费我的时间，如果你赶紧离开的话，我还不会解雇你。你的要价太离谱了！"你无语了。毋庸置疑，老板根本不想给你10倍加薪。

这种情况永远不会发生。作为一名员工，你要求的加薪不可能超过10%，更不用说10倍。作为任何一家公司的员工，你的价值是强行规定的，而且不能被推翻，工作只是一个有限的财富分割符号。

第11章 不平等的交易：你的工作

工作将你的命运交给了一个不平等的交易：5天的工作换来2天的自由，并且给你造成各种影响。它会带走你的控制权，迫使你与不能忍受的人一起工作，通过税收使你最后得到报酬，剥夺你对收入的议价权。这些限制和快速致富都是背道而驰的，你还想要一份工作吗？

本章小结：助你踏上快车道

※ 一份工作，就是你用你的自由（以时间形式）获取自由（以金钱形式）。
※ 经验是在行动中获得的，这和行动的环境没有关系。
※ 当你控制不了你的主要收入来源时，财富积累就会受阻。

第 12 章
慢车道：你为什么不富有

> 应该有人告诉我们，在我们的生命之始，便已走向死亡。我们可以将生命活到极致，充分利用每一天的每一分钟。就这样做！无论你要做什么，现在就做！明天是有限的。
>
> 米歇尔·兰顿（Michael Landon）

暴露慢车道缺陷

如果你的致富策略是慢车道，我几乎可以肯定你不会富有。我为什么能这么肯定？很简单，因为慢车道策略基于的是不可控的有限平衡。请记住这个重要的概念——如果你的计划是慢车道，你将永远不会致富。

不可控的有限平衡证明了慢车道是毫无出路的。你怎么可能在慢车道上致富呢？你得到一份高薪工作，存钱，省吃俭用，投资股市，就这样重复 50 年。如果你将此策略放到数学结构中，你就会发现，定义该计划的变量既无法控制，也无法达到平衡。

不可控的有限平衡

为什么不可控的有限平衡如此严重呢？为了积累财富，你需要大量的钱。为了获取金钱，你需要两样东西：一是控制；二是平衡。在慢车道上这两者都不存在，当你将慢车道策略放到数学公式或者财富领域进行逆向操作时，真相就会暴露无遗。揭开策略背后的数

第12章 慢车道：你为什么不富有

学秘密，你就会发现它的弱点！

当慢车道策略被拆解为公式后，你会发现有两个变量：一个是"主要收入来源"，它定义了如何获得收入；另一个是"财富增长"，它定义了如何积累财富。走慢车道的人的主要收入来源是靠"工作"，而财富增长则来自401K保险和共同基金等类似的"市场投资"。把它们合并在一起，就会得到走慢车道人士的财富公式：

财富＝工作收入（主要收入来源）＋市场投资收入（财富增长）

按照这个计划，来自工作的收入就足以支撑现有生活方式和市场投资。然而，为了揭开该计划中"不可控的有限平衡"之谜，我们有必要先从工作变量开始，深入考虑这些变量因素。

财富的守护者：内在价值

在工作中赚的钱应该是多少？是你的内在价值。

内在价值是由市场地位决定的，是你为了赚钱所付出时间的代价。它是你在工作中获得的，代表了对于你所提供的工作，有人愿意支付你的价钱。其衡量单位为时间，按照每小时或者每年计算。如果你在附近的烧烤店做烘烤汉堡包的工作，每小时挣到10美元，那你的内在价值就是每小时10美元；如果你是一名会计，年薪12万美元，那你的内在价值就是每年12万美元。

工作收入（内在价值）＝时薪×工作时长

或：

工作收入（内在价值）＝年薪

请注意，内在价值是以时间为单位衡量的。这个"时间部件"是慢车道上阻碍你创造财富的第一个元素。你能控制时间吗？你能调节时间杠杆吗？你不能，你一天的时间就只有24小时。如果你每小时赚到 200 美元，你也不可能每天奇迹般地工作 400 小时；如果你每年赚到 5 万美元，你也不可能奇迹般地工作 400 年。时间是有限的。

对于小时工来说，时间的上限是 24 小时，你们还指望得到什么？没有什么能改变这个限制。理论上你可以拿出 24 小时的时间来换取收入，没有更多的时间。当然，一天工作 24 小时，对于一个人来说是不可能的，人们一般每天只能工作 8～12 小时。

对于工薪阶层而言，限定也是一样的。你工作的年限不可能超过正常的预期寿命。这种时间交易的上限是多少？40 年？50 年？在人类可记载的历史中，没有人曾经工作过 1 万年。无论你是按小时还是按年获得薪水，这都不重要，你是不能控制工作时长的！

不妨想想，是 12 大还是 50 大？这些数字能创造百万富翁吗？不会的，它揭露了为什么一份工作所包含的数字对财富有阻碍作用：你的时间局限在很小的数字中，你无法改变它。

"工作时间"或"年薪"都是数学计算中的问题，因为它们是基于时间的测量，你无法控制或操纵它们。数学不会说谎，12 永远小于 100 万。如果调节杠杆受到了限制，那么财富创造同样会受到限制。拿着微薄工资的工薪族不会成为百万富翁。

有限平衡背后是另一个腐蚀财富的杀手——缺乏控制力。你能控制你的雇主吗？你能控制你的薪水吗？你能控制经济吗？你一年可以赚 5 万美元，第二年银行存款会达到 5 000 万美元吗？你能控制你工作的任何事情，哪怕给你 4% 可怜的加薪吗？你也许认为你可以跳槽，但你很难做到。你的控制力很弱，甚至毫无控制力。

复利："他们"不告诉你的事情

慢车道财富公式中的第二个变量是"财富增长"，它来自市场投资，例如共同基金、401K 保险以及被那些专家和金融顾问吹得天花乱坠的传统投资项目。这些投资所采用的财务策略被称为

第12章 慢车道：你为什么不富有

"复利投资"，在数学结构中被概括为在长时间内的利息积累。复利被所谓的大师鼓吹得实在令人作呕：今天你投资 1 万美元，过 40 年后其价值连城。一个月投资 250 美元持续 50 年，等你退休时就非常有钱！复利如果使用正确，将是财富的一个强大盟友，但如果将它用在慢车道上，就会让你的财富之旅缓慢爬行。为什么？同样可以利用数学公式来解释，答案就是"时间"。

通过复利投资创造财富需要时间投入，而且需要大量的时间。就像工作一样，复利、市场投资（如共同基金和401K 保险）不能利用杠杆调节，也无法控制，它们创造的财富全靠数学公式。因为你在一份工作中的收入是以时薪或年薪来衡量，复利的财富增长过程也是以时间来衡量，其计算公式为时间（年）乘以年化收益率。让我们再温一下财富慢车道的数学公式：

$$财富 = 工作收入 + 市场投资收入$$
$$= 内在价值 + 复利$$

进一步地，

$$财富 = [时间 \times 时薪或年薪] + 投资总额 \times (1+收益率)^{时间}$$

如同工作收入，复利的缺陷在于同样受到时间的限制，那些时间是在与你对抗，而不是为你工作。看看表 12.1，它表明了 10 000 美元的投资和复利的影响。

表 12.1　10 000 美元的投资和复利的影响　　　　（金额单位：美元）

时间（年）	投资额：10 000 收益增长率			
	5%	10%	15%	20%
5	12 763	16 105	20 114	24 883
10	16 289	25 937	40 456	61 917
15	20 789	41 772	81 371	154 070
20	26 553	67 275	163 665	383 376

(续表)

时间（年）	投资额：10 000 收益增长率			
	5%	10%	15%	20%
25	33 864	108 347	329 190	953 962
30	43 219	174 494	662 118	2 373 763
35	55 160	281 024	1 331 755	5 906 682
40	70 400	452 593	2 678 635	14 697 716

一个慢车道大师鼓吹投资10 000美元，年收益率增长为15%，过40年后其价值超过250万美元！万岁！

但他们不会告诉你，15%的年回报率是不可能的，除非你遇到的是伯纳德·麦道夫（Bernard L. Madoff）的对冲基金或查尔斯的庞氏骗局。他们不会告诉你，40年后你还会不会活在世上，即使你还活着，那么你离步入天堂那一天也不远了。他们不会告诉你，40年后你的250万美元可能只值今天的25万美元，那时候一加仑（约3.785升）牛奶就要卖12美元。他们不会告诉你，这种财富增长的方法他们自己并不用。他们不会告诉你的事情还有很多，但你相信他们应该没有问题。

为了让复利生效，你需要注意以下3点：

- 以年为单位来衡量时间。
- 获得不错的年化投资收益率。
- 投资的总金额。

这3个变量构成了慢车道财富公式后面的部分：

$$复利 = 投资总额 \times (1 + 收益率)^{时间}$$

这是一个复杂公式的简化版，分析的要点在于它的可变部分。复利要求你的年化投资收益率达到10%，祝你在40年内一直好运。难道之前的市场没有在一年内下跌过20%吗？甚至40%？当然有过，一旦这种情况再次出现，你的血汗钱就会一夜蒸发。

综上，通过复利完成财富增长的模式是有缺陷的，因为其变量本身有缺陷，无论是时间还是收益率都无法控制。

你能要求你的投资收益增长 20 倍吗？你能要求你的投资时间跨度从标准的 40 年增加到 400 年吗？同样，你对这些数字也无法进行控制。你的投资时间跨度上限是 50 年。年化收益率也很一般，6%、8% 或者 10%，这就是典型的标准。在你的一生中，时间有着严格的限制，收益率也受到市场投资平均收益率的限制，而且投资总额也是有限的，因为你通过工作获得的收入是有限的！唯一可以颠覆复利公式弱点的方法，就是从大笔投资开始，然而大笔的钱是需要杠杆的。

此外，你也无法控制复利。你能要求银行向你支付 25% 的存款利息吗？你能控制经济吗？你能控制股票市场的平均收益率吗？简直就是开玩笑！在这个公式中，即使你竭尽全力才找到一个最好的投资方案，也不过比现在多出 1% 的收益率，除了这你还能控制什么？你无能为力。

为什么共同基金和 401K 保险不会使你致富

2008 年，我参加了一家大经纪行组织的固定收益投资研讨会。固定收益的投资工具都是政府债券和企业债券等，大约有 50 人参会。我看了看这些人，其中有头发花白的老者，有杵着拐杖坐着轮椅的人。我是房间里最年轻的人，糟糕！我一个 30 岁出头的人怎么混迹到退休老者的队伍里了？

屋子里的人都是慢车道成功故事的主人。他们用时间去积累财富，最后收获的是年龄变老。我从没说过老年人是小气的一代，但很明显：复利（401K 保险、共同基金和股票市场）不会让你的财富快速增长。

根据市场研究公司哈里森集团的研究结果，只有10%净资产在500万美元以上的富翁声称他们的财富来自被动投资。该研究没有透露出年龄数据，但你可以猜测得出，这10%的人群中没有一个人是在30岁以下。

想想看，你曾见过一个大学生有钱后去投资共同基金或其雇主的401K保险吗？2006年买入政府债券，2009年就退休的人是什么样的人？驾驶120万美元汽车的家伙，他的财富难道是因为基金组合做得很成功吗？

这些人是不屑于做那些投资的，因为年轻的富豪们决不会看中8%的回报，他们要的是8倍的回报！你的财富可曾在一年中增长8倍？也许不会，但我的财富就做到了，因为我并没有被慢车道财富公式束缚。我财富增长动力不是来自股票市场！

然而，你已经完全被驯化了，相信这些工具会加速你的财富增长。共同基金、股票、债券、401K保险、定期定投策略和复利，这些都是慢车道财富增长的敷衍把戏。不幸的是，它们既无法控制也没有杠杆作用，它们是无能的财富增长工具。

买入并持有策略很难成功

在大学里，有人就向我传授过，"买入并持有"是成为百万富翁安全的投资策略。购买实体公司的股票，坐等几十年，然后期望拥有数百万美元的财产。他们会把一张图表推到你的面前，"1955年在XYZ公司投资1万美元，今天市值已经飙升到500万美元！"谢天谢地，我不关心这件事。

1997年，我在一家大型投资公司存入1 000美元开了一个罗斯个人退休账户，并投资了成长型共同基金。没错，我委托"专业人士"代我管理它。在过去的10年里我都没有碰它，我差不多忘记了这个账户。

第12章　慢车道：你为什么不富有

在那之后的10年，我沿着快车道路线图并且利用快车道战略，赚取了超过1 000万美元的财富。那个多年前开通的罗斯个人退休账户现在如何了？我从来没有碰过它，就让它在慢车道的低潮中慢慢涌动吧。今天它的账户价值只有698美元，加之通货膨胀，实际购买力只有500美元！如果这样的话，存钱罐比它效果更好。如果我投资了100万美元，我的损失会超过400万美元。这就是走慢车道的人奉若神明的财富武器吗？滑稽至极！数以百万计的人崇拜慢车道路线图并视"买入并持有"为主要的行车路径，这条道路需要耗时几十年，危机四伏，而且很少能抵达财富彼岸。

最近我听到有一个慢车道预言家通过引用以下陈词滥调，宣扬缓慢致富是富有成效的：如果你在1940年年底拿出了1 000美元投资标准普尔500股票，2011年的市值是1 341 513美元。下面让我们来检验一下这个说法。

- 1940年假设你是21岁。
- 1940年你以某种方式得到1 000美元，这在今天价值约为15 000美元。
- 你把1 000美元投资到了标准普尔股票。

祝贺你！2011年时你已经91岁高龄，拥有1 341 513美元。或者如果你在出生时幸运地得到了1 000美元，你现在是71岁！是的，伙计们，是时候激动一下了！缓慢致富将使你富有！姑且忽略你74岁的预期寿命，我保证你定会是坐在配备了镀铬轮辋的轮椅上享受财富。为什么会有人对这种垃圾信息感到兴奋？

慢车道和时间背道而驰

复利和打工都罹患相同的疾病，它们过量消耗你的时间并放弃控制。在慢车道财富公式中，这两个变量是通过工作中对时间的交易，或者在市场投资中通过时间对金钱的交易来确定的。时间俨然成为财富的关键因素，它在数学方面受到限制，毕竟人的生命是有限的，一天只有 24 小时，一生约有 50 年的工作时间。是的，致富是时间的函数。除非你能长生不老，否则这种关系是很愚蠢的。为什么？因为你出卖你的时间，就是在出卖自己的财富。

假设拿出你工资的 5% 去储蓄，每年将获得 8% 的投资收益率，我们暂不考虑税收和通货膨胀的因素。

- 工资 25 000 美元/年，储蓄 1 250 美元/年，投资期超过 40 年，年收益率为 8%，投资收益为 362 895 美元。
- 工资 50 000 美元/年，储蓄 2 500 美元/年，投资期超过 40 年，年收益率为 8%，投资收益为 725 791 美元。
- 工资 75 000 美元/年，储蓄 3 750 美元/年，投资期超过 40 年，年收益率为 8%，投资收益为 1 088 686 美元。
- 工资 100 000 美元/年，储蓄 5 000 美元/年，投资期超过 40 年，年收益率为 8%，投资收益为 1 451 581 美元。
- 工资 150 000 美元/年，储蓄 7 500 美元/年，投资期超过 40 年，年收益率为 8%，投资收益为 2 177 132 美元。

不要迷恋数字，这些是距离现在 40 年后的数字。如果你现在 20 岁，到时候你就 60 岁了。如果你现在 30 岁，到时候你将是 70 岁。如果你现在 40 岁，到时候也许你早就不存在了。对不起，但是这确实超出了平均预期寿命。

这些用年龄去换取钱和自由的交易就那么有吸引力吗？而且，你是否意识到这笔钱只值今天购买力的 50%？40 年前，你买一辆车仅需 3 000 美元，买一个面包只要 20 美分。恐怕我们还得加上一些假设，例如就业和经济强劲增长，每年能够保证 8% 的安全收益。但不幸的是，2008年股票市场损失50%的情况也会出现。大师们是不是忘了提这些痛点。

不要想着在手扶拐杖的时候才拥有百万财富，而是要想在你青春年华的时候就财源滚滚。

每一天，人们都会牺牲自己的时间来换取财富。在这里，时间是负债，而不是资产。任何窃取时间和无力带来时间自由的东西都是负债。

在慢车道上，时间就像涌动的泉眼，无止境地奔跑却被消耗掉。不幸的是，人类死亡的概率是100%，生命的终点也是死亡。总有一天，你会离开这个世界的，所以，当你的孩子在成长，你的配偶和瑜伽教练一起欺骗你的时候，希望你生命中60%的时间不是浪费在狭窄的格子间里工作。

慢车道计划只是一个希望

慢车道会削弱你的控制力。你读这本书是因为想控制你的财务，而不是将其交给一些公司或股票市场。如果你想变得富有，你必须控制和利用财务计划中的变量，任何没有控制力的财务计划都只会化为泡影。希望我不被解雇！希望我的股票反弹！希望我能升职！希望我的时间不会减少！希望我的公司不会破产！希望终究是希望，希望并不是计划！

慢车道计划受数学公式的桎梏，时间就是监狱长。要想快速创造财富，你必须放弃慢车道公式，放弃它与时间的错误关系。财富是以时间作为资产，而不是作为负债！

然而，走慢车道的人对不可控的有限平衡的反应是可以预见的：他们误入歧途，与变量进行抗争，将其内在价值视为可控的杠杆。走慢车道的人坚称："我要赚更多的钱！"但这只是一场付出高昂代价的徒劳抗争。

本章小结：助你踏上快车道

※ 受不可控的有限平衡制约，依靠慢车道致富是不可能的。

※ 在慢车道财富公式中，第一个变量是来源于工作的内在价值因素，相当于你生命交易中每个单元的票面价值。

※ 内在价值是时间的价值，根据市场地位来设定，并以时间为单位来测量，可以是每小时，也可以是每年。

※ 在慢车道，内在价值不管是否按照时间测量，都会受到制约，因为一天只有24小时（对小时工而言），人类的平均寿命为74年（对上班族而言）。

※ 和主要收入来源（工作）一样，慢车道的财富增长工具（复利）也与时间紧密挂钩。

※ 和工作一样，复利在数学上是徒劳的，你根本无法控制它们。你也无力给市场（或经济）注入强心剂，以求得到不错的回报，年复一年，始终如此。

※ 由于财富和时间在数学上紧密挂钩，因此它不可能激增。

※ 时间是你的原始动力，它不应该被用来交易钱。

※ 对于财富来说，你的时间不应该是消耗性的资源，因为财富本身是由时间组成的。

※ 因为你的生命有限，从数学角度出发，时间会阻碍财富的创造。

※ 如果你不能控制财富领域中固有的变量，你就无法控制你的财务计划。

第 13 章
徒劳的抗争：教育

> 妨碍我学习的唯一障碍就是我接受的教育。
> 阿尔伯特·爱因斯坦（Albert Einstein）

抗衡不可控的有限平衡：教育

对于财富公式中不可控的有限平衡，走慢车道的人的自然反应是，通过教育手段来提升自己的内在价值，从而达到与雇主进行薪水博弈的目的。因为不可控的有限平衡定义了慢车道，提高教育程度就成了走慢车道的人实现薪水升级的唯一变量。我的薪水需要达到 6 位数！我需要赚更多的钱！所以，可以预见的是，他们会返回学校，拿到一个工商管理硕士（MBA）学位或一些认证证书。他们会说："MBA 学位毕业生的收入会增加 15% 以上！""有项目管理专业人士（PMP）资格认证的起步年薪是 12 万美元！"

举一个例子，史提夫·安布罗斯（Steve Ambrose）被 MBA 班录取，他期待着为自己的学历镀金。MBA 班的学习费用是 4.4 万美元，耗时 800 小时。史提夫认为这双重的费用（时间和金钱）物有所值，因为他预计他的内在价值会提升。在拿到学位后，史提夫希望在竞争激烈的市场和公司里变得更值钱。不幸的是，他仍然在拿自己的时间交易金钱，只不过是以更高的价值，他仍然没有控制力，也无法调节平衡。

还有一个例子，我的朋友参加了一个 PMP 资格认证培训班，她为此花了 5 个周六的时间，每次要用 8 小时，并为此支付了 2 700 美元。她认为 PMP 资格认证能够提高她在职场中的内在价值。作为一个认证的项目经理，她自称有更多的机会获得更高的薪酬，但这仍然是一种用时间换取金钱的交易。

不管是不是有意识的，走慢车道的人都坚信提升内在价值可以创造财富。想上一所毕业后收入高的大学吗？去医学院吧，成为一名医生。作为一名医生，你的内在价值目前是每小时 200 美元。你还可以成为一名工程师、一名律师或会计师，还有那些能获得高收入的职业和职位。一般而言，正规的大学教育是为慢车道服务的，其目的很明确，就是为了提高内在价值。向那个内在价值的变量发起挑战吧！

不是所有的教育天生就是平等的

通过正规教育来提高内在价值的问题在于，它在时间和金钱方面的投入过于昂贵。我常听说一些刚走出校门的 MBA 毕业生，在做着一份高中毕业就能胜任的中等薪水的工作，还要不停地通过努力工作来偿还学生贷款。让你掉入打工境地的债务就不是好的债务。人们专注于成为高学历的人，这对你的自由而言，可能就意味着破坏。

并非所有的教育都是平等的，有些教育会成为你财富之旅中的绊脚石。如果教育让你背负如山的债务，让你的余生和打工捆绑在一起，难道它真的是好的教育吗？如果 MBA 能让你的工资提高 15%，但你得到学位需要支付 15 年的薪水，这是一个很好的投资吗？

这听上去很荒谬：为了致富你需要攻读一个昂贵的大学学位。这简直是一派胡言。学位不是快车道致富的先决条件，有一些很富

第13章 徒劳的抗争：教育

有但走快车道的人甚至都没有上过高中或大学。比尔·盖茨、史迪芬·斯皮尔伯格（Steven Spielberg）、理查德·布兰森（Richard Branson）、迈克尔·戴尔（Michael Dell）、费利克斯·丹尼斯（Felix Dennis）、大卫·格芬（David Geffen）、约翰·保罗·德乔里亚（John Paul DeJoria）都中途辍学去追求快车道目标。他们没有被"教育"却都发了大财！

慢车道的圈套

花昂贵的学费去接受教育十分危险，可能会使你跌入慢车道的陷阱：过分屈从于教育的奴役。

典型的大学学习过程是掌握从一般知识到专业技能的全套知识。例如，在学习金融学的时候，我会学到那些用于金融决策的复杂数学公式，如"租赁或购买"、"投资回报率"等。这些概念对于交易来说是专业工具，但是会阻碍你对未来的选择。金融系的毕业生总是倾向于在金融业找到工作，比如保险公司、会计师事务所或投资公司。

因为我所接受的教育是基于特定学科的技能，我只能进行有限的选择。如果在我的行业内没有机会，我的教育就会被边缘化，变得一文不值。如果工作只需要较低的教育水平（如学士），而不需要我这么高的学位（如 MBA），因为资质过高可能会没有公司愿意雇用我。如果技术不断进步，我学到的技能无用武之地，那么我的教育就会过时，我的社会价值也因此一落千丈。

走人行道的人涉及"生活方式的奴役"，而走慢车道的人涉及"教育的奴役"（自由被教育蛀蚀一空），而沦为工作的受害者。你受的教育能打包票给你一份工作吗？那些高级学位一点也不便宜。根据美国大学理事会（The College Board）提供的数据，现在的大学平均费用（含食宿费）将近 6 万美元。由于你痴迷于私立学校的威望和名气，你付出昂贵的费用去接受私立学校的教育。你认为有了名校的标签，你便能挣回一辆法拉利。但这种债务会埋葬你的青春梦想，会把你永久地绑定在慢车道上，甚至更糟糕的是让你退回到人行道。

2007年，《华盛顿邮报》的一篇报道称，根据全美大学生贷款服务提供商新英格兰教育贷款销售公司（Nellie Mae）的统计数据，大学生在高年级的时候，56%的人会有4张以上的信用卡，平均账面余额为2 864美元。据公共政策研究和宣传机构Demos-USA.org的一份研究报告，18~24岁年龄段的人需要拿出月薪的30%偿还债务。这个数据是20年前的两倍。高校贷款的一项调查发现，高年级的大学生在临近毕业的时候，平均负债近1.9万美元，而研究生学位者则超过4.5万美元。2007年嘉信理财（Charles Schwab）的调查显示，青少年相信长大后他们的平均工资将达到14.5万美元。这现实吗？拥有大学学位的成年人平均收入仅为5.4万美元，不幸的是，未来并不是那么光明，期望与现实之间有将近10万美元的鸿沟。这种差异或许可以解释为什么年轻人的债务会剧增，因为他们将现实寄托在对未来的预期中。即使我挣不到14.5万美元，但我看起来像是能挣到14.5万美元的人！

没有财富的最好借口是"我没有时间"，为什么没有时间呢？因为你有一份工作。为什么会有工作呢？因为你需要一份工作。你为什么需要一份工作呢？因为你有账单要支付。你为什么要支付账单呢？因为你有债务。你为什么有债务？噢，是这样的，因为你上了6年学，欠下了6位数的学生贷款。

如果你为了拿到高级学位而负债，债务就会成为挥之不去的寄生虫，让你陷入被工作奴役的圈套，你的自由也将消失殆尽。也许你会赚更多的钱，但你要强制自己用工作来避免债务缠身。债务是寄生虫，它非但没有时间自由，还会成为时间的签约奴隶。可悲的是，寄生虫式的债务是无情的，它不会得到别人的同情。无论你欠债 3.5 万美元是用于购置宝马还是申请学生贷款，总之债务要剥夺你的自由，强迫你成为时间的奴隶。

本章小结：助你踏上快车道

※ 走慢车道的人试图通过教育手段改变其内在价值。

※ 签约的时间是你用于谋生的时间，它和自由时间截然相反。

※ 寄生虫式的债务强制你与时间签约，然后通过打工还债。

第 14 章
大师们的虚伪

> 以前都说笨人难聚财,现在每个人都这样。
> 阿德莱·史蒂文森(Adlai Stevenson)

你一直在受骗

假设你在大学毕业后逐渐发福,你下决心恢复体形,于是在社区大学报名参加了一个名为"营养健康:吃出美丽身材"的培训班。

上课的第一天,你早早就来到课堂,坐在座位上焦急地等待着上课的老师。几分钟后,一个肥胖的男人走进房间,步履蹒跚地走到教室的前面。你认为,"哇,他很胖,但他可以在这里改变身材,这对他有好处!"当那人汗流浃背地摸索出一沓文件的时候,你瞥了一眼他身边的椅子,担心他能不能坐进去,因为他的体积几乎是椅子的两倍大!

然后,你被令人震撼的现实搞晕了。这个人居然不是学生,是导师!你是在和我开玩笑吗?这个男人根本就不是理想的教学榜样,怎么能教好一个名称是"营养健康:吃出美丽的身体"的课程呢?你看出了问题,于是离开课堂,直奔财务处要求退学费。

当遇到投资大师和财务顾问时,你也必须这样做:离开课堂要求退款,因为他们搞的那套东西是有问题的,与实践严重相悖。

实践悖论

"你的那套说教你自己实践过了吗？你自己就是你所教导的一个例证或榜样吗？"

- 你会听一个满脸油污的人讲皮肤护理吗？
- 你会接受一个破产流浪汉的财务建议吗？
- 你会接受环卫工人的医疗建议吗？
- 你会听从一个体重只有40千克的羸弱病人的健身建议吗？

实践悖论在我的论坛里是时常争辩的激烈话题。有些人认为致富的说教理论是完全可以接受的，尽管从未用过它。

只照我说的做，别学我怎么做

实践中存在一个悖论，有人倡导赚钱的策略，但是这种策略并不会让他自己发财致富。换句话说，自己的刀削不到自己的刀把。这些人有效地传授一个财富公式（慢车道），而他们自己致富的工具却是其他东西（快车道）。

当我看到金融巨头苏茜·欧曼（Suze Orman）指导人们用定期定投策略来投资共同基金组合时，我会听她的指导吗？我才不信她的鬼话呢。当克拉默（Cramer）极力怂恿我购买雷曼兄弟的股票，并说这是一项不错的投资时，我会听从这个建议吗？一点可能都没有。

我为听从这些投资建议的人感到惋惜。我觉得如果这些人去做艺人的话，要比做投资顾问好得多。我对那些可怜人心存怜惜，是因为他们在听了消费者新闻与商业频道（CNBC）一些评论员兜售的股票交易或投资建议后，输掉了自己的退休储蓄。这些人到底怎么了？为什么对自己的财务计划不负责任呢？

你的叔叔受过良好的教育，已经步入不惑之年，他无所不知，甚至包括马头星云中暗物质的分子结构。他有海量的小道消息随时准备传播：股票提示、最新或最佳的投资机会、挣钱的途径。然而，可别忘了，他还在靠那点可怜的薪水度日。

我称这些人为"孤注一掷的万事通"，他们给所有人提出理财和赚钱的建议，可自己却一贫如洗；他们浑身脂肪却靠兜售如何拥有健康的生活来维持生计。听这些人的话只是出于娱乐，而不是建议。好的建议应该来自那些橄榄球场触地得分的人，而不是在第四节就坐冷板凳的人！最好的建议来自四分卫佩顿·曼宁（Peyton Manning），不是德马科。

实践悖论是游戏吗

在金钱的游戏中，金钱是记分卡。如果有人告诉你他们如何"得分"，要确保他们披露的是赚钱的真实方法，而不会藏着掖着。可悲的是，得到实用的理财建议几乎是不可能的，因为大多数大师的生活并不是那么回事。是的，理财大师们很少因为自己的建议而有钱，他们有钱是因为自己是走快车道的成功人士，他们从不向外界透露自己的建议和实践相悖的秘密。

上述这些自相矛盾的现象讲的正是你将自己的财务计划委托给了一些虚伪的人。你被蒙上双眼带到了一条他们自己都未曾走过的路上，而他们却安逸地在自己的私人飞机上，一边品香槟一边注视着你。没有人会毫不隐瞒地向你讲述他们通往财富之路的真实故事，而我却会这样做。

慢车道路线图被畅销书作家通过电视、广播和书籍大肆鼓吹，以兜售他们的财务建议。他们兜售的策略其实是一场充满巨大幻想的拙劣闹剧。你有没有认真考虑过，这些人发财是受益于他们的那套说教？他们卖给你的是慢车道，而他们自己走的则是快车道。

让我来假设一下他们在身后伪装的把戏。

第一个人是苏茜。苏茜到处吹捧共同基金、定期定投策略和401K保险。我们可以在许多媒体看到苏茜的身影：广播、电视以及她的著作。她无处不在，常被中介公司大肆炒作。问题来了，苏茜发财是因为受益于自己的建议，如市政债券、定期定投策略和401K保险吗？这些建议可能与苏茜本人创造财富的做法是自相矛盾的，她不通过这种方法致富，却在传授这种方法。难道苏茜通过快车道致富是因为自己走快车道路线图，而将你抛掷在慢车道上吗？她是因为听从自己的建议而身价百万的吗？还是因为她卖了上百万本的书？她的财富公式和她教授的完全相同吗？这些事情还是留给你自己思考吧。

2007年，有一篇报道曾称，苏茜承认自己的大部分财富（约2 500万美元）是来自债券市场，主要是市政债券。此外，她承认只有4%的财富投在股票市场，因为"即使我亏损100万美元，我也毫不在乎"。哇，这就是你应该委托并创造财富的工具吗？为什么苏茜能获得2 500万美元的养老金？是因为她的建议主导着股票市场、共同基金、个人退休账户和债券吗？或者，她利用快车道路线图，通过快速涌入的净收入聚敛财富，然后把大量财富投入到这些工具中？看来她并没有这样做，她给穷人的建议是通过投资股票市场创造财富。富人利用股票市场是为了获取收入和财富保值，而从不用它创造财富！

下一个例子是大卫。我翻阅过大卫的许多书，被里面数目繁多的慢车道策略搞得身心疲惫：复利表、拿出10%的薪水储蓄、不喝昂贵的咖啡等。我再一次看到了实践悖论那张丑恶的嘴脸。大卫是从他的忠告中发财了呢？还是通过出版11本书，无数次咀嚼慢车道那点破事，直到折腾得你无法忍受后发的横财？

理财大师满足了市场的需求，我不否认这一点。然而，他们神奇的魔法药方是真实的吗？他们之所以有钱，是因为受益于自己吹捧或贩卖的那些东西吗？一旦你熟悉了快车道，你很快会清楚，大师们可能在兜售悖论。难道他们所教导的一个基本的数学公式就会让他们成为富人吗？如果"照我说的做"和"学我怎么做"两者不匹配，你就应该产生怀疑。

我与众不同，因为这本书中的快车道理念让我财务独立。我已经做到了财务自由，拥有漂亮的房子，还有跑车和白金信用卡，我不需要这本书给我带来这些东西。我在此负责地声明：这本书能使我富裕，我也会利用相同的财富公式教你。换句话说，"照我说的做"和"学我怎么做"是完全一致的。

慢车道大师承认失败

在慢车道金融广播节目播出过程中，有一个听众来电咨询：最近几个月的经济衰退吞噬了她全部储蓄的50%，这是她近10年的积蓄。慢车道大师有什么好的建议吗？权宜之计是"坚持这项计划"，即使遭遇打击，也要重新站起来。

换句话说，慢车道大师蹩脚的计划让你遭受失败，而且你已经遭受了11年的失败，但是现在还是要承受。希望经济能够反弹，希望永远不会看到再一次的经济衰退。希望，希望，还是希望。是的，请买我最新的书——《重建》（Rebuild）……

经济衰退暴露出慢车道策略的风险，人们要承担毕生的后果。慢车道大师通过兜售慢车道路线图来发财，他们需要你相信慢车道是管用的，他们的财富来自你的信任。尽管目前经济衰退显露无遗，慢车道的先知先觉者们永远不会承认他们的策略是完全无能的，他们反而采取灵活的调整掩盖事实的真相。他们会继续出版一本同样失败的诡辩术新书，冠以新的标题，但内容都是陈词滥调。这些标题如下：

- 重建你的财富……
- 从头再来……

第14章 大师们的虚伪

- 再做一次……

请注意言辞和用语的转变，他们开始露出马脚了：如果这个计划真的那么好，为什么你需要"重建"或"重新开始"？如果之前所说的策略奏效了，这样的言辞就没有必要了。为了让游戏继续下去，大师们需要通过新瓶装旧酒，强化同样老套的策略！而更大的问题是：你认为大师们需要"从头再来"或"重建"吗？当然不需要！他们从来不使用自己贩卖的计划！他们身处在一个完全不同的财富世界中，不是基于不可控的有限平衡。

本章小结：助你踏上快车道

※ 听从一个成熟的并有成功记录的人的建议，他们会秉持原则行事。

※ 许多理财大师的理论经常与实践严重相悖。他们给别人传授一种财富公式，而自己却用另外的方式致富。

第 15 章
慢车道的胜利——一场关于希望的赌博

> 我宁愿活在失败的后悔中,也不想后悔从未尝试过。
> MJ·德马科

慢车道的生活

慢车道的生活是一个需要花费几十年的时间来完成的旅程,它将消耗你毕生的心血,却不会许你任何承诺。是的,从大学毕业,找一份好工作,到把你的钱交给股票市场,服务好你的老板,你可能会得到回报。令我惊讶的是,在今天如此拮据的经济环境下,人们仍然相信它。

有大批的人还在这样做。当我看到慢车道书籍的销售数字时,我傻眼了,竟卖出了数百万本。可悲啊,数百万人误入歧途。他们要在这条道路上前进数年,得到的却是一个遥不可及的承诺——明天会更自由。假设你很长寿,自然令人羡慕。但是,想让生命不让你遭受折磨简直太天真了。为保证慢车道被接受,必须假定生命是可预测的和宽容的。

然而,事实并非如此。你也许会丢了工作,你会生病,你的汽车需要维修,你要结婚,可能会离婚,你会有孩子,并且可能是个需要特殊照料的孩子,你有年迈的父母需要照顾,经济会陷入衰退或萧条……

第15章 慢车道的胜利——一场关于希望的赌博

生活危机四伏，慢车道路线图下了一个危险的赌注，它将消耗你最宝贵的资产——时间。

慢车道上的7个危险

人们在慢车道行驶是因为他们被告知必须这样开车。他们认为这样做风险是最小的，也是安全的。毕竟，90%的新业务5年后都有可能失败，所以快车道绝不是安全之地！如果你稍微用一点逻辑去思考，就会发现慢车道的理论十分危险，几乎完全依靠希望和运气。慢车道的假设（已假设了数十年）暴露出了其真正的风险。选择慢车道就是在选择赌博。

1. 健康风险

慢车道希望你的寿命足够长，这样你在晚年才有时间享受储蓄的成果。记住，当你65岁退休的时候，你会有上百万美元的钱！你会有足够的健康享受它吗？你能活到那一天吗？如果你不工作，你就赚不到钱。如果你不能工作，这个计划会发生什么？此外，还要避免其他的灾难，希望你的工作压力不要压倒你，你的家人也保持健康。

2. 工作风险

慢车道希望你的一生都能够被高薪聘用，年复一年地顺利升职。你还要避免被裁员、被解雇、工作技能退化，以及受公司政治、行业周期及糟糕的就业市场的影响。

3. 房屋风险

房屋被认为是中产阶级财富的驱动力。许多专家强调，"退休后依靠你的房屋净值生活！""你的房子是一种资产！"他们认为房屋是资产负债表上的资产。慢车道希望房地产价格一直上涨，显然这是错误的。2008年，我的房屋净值暴跌80万美元。我不认为房屋是一种投资品，值得庆幸的是，我并没有依靠它。

4. 公司风险

没有几家公司是世纪常青藤。如果你将退休寄托在工作、退休金或公司的股票上，你就是在希望公司长期生存下去。你又打了一个赌。许多退休人员的退休金由于公司高层管理不善造成了流失，但是他们发现得太晚了。把财富集中于一家公司股票的人，就要接受公司股票在未来贬值的巨大风险。如果你将你的退休金托付给别人，那么你就等于接受了不可控制的外部风险。当你的财务计划掌握在别人手中的时候，你很可能会失去控制。

5. 生活方式风险

慢车道要求你安顿好生活，并成为一个守财奴。想要拥有一辆进口豪华车吗？忘记它。想住在海边吗？痴心妄想。如果你无法控制改善生活方式的诱惑（一个漂亮的家、一辆更好的车、一顿更美味的佳肴），慢车道会逐渐减速并另辟蹊径。慢车道希望你从"延迟满足"过渡到"不想满足"。

6. 经济风险

慢车道希望你的投资能实现8%的可预测年收益率。你必须相信"买入并持有"理论。但是其实你做不到，因为经济萧条时常发生。例如，在2008~2009年，股市下跌近60%。如果你15年积累了10万美元，当时只值4万美元。这相当于拿走了你14年8%的年收益，加起来将近30年的收益！如果考虑通货膨胀的因素，你的10万美元看上去更像是5万美元！

7. 人行道风险

走慢车道的人经常有回到人行道上的危险。为什么？希望获得控制权。当你无法控制你的时间，无法控制你的工作，无法控制每周5天工作日的生活，你会觉得自己力不从心。当情感无助时，会滋生出一种驾驭即时的满足感和生活方式的欲望。2008年，《消费者研究期刊》（Journal of Consumer Research）的一项研究报告表明，当人们感到无力和失控时，他们会产生一种买东西的强烈愿望，以鼓舞自己。为什么他们会感到力不从心？道理很简单。在慢车道上你放弃了控制，因为时间是受控制的，而通往人行道的大门被打开了。"希望"显然不是计划。

抵抗是徒劳的

当你解剖慢车道时，你就会看到它的真面目：它行动迟缓、吞噬时间、充满风险。当一个走慢车道的人意识到计划不奏效的时候，他就会超速行驶。在慢车道上超速就像是将一辆车的油门踩到底，希望通过加速奇迹般地突破限制，而事实上，问题的本质在于赛道而不是油门。一个走慢车道的人无法通过操纵脆弱的数学，让数学变量更加富有延展性。

- 通过增加工作时间，操纵内在价值。（我需要赚更多的钱！）
- 通过换工作或做多份工作操纵内在价值。（我需要更多的报酬！）
- 通过回到学校深造来操纵内在价值。（我需要一个更好的事业！）
- 通过寻求更好的投资收益操纵复利。（我需要更好的投资！）
- 通过拓展投资时空操纵复利。（我需要更多的时间！）

- 通过增加投资操纵复利。（我需要存更多的钱！）

　　这6种反应都是徒劳的，每一种尝试都企图改变慢车道财富公式无能为力的局面。不幸的是，这样做依然无法打破数学的局限性，而且会造成危险的因果循环。当一个走慢车道的人想赚更多的钱，他就会增加他的工作时间，跳槽到一个更好的工作，或者从事第二职业。当一个走慢车道的人想获得更多的收入，他会重新回到学校进修，希望借此能增加内在价值。当一个走慢车道的人认识到3%的投资回报远不能满足快速致富的需要，他就会冒更大的风险以求获得更大的回报。当一个走慢车道的人眼睁睁地看到他的房产在经济衰退中贬值40%，他就会回去讨论"5年是不够捞回本钱的"话题。

　　你无法打破数学的局限性。不管你多么努力地踩油门，一辆最高时速10英里（约16千米）的汽车永远无法以超过10英里的时速行驶。如果你以每小时10英里的速度行驶，你依然需要40年！

　　慢车道容易让人们变得平庸，因为数字总是平庸的。

　　慢车道之所以危险是因为它的变量是不可控的，其平衡也是不存在的。不可控的有限平衡真正的含义是：它永远不会让你发财。然而，生活方式是一个走慢车道的人可以有效操纵的变量。不幸的是，这样做很快就会让慢车道的生活变成一种令人厌倦的痛苦展览，最后只能是退而求其次。

致富失败：错误的公式加上错误的变数

　　有时候，走慢车道的人意识到他不能强迫股市给他更高的回报，不能强迫老板给他200%加薪，也不能保证进修更高等学历就可提高内在价值。跳槽只会稍微提高薪水，走慢车道的人受制于数学公式，

第15章 慢车道的胜利——一场关于希望的赌博

只能去操纵唯一的可控变量，也就是个人净收入的增加，这可以通过削减费用支出来实现。

个人净收入 = 内在价值 – 个人支出

慢车道大师盛赞这一策略。该策略明确地告诉你：偿还你的债务；放弃购买新车的想法，还是用那辆旧车吧；提高你的保险免赔额；停止使用信用卡，学会用现金支付一切；不要在星巴克购买10美元的咖啡；午餐叫个外卖吧；买东西的时候挑散装货；花4小时收集一些优惠券。"来吧，伙计！削减这些开支吧，总有一天你会富有！"真滑稽！

这些讨厌的策略是困在慢车道上的人惯常的反应。生活方式正在没落，当你和一个错误的财富公式搅在一起，它就是阻碍。这就像是最终你以睡沙发的方式离婚收场。由于财富和时间绑定在一起，你无法控制它，留给你的只有厨房里剩下的废料。生活方式不断没落的表现形式就是减少费用开支。是的，你要成为一个小气鬼。

然而，你又错了，节省费用也不会积累财富。只有获得源源不断的收入并控制费用，才会积累财富。例如，我每月收入10万美元，积累财富的速度就会很快，因为我一直控制着开支。当我的收入以指数翻番的时候，费用呈直线增长。例如，收入增长了100%，费用只增长了10%。如果费用同步增长，那么我就无法积累财富。

当一个走慢车道的人将费用当作变量会如何？生活会变得寸步难行。你连一次短途旅行都无法实现，你都不能为孩子买一双像样的鞋子，更不能拥有一辆梦想中的汽车，也不能订阅电影频道。没错，你真的在践行那句老话"牺牲当下，投资未来"。

慢车道的胜利：名气还是老年病房

为什么要投资一个耗时40年而大部分时间在沉沦的计划呢？我不

会那样去做。残酷的现实是，慢车道的失败并不是由于一夜之间出现的故障所致，它倒像是多年来白蚁出没的木棚，当居民终于意识到时，已经太晚了。

2002 年，原美国退休者协会（AARP）的一项调查表明，69% 的受访者表示他们需要超过年龄退休。一年前，45% 的人说他们将要工作到七八十岁。从这个数据我们可以推断出一些令人不安的事实：慢车道的失败率接近 70%。

尽管有风险，尽管存在数学的局限性，尽管还是 5 天工作换取周末 2 天自由的典型交易，尽管有这一切，你还是会坚定地和慢车道站在一起，试试你的运气。看来胜利是根本不可能的，我需要提及几件事：慢车道赢家通常都是非常有才华的人、老年人或者劳累过度的人。

如何战胜慢车道："秘密出口"

假如你发现慢车道的"秘密出口"，就会公然挑战它，它有一张"逃出牢笼"豁免卡，可以抵消不可控的有限影响力的局限性。这就是慢车道逃生的秘密——名气。名气会打破内在价值的数学限制。我们身边的文化生活中，那些因为成名而无视慢车道的人无处不在——专业运动员、歌手、演员等。如果你想克服慢车道的弱点，你就需要成名。为什么？名气有很高的内在价值，人们会为你和你的服务付出不菲的价格（即使你只是一个没有一技之长的真人秀明星）。一个 20 岁的篮球运动员，刚刚大学毕业就能签下价值 3 000 万美元的合同；一个演员以 1 500 万美元的薪酬在一个大剧作中担任主演，你可以由此见证他们是如何向慢车道发起挑战的。一个满脸雀斑、体态臃肿的爱尔兰人在《美国偶像》节目中从服务员晋级到决赛，慢车道的局限性会因为他的内在价值瞬间飙升而被撕得粉碎。突然间你会发现，内在价值因为需求逆转，可以进行杠杆调节了。

第15章　慢车道的胜利——一场关于希望的赌博

不幸的是，大多数人在寻求财富的时候都会这样做，他们会借此向慢车道发起挑战，而不是转入快车道。名气是攫取财富明显的薄弱点。为什么《美国偶像》海选场场爆棚？是因为成名的内在价值！当你成为社会公众的焦点时，你可以无视慢车道的局限性，你的社会价值会飙升。如果数百万粉丝追捧你，你就会得到数百万美元的财富。篮球运动员勒布朗·詹姆斯（LeBron James）就是因为他的技能而在短期内拿到了几百万美元。著名演员和其他艺人的薪酬基本都会超过数百万美元，这是因为数以百万计的粉丝需要一个娱乐品牌。过人的天赋会得到畸形的高薪报酬。

劳累加班升迁到企业管理层

另一个备受追捧的慢车道"秘密出口"是成为企业高管。毫无疑问，你听到过慢车道"攀上公司升职阶梯"的重要背书。

当一个企业首席执行官兑现2 000万美元的股票期权后，你又见证了一个慢车道挑战者的成功。你一定听说过那些大型公司的首席执行官在拿高薪、赚大钱。你有没有看过他们的年龄？除了创始人和所有者，他们大部分人都已经50多岁或60多岁了。显然，走企业管理的道路不会在一夜之间成功，从收发室门卫做到首席执行官可能会耗时40年。你不可能轻易地做到那个职位，你需要每天从早到晚辛苦工作。对不起，我没有耐心用40年的时间，去等待那"金色降落伞"① 在我晚年时落到我的身上。

走慢车道的成功人士陷入中产阶级

我不想出名，也不想在公司里碌碌无为地混日子，我甚至都无

---

① 资深主管被解雇时获得大笔补偿金的协议。——译者注

力购置一套正装，何以攀爬公司的职业阶梯？如果你对通过名气和公司升职制度来发财的道路心生厌倦，那剩下的还有什么？社会强制将慢车道作为你唯一的选择。不幸的是，这一策略带着我们直奔"中间"——中产阶级或中年。

每个彩票都有赢家，即使赔率很低也会有赢家！"慢车道老人"（利用慢车道策略最终取得成功的人）艰难走完慢车道路线图后，最终成为百万富翁，但是请你不要拿出廉价的香槟来庆贺。一个慢车道的百万富翁和快车道的百万富翁，就像是别克和法拉利之间的区别。当你认识到这种差异时，你才能正确地发表评论，并正确地区分何谓快车道，何谓慢车道。

百万富翁很有钱……是吗

最近我读了一篇文章，是关于一个名叫考利（Callie）的英国年轻女人，几年前，她买彩票中了几百万美元，但不久之后就损失了大部分。当然，"损失"意味着当她驾驶一辆新品敞篷车在林荫大道上疾驰时，一整袋子的现金飞出了她的汽车。

她并不是"损失"了，而是花光了那些钱。她赢得300万美元的时候只有16岁，而且她只用了6年时间就把那些钱消耗光了：毒品、派对、进口汽车、隆胸和价值73万美元令人瞠目结舌的定制服装。问题在哪儿？考利真以为她是有钱人，就像有钱人那样花光了钱。她肯定完全相信那个标题："我是百万富翁"。当300万美元只是一笔大额零花钱的时候，她需要3 000万美元才能满足她的生活方式。

当你听到"百万富翁"这个词的时候，你会想到什么？它意味着财富，一种奢侈的生活方式：游艇、直升机、豪宅和昂贵的珠宝。几十年来，"百万富翁"这个词已被广泛用来形容一个人"很有钱"。

除了上述这些奢侈场景，百万富翁的生活方式只适合快车道的人用于提高地位，而不适合慢车道的人。通过追逐名利或勤恳在职场拼搏成为百万富翁的人过着完全不同的生活，他们都在平淡无奇的中产阶级社区中拥有自己的房产，开着像丰田或本田这些不张扬的汽车；他们的假期很少，极力缩减用餐支出，他们喜欢优惠券和打折，最大限度地投资401K保险；他们一周5天要消耗在极有可能厌倦的工作中，努力地将薪水的10%用于储蓄。还有一些人在经营一些小本生意，特许经营或者零售店。几本畅销书已经启示我们：是的，这些人都是"邻家的百万富翁"。

可悲的是，在今天，百万富翁（净值100万美元）只算得上是中产阶级，它并不代表有钱，现在的500万美元只相当于过去的100万美元。我知道这一点非常令人沮丧。

这里面隐藏的真相就是为什么很多彩票中奖者没过几年就破产了。中奖者想象奢华的生活方式并照其生活，然而他们并不知道，区区的几百万美元并不能支撑那种生活方式！如果你赢了100万美元（税后只有60万美元），你的生活方式就不应该改变。如果你试着过电视上"百万富翁的生活"，这是一个愚蠢的想法，那些钱会很快离你而去。

你的钱很可能会花在财富的标识上，要按照通常只为"百万富翁"设计的生活方式过日子，你积累的财富需要远远超过100万美元，至少需要1 000万美元打底。所以，当媒体用"百万富翁"来恭维你的时候，你需要搞清你的位置：是慢车道和中产阶级，还是快车道和富人？

慢车道和快车道百万富翁的12个区别

- 慢车道花上30年或更多时间才能积累到数百万美元财富，而快车道成为百万富翁通常只需10年或更少时间。
- 慢车道百万富翁住在中产阶级的房产里，而快车道百万富翁可以住豪宅。
- 慢车道百万富翁拥有MBA学位，而快车道百万富翁聘请拥有 MBA 学位的人。
- 慢车道百万富翁让市场控制他们的资产，而快车道百万富翁自己控制自己的资产，并且有能力提升资产的价值。
- 慢车道百万富翁买不起进口车，而快车道百万富翁可以驾驶任何他们想要的豪华轿车。
- 慢车道百万富翁为了他们的时间而工作，而快车道百万富翁让时间为他们工作。
- 慢车道百万富翁是员工，而快车道百万富翁是老板。
- 慢车道百万富翁获得 401K 保险，而快车道百万富翁则是提供 401K 保险的人。
- 慢车道百万富翁利用共同基金和股票市场致富，而快车道百万富翁用它们来保持财富。
- 慢车道百万富翁让其他人掌握自己的收入，而快车道百万富翁控制别人的收入。
- 慢车道百万富翁很看重钱，而快车道百万富翁很看重时间。
- 慢车道百万富翁视自己的房子为资产，而快车道百万富翁把房子看作住处。

快车道上的人不想成为下一个中产阶级的百万富翁，受到种种限制和约束，而是想成为自己说了算的人。

本章小结：助你踏上快车道

※ 走慢车道有 7 个危险，其中 5 个是无法控制的。

※ "生活方式风险"是一个走慢车道的人会尽量控制的危险。

※ 慢车道容易导致平庸，因为其数学公式是平庸的。

※ 走慢车道的人操纵"费用"变量，因为这是他们唯一能控制的。

※ 收入增长和费用管理双管齐下才能积累财富，而不只是通过削减开支。

第15章 慢车道的胜利——一场关于希望的赌博

※ 你可以通过成名或者成为公司高管，打破慢车道公式来提升你的内在价值。
※ 成功走慢车道的人一般都不知名，也不会是企业高管，他们最终会停留在"中间地带"，即中产阶级与中年。
※ 慢车道百万富翁都停留在中产阶级。
※ 现在的500万美元只相当于过去的100万美元。
※ 一个百万富翁如果没有财务管理，是不能过"百万富翁"的生活的。
※ 彩票中奖者落入百万富翁的陷阱后破产，是因为他们试图过"百万富翁"的生活，可是他们并不理解，数百万美元其实过不了太久的好日子。

第5篇

财富：
快车道路线图

第16章
财富的捷径：快车道

> 如果知道得越多，你就会做得越好。
> 吉米·罗恩（Jim Rohn）

第三种选择怎么样

走人行道还是慢车道？享受今天还是明天？你可以走人行道，没有任何财务计划，享受当下，根本不理会明天的结果；你也可以行驶在慢车道上，牺牲今天的幸福，换取一个虚无缥缈的明日幻想。

但是，你还有第三种选择，一个混合的财务路线图，可以快速创造财富，省却40年时间的财富积累。然而，"快"是相对的：如果你现在18岁，你在25岁时就可以成为富人；如果你现在30岁，你在36岁就可以退休；如果你已经48岁，你可以在54岁退休。这有可能吗？能实现吗？如果有以下3种抽奖，你会参加哪种？

- 人行道抽奖：一等奖为1 000万美元，当场兑现。你中奖的概率是六百万分之一（0.000 001 7%）。
- 慢车道抽奖：一等奖为50万美元，40年分期获得。你中奖的概率是六分之一（17%）。
- 快车道抽奖：一等奖为1 000万美元，6年内兑现。你中奖的概率是七分之一（14%）。

你会选择哪个？当然是快车道抽奖，因为其回报远远超过慢车道抽奖的风险。人行道抽奖是费时费力的"长镜头"。你选择的财务路线图（人行道、慢车道或者快车道）就类似假设的抽奖。一旦你理解了路线图和各自的财富公式，就可以选择其一作为你的指南针。

快车道是什么

快车道是一种商业和生活方式的策略，其特征是具有可控的无限平衡，因此可以创造最佳的环境，实现快速致富和非凡的生活方式。更明确地说，要注意以下4个环节。

- 可控的无限平衡：慢车道的特征是无可控的变量加上没有平衡调节；快车道则相反，具有最大的控制和平衡。
- 业务：你是管理者，自我雇用，敬业是快车道的核心，就像在慢车道工作一样。
- 生活方式：快车道是一种生活方式的选择，一个融合信念、过程和行动的承诺。
- 快速创造财富：快车道能够快速创造财富并超越"中产阶级"。

下面是一个描述快车道的好案例，这个故事的灵感来自互联网上一个真实的故事。

4年后，我以3 200万美元的价格出售了我的公司（快速创造财富），我并没有后悔，反而为这个出售决定感到很开心，因为我想快速赚到钱，把纸面资金变成真金白银。这个决定彻底改变了我的生活。

现在，我可以做我想做的任何事情，一点儿也不感到无聊。世界就是我的游乐场，我不停地外出旅行，学会了两门新的语言，还学会了弹奏钢琴。我每年至少有一个月时间在玩水上运动、徒步旅行和滑雪。我有3处房产，到处观看自己喜欢球队的专业比赛，每周看3~4场电影，读1~2本书。我大部分时间是和我的家人在一起，我看着两个女儿在我的眼皮底下长大。我和家人随意生活在世界各地，包括澳大利亚和加勒比海。

回头看，过去的日子挺不容易的。我以前一天工作12~16小时，坚持了4年，几乎每周都要工作6天，而且周日还要搭上几小时。我们创造了一家很棒的服务机构，并把它卖了出去（可控的无限平衡的生意）。我记得在最困难的时期，我不得不把我的每一分钱都投入到公司……我们至少有5次账户的资金不足50美元。在事业起步的那些年里，除了愧对家庭外，我做出了巨大的牺牲：我停掉了有线电视，暂时终止了许多自己喜欢做的事情，因为我致力于成就一个目标和梦想，那是比一辈子的工作更伟大的东西（生活方式）。

现在，我是多个初创公司的投资者，我对自己产生的影响力始料未及。我没有任何歉疚之情或者悔意。我的生活发生了翻天覆地的变化，但是我什么都不会改变。如果我当初不选择去创业，我不知道现在混迹何处。

这个故事集中体现了快车道的缩影。投身创业，用一种生活方式让业务增长驶入高速公路，而高速公路引领你抵达财富之路，也为你带来自由。是的，并不是每个人都如此。那么，那个人会是你吗？

快车道思维路标

和其他路线图一样，快车道路线图也同样包含思维路标或行为特征，他们能驱使走快车道的人沿着旅途前行。

- 对债务的看法：如果允许我建立和发展我的系统，债务是有用的。
- 对时间的看法：时间是我所拥有的最重要的资产，远远超过金钱。
- 对教育的看法：当你停止学习的那一刻，你就停止了成长。不断扩充我的知识和认识，对我的旅程至关重要。
- 对金钱的看法：金钱无处不在，而且非常充裕。金钱是我影响了多少人的真实反映，也反映了我创造价值的能力。
- 主要收入来源：我的收入是通过我的生意运转和投资得来的。
- 主要财富加速器：我是白手起家的。我赋予资产赚钱的能力，使它们对市场有价值。也有其他时候，我用现有的资产让它们增值。
- 对财富的看法：建立现金流和资产评估的业务系统。
- 财富公式：财富 = 净利润 + 资产价值。
- 策略：我付出越多，我在时间、金钱和个人满足感方面就越富有。
- 目的地：终身获得被动收入，既通过生意，也通过投资。
- 责任与控制：生活在于我如何塑造它。我的财务计划完全是我的责任，我选择如何根据情况做出反应。
- 对人生的看法：不论我的梦想多与众不同都值得追求，我相信有钱会让梦想成真。

这些思维路标定义了走快车道的人的生活方式，它驱使人们采取行动。

快车道路线图：天生是为财富准备的

快车道路线图天生是为财富准备的，因为它是在一个可控并且变量不受限的财富公式中运行，限制时间的那个数学紧箍咒在这里被清除了。在这里，不可控的有限平衡被可控的无限平衡所替代。如果使用得当的话，凭借不受数学限制的发展，或者通过"利润"或"资产价值"，抑或共同受益于二者，路线图会揭示一条通往财富的快速道路。这种快速的财富积累会在从开始旅程到成功的过程中被抵消一部分，因为在此过程中时间被消耗或者利用了。快车道会在短时间内产生百万美元的财富，有时高达数十亿美元。是的，这千真万确，快速致富确实存在。

快速致富背后的阴影

走快车道的成功人士靠的都是快速致富。不要让这几个字吓倒你，我知道当你听到它们时，会被一系列联想到的负面"骗局"淹没。诸如"一个小小的分类广告"，耗资 5 000 美元的研讨会，对电视购物专家的印象，国外彩票，虚假的"比尔·盖茨"需要你"把这封测试邮件转发给别人"，就可以得到 50 000 美元的现金，等等。天啊，律师函中所列的案情都是这么说的。

快速致富是一个被滥用的短语，它已经没有信誉了。当受尽各种打击和折磨后，我们都已经麻木了，再也不相信它会存在。就像圣诞老人或独角兽，我们得到的建议是，"快速致富是一个骗局！"我不怪你，但这是真的吗？你就不能像电视购物上所说的那样赚到百万财富吗？

区别在于，致富计划并非快速致富特有的产物，而它邪恶的孪生兄弟是轻易发财。轻易发财的阴影遮蔽了天真的人们，留下了一长串受害者。轻易发财在午夜的电视购物节目中出现，在聚光灯舞台中间大行其道。它不断地说谎和欺骗，制造一种不切实际的虚荣，唤起人们的欲望。"只要观看这个快速启动视频或购买这个股票软件，10 天内你就会发大财！"这根本就不是快速致富，而是轻易发财，采用轻易发财的策略只会让你的钱包越来越轻。

快车道的成功故事体现在快速致富，向人们宣扬它不存在是另一个无知的谎言，不要让慢车道的输家混淆了真相。不要认输，不要让"那只是发生在别人身上"的想法影响你对真相的了解。很多人都有过快速致富，因为快速致富由过程引领。

快车道的故事

除非你生活在真空中，否则你对快车道已经很熟悉了。任何一个因做生意而快速致富的事件，都会让你见证快车道的魅力。下面列举一些快车道故事的标题。

- 发明者创造了一个小玩意儿，把它卖给了 15 个经销商。
- 有个小伙子开发了一个手机应用软件，下载量超过 50 000 次。
- 有人开发了一种能量棒，能帮助人免受饥饿，后来他以 1.92 亿美元的报价出售给了某公司。
- 有人建立了一个博客网站，3 年后将它以 400 万美元的价格卖给了一家大型制药公司。
- 有个女人发明了一种拖把，在美国家庭购物网卖出了 5 万把。
- 有个年轻人建立了一个网站，月利润达到 7 万美元，后来以几百万美元的价格出售了。
- 有个人申请了一项产品工艺过程的专利，之后通过授权给世界 500 强企业获利高达 1 400 万美元。
- 有人创建了一个网站来帮他收听自己最喜欢的篮球队的消息，之后以 55 亿美元的价格出售了他的网站。
- 有人创建了一家软件公司，后来他成为全世界最富有的人。
- 有一个医生专注于抗衰老研究，后来他将研究成果以 7 亿美元的价格出售给一家医药公司。

第16章　财富的捷径：快车道

- 有位作家写了一本关于少年巫师的书，后来她成为一个亿万富翁。
- 某女孩制造和销售了 2 000 万件内衣，帮助女性克服身体重力。
- 某网络营销人士靠销售广告每月赚 15 万美元。
- 某广告营销人士通过改进现有产品，销售出 4 000 万个"全新升级的版本"。
- 某人开发出一种能储存水分的能量饮料，之后他以 5.3 亿美元的价格出售给了某公司。

只要你认真观察一下，快速致富的故事无处不在。

快车道：财富的工业革命

　　工业革命时期，人类学会了在大机器制造时代如何掌控速度和效率。体力劳动被系统取代，不同部分的有机组织合为一体，产生出特定的成果，长期而艰巨的手工处理演进到采用机械作业，将大多数的人类劳动驱逐出生产环节。对于那个时代来说，大机器是他们快速致富的版本，以前耗时几个月的生产制造现在只需数日即可完成。

　　同样，快车道路线图之于财务自由，就像工业革命之于财富积累。财富的缺省之路是体力劳动，是与时间和内在价值的抗衡。财富的快捷之路就是财富过程的工业化，就像我们祖辈完成的生产系统化。缺省之路（慢车道）和快捷之路（快车道）之间的差异，在埃及寓言中有最好的说明。

快车道财富的寓言

　　一个伟大的埃及法老召唤他的两个侄子，朱玛和安祖尔，并向他们布置了一项伟大的任务：为埃及建造两座巨大的金字塔作为贡品。谁先完成金字塔，法老承诺给他即时的奖励，可以享受王权和荣华富贵。不过，每个侄子都必须单独建造自己的金字塔。

朱玛和安祖尔都已经年满 18 岁，他们深知，这个艰巨的任务将需要数年时间才能完成。尽管如此，他们都视法老的指令为挑战和荣耀。他们离开法老的房间，准备开始漫长的金字塔建造过程。

安祖尔立即投入工作。他慢慢地拖拽巨大而沉重的石头筑成方阵。几个月后，安祖尔的金字塔地基初具规模。市民聚集在安祖尔的建设成果旁边赞美他的杰作。石头很重，挪动起来异常艰辛，经过一年的繁重劳动后，安祖尔为金字塔打造的完美方形底座差不多完成了。

但安祖尔很迷惘，本应由朱玛建造的金字塔土地上依旧空空如也。那里没有放置一块石头，也没有建造任何地基，更没有看到充满污渍的版图，什么都没有。这里和一年前法老委托这项工作的时候一样，还是一片荒芜。

带着困惑，安祖尔拜访了朱玛，发现他正在谷仓里摆弄一个扭曲的装置，看起来有点类似某种刑具。安祖尔打断了他："朱玛！你到底在干什么？你不应该把时间浪费在这个谷仓里，去摆弄那个疯狂的机器，你需要建造法老金字塔。"

朱玛微笑着说："我是在建造金字塔，你别管我。"

安祖尔打趣道："是的，没错。但是你一年连一块石头都没有摆放！"

朱玛全神贯注，丝毫没有对他哥哥的指控进行反驳，而是说："安祖尔，你对财富的极度渴望已经遮住了你的视野。你建你的金字塔，而我要建我的。"当安祖尔离开的时候，他说："你这个傻瓜！当法老发现你想谋反的时候，他就会把你挂在绞刑架上。"

又一年过去了，安祖尔夯实了他的金字塔底座，并开始筑造第二层。可是，他遇到了问题，这些石头太重了，他无力将它们提升

第16章 财富的捷径：快车道

到金字塔的第二层。他受到了身体极限的挑战，安祖尔意识到，他需要更大的力量来移动那些重的石头，为了达到目的，他求助于埃及最强壮的男人贝努。贝努收到费用后，就帮助安祖尔训练强大的肌肉。获得超强的力量后，安祖尔设想着可以将那些重石更容易地提升到更高的层阶。

与此同时，本应朱玛建造金字塔的土地依然荒芜。安祖尔认为他的弟弟可能会面对死亡，因为各种迹象表明，朱玛违反了法老的命令。安祖尔将他的弟弟和他从未建造的金字塔抛在脑后。

又一年过去了，安祖尔的金字塔建设速度慢得像爬行一样，往往需要一个月才能搬来一块石头。将石头移动到上面需要超大的力量，安祖尔花很多时间向贝努学习如何获得更大的力量。此外，安祖尔花费大量金钱用于支付咨询费以及训练所需的异国饮食。安祖尔估计按照目前的建设步伐，他完成金字塔还需要30年。而安祖尔不以为然，他得意扬扬："才过了3年，我就已经远远超过了我的弟弟。他连一块石头还没有放上去！那个傻瓜！"

过了一段时间，突然有一天，安祖尔正拉着沉重的石头往金字塔上面拖拽，他听到从市中心广场那里传来喧闹声。市民们原先会定期来看他的工作进展，突然间对他不再感兴趣了，转而去看热闹。安祖尔感到很好奇，决定休息片刻去探个究竟。

朱玛被欢呼的人群包围在镇广场中心，他操作着一个占地两平方米多的玩意儿，那是一个高耸的机器，上面悬挂着复杂的龙门吊、轮子、杠杆和绳索。朱玛缓缓地穿行在街道上活跃的人群中，安祖尔不敢上前求得解释。直到一条短的挂绳垂悬在朱玛那块荒芜的金字塔地基后，安祖尔的怀疑得到了证实。几分钟后，朱玛那台奇怪的机器开始移动沉重的石头，奠定他的金字塔基础。那台机器毫不费力地举起一块又一块石头，然后将它们轻轻地并排放置。

神奇的是，这台机器很少需要朱玛去操作。曲柄轮连接着一根绳子，悬臂缠绕着齿轮系统。很快，那些沉重的石头被迅速而又神奇地移送到位。安祖尔的金字塔底座历时一年方才打造完成，而朱玛只花了一周的时间就完成了金字塔底座。令安祖尔更震惊的是，他异常辛苦建造的第二层金字塔，朱玛的机器竟要快30倍。安祖尔花2个月才能做到的事情朱玛的机器只需2天。40天后，朱玛和他的机器所完成的工作就和安祖尔花3年时间辛苦劳作的一样了。安祖尔彻底崩溃了。他多年来一直做繁重的工作，而朱玛制造了一个机器来替他做。安祖尔没有依赖机器，而是誓言"我必须变得更强壮！我必须举起更重的石头！"安祖尔继续辛勤劳作地建造金字塔，而朱玛继续操作他的机器曲柄。朱玛在26岁时就完成了他的金字塔，仅用了8年，3年时间打造系统，花5年用系统完成金字塔。伟大的法老非常高兴，兑现了他的承诺。他授予朱玛王位，赐予他很多财富。朱玛一生中从来没有工作过。与此同时，安祖尔还继续在老路上步履蹒跚，举岩石，浪费时间和金钱来变得更强壮。可悲的是，安祖尔拒绝承认他的战略有缺陷，继续忍耐重复的旧过程：运送沉重的石头，直到再也无力举起，然后再获得更强的力量可以举起更重的石头，如此循环往复。这种盲目的策略导致安祖尔一生辛劳。他永远无法完成向法老承诺的金字塔，因为他决定完全靠自己举重石。安祖尔死于心脏病发作，这时候他的金字塔已经建了12层，距离完工还剩2层，他从未享受到法老所承诺的巨大财富。然而，朱玛早就退休了，他已尽享荣华富贵40年了。利用自由的时间，朱玛终于成为埃及伟大的学者和著名的发明家。他去世后与法老一起被埋葬在他亲手建造的金字塔中。

快车道是一个商业系统，慢车道是一个工作

慢车道只是一个工作，你用努力换取雇主支付的现金。安祖尔的辛劳就像一个走慢车道的人。想要致富，有人告诉你要更加强大（花钱，回到学校攻读更高学历，然后在就业市场上赚取更多的薪

水），这样你就可以举起更重的石头。快车道则建立一个更好的系统、更好的玩意儿，出品更好的产品，或一个更好的"东西"，总之是会充分利用你的工作。在慢车道，你只是一个举起重物的搬运工，而在快车道，你建立起一个系统为你服务。

在你的财富路途上，慢车道路线图让你忍受漫长无聊的步行，财富的辛劳之处是过程本身。在快车道，财富受到你创建的业务系统的驱动，辛劳之处在于创建系统和管理系统本身。

本章小结：助你踏上快车道

※ 快车道战略承担的风险和慢车道不可同日而语，但回报也更大。
※ 快车道路线图是一种另类的财务战略，它源自可控制的无限平衡。
※ 快车道路线图天生就是为财富准备的。
※ 快车道路线图着眼于产生快速致富的结果，不要将它与轻易发财混为一谈。

第 17 章
转换团队和剧本

> 一个只关心自己的人只能做出很小的成就。
> 本杰明·富兰克林（Benjamin Franklin）

快车道路线图：财富剧本

一个团队之所以会失败，很大程度上是因为剧本失败。根据一个失败的剧本做事，你很快就会陷入困境。要想取胜，请转换一个团队并使用胜利者的剧本。快车道路线之所以能造就财务赢家，是因为它使用了无限和可控的数学公式。如何得到这个剧本？你必须脱离于大多数人的思维，成为一名慢车道的离经叛道者。

转换团队和剧本

从你出世的那天，你便受洗成为消费者团队的一员，你习惯了提出各种需求：想要产品，需要产品，购买产品，当然，你会去寻找那些最便宜的产品。

慢车道和人行道的相同之处在于，之所以工作是因为要消费。你成为一个消费品公司的品牌经理，你成为一个保险代理人，你为许多公司担任会计，它是消费者驱动型的，专注于将商品和服务传递到消费者手中。这种以"消费者"为焦点的行为就像一个强大的黑洞，促使你适应反快车道的思维方式。

破解代码

对快车道路线图进行解码和加入解密密钥的托管团队一样简单。获胜方是生产团队。要将生活的焦点重新聚焦生产，而不是消费。当你重新将你的思维从多数人（消费者）调整到少数人（生产者）的思维，你才能有效地转换团队和忠诚度。没错！首先要成为生产者，其次才是消费者。

遵从这个原则，就意味着不要在电视购物节目中购买任何产品，而是要销售产品；不要去挖金矿，要去卖铁锹；不要参加培训班，要举办培训班；不要想着去借钱，要贷款给别人；不要想着去找工作，而要给别人提供工作；不要靠抵押取得贷款，而要去给别人办理抵押贷款业务。要摆脱消费观念，转变立场，重新定位为走向世界的生产者。

我知道，这不是一件容易的事。然而，一旦你从生产者的角度看待世界，你便会将所有信息尽收眼底。突然间，思路变得清晰，机会浮出水面，诈骗则会暴露在阳光下。这个全新的少数人拥有的状态是你创造财富的关键。记住，有钱人始终是少数人，而你要成为那些少数人。首先，要从一个生产者的心态开始。

生产者重新定位

当你遇到一个广告信息，劝诱你买它宣传的东西，你要从生产者的角度审视它。这家公司是如何赚钱的？它提供信息的目的是什么？提供这个产品或服务需要涉及什么样的业务流程？这家公司盈利吗？盈利模式是什么？这个产品是在海外还是在本地生产？

我从来不在电视购物节目中购买产品，因为我和他们处于同一个团队。作为一个生产者，我明白生产者（少数人）服务消费者（大多数）。"现在就采取行动吧"、"等等，还有更多"、"免费的抽奖"等，这些都是生产商军火库中的营销武器。我看广告但不买东西，我想看到那些老手是如何操盘的。

作为生产者，我们的工作就是吸引消费者购买。作为一个生产者我被锁定在生产者的心态，我能吸引财富，因为消费者一直在寻求生产者。消费者是满足生产者需求的大多数人！

把生产者和消费者一分为二是不是莫大的讽刺？一旦你成为一个成功的生产者，你就可以任意消费你想要的任何东西，因为你很有钱。

要充分消费，首先要充分生产。不幸的是，大多数人正好相反，他们只有消费，没有生产。生产者能致富，而消费者则会成为穷人。切换你的团队，重新将自己定位为生产第一，消费者二。把财富吸引到你的手中！

成为一个生产者：利用系统处理业务

要想转换团队成为一个生产者，你首先需要成为一个企业家和创新者。你需要具有远见和创新能力，你需要开发一个业务并面向全球吸引订单。慢车道的核心主题是工作，而快车道的核心则是生意。是的，实现自我雇用。我知道，那些"致富秘籍"并不是什么新鲜事，但是需要注意的是，大多数小企业主与快车道之间依然有无法逾越的鸿沟，因为他们还在使用慢车道的指标进行讨价还价，他们从事的许多生意往往看起来更像是工作！

快车道的生意是开启快车道财富公式的钥匙（财富 = 净利润 + 资产价值），因为它能够解锁杠杆，一套新的财富变量是无限的和可控的。而在慢车道，财富的变量是有限的和不可控的。是的，有限不可控的平衡转换成了无限可控的平衡。

例如，这本书的销售将我从慢车道财富公式和它的束缚中解脱出来，使我进入快车道的世界，而快车道是由其净利润和资产价值的财富公式所支配。这本书是一个商业系统，在时间和金钱上都有无限的杠杆作用！

首先，它经得起时间的考验，并且完全有能力在我最初投资后，让我获取长足的收入。这本书有效地转换了产生收入的行为，从我（人力资产）迁徙到了书籍（商业资产）。

这本书大约花费了我1 000小时的时间。如果我卖出10万本书，每本书5美元利润，我总共赚到50万美元，折合每个小时500美元。如果我卖出50万本书，我会赚到每小时2 500美元。我的书卖出越多，我的原始投资回报率也越高，因为我已经付出了时间。想象一下，从现在起10年内我只卖掉一本书，突然间我就从数年的投资中赚到5美元！

但是情况会变得更好！如果我在电台做10分钟的广播节目，获得1 000本书的销售额，这10分钟的投资收益就是5 000美元的收入（1 000本书×5美元的利润），那么我的时间收益就是每小时3万美元的回报。如果你有每小时3万美元的生意，你会发财吗？当然会的，而且会非常快。

当你解开慢车道路线图强加给你的时间手铐，你就会将收入分配给一个不受数学限制的系统，很快就有可能快速取得财富。我的财富宇宙中的变量可以被控制和利用。在下一章你将会了解到，为什么快车道能够提供财务自由，而且获取财富的速度比任何基金都要快。

本章小结：助你踏上快车道

※ 生产者天生就使用快车道路线图。
※ 生产者是少数人，他们通常富有；而消费者是大多数人，他们通常贫穷。
※ 当你成为一名成功的生产者，你就可以消费任何你想要的东西。
※ 走快车道的人是生产者、企业家、发明家、设想家和创造者。
※ 许多生意往往伪装成工作，而这种生意并不会进入快车道。
※ 快车道财富公式是不受时间约束的，其变量是无限的和可控的。

第 18 章
富人发财的真相

> 只有那些甘愿冒险不断前行的人，才清楚自己能走多远。
> 托马斯·艾略特（TS Eliot）

重要问题：你是如何致富的

当你开着一辆比大多数人住的房子还要贵的汽车时，陌生人会向你打招呼，问你一个问题："你是靠什么变得这么富有？"这看似是一个无足轻重的问题，却蕴含深意。"你是如何发财致富的？"人们想知道我走过什么样的路，这样他们就可以评估自己有没有可能沿着同一条道路行驶。假如我要猜一下的话，答案一定会是一个典型的回答：运动员、演员、富二代、彩票中大奖。这些投机的"答案"揭示了人们对现实的看法：要靠出名、继承遗产或者博彩挣大钱。在几年前见过一个开兰博基尼的陌生人之前，我就是这么想的。

快车道致富公式

在生机勃勃、充满活力的年纪就拥有财富，这足以证明快速致富的神话。如果你现在是 30 岁，身价百万，你不是名人，且未通过继承遗产获得财富，你穿一身脏兮兮的衣服纯属正常。我们没有拥

第18章 富人发财的真相

有那些财富，但是我们现在可以吗？再重申一遍，秘密恰好就暴露在通用的数字语言中，那就是和丑陋肥胖的女人——慢车道公式决裂，并且和身材热辣的金发女郎——快车道公式联姻。

$$财富 = 净利润 + 资产价值$$

上面这个公式是快车道以及如何快速致富的真正力量。它的变量是可控的和无限的。如果你能控制财富公式所固有的变量，你就可以获得财富。这些变量是：

$$净利润 = 销售数量 \times 利润率$$
$$资产价值 = 净利润 \times 行业乘数$$

所有企业主都利用这个等式，其中"销售数量×利润率"将确定净利润。以我的互联网公司为例，我的网站客单转换的单位利润约为 4 美元（一个转换就是产生一个潜在客户）。每天约有 1.2 万人访问我的网站，这意味着我的"销售数量"存在一个上限，即每天 1.2 万访问量。我有机会每天"出售"1.2 万访问量。

让我们来比较一下这个变量在慢车道对应的工作时间。在我的财富公式中，我的财富上限是"销售数量"，目前为 1.2 万。当然，100% 的转换率是不现实的，"转换"所有的 1.2 万访问量是不可能的。同样，在慢车道上，上限设定为 24 小时也是不合理的，因为一天只有 24 小时，我们不可能全部用来工作。从逻辑上讲，真实的上限是每天 8 到 12 小时。

怎么样做才能让你致富呢？每天上限为 1.2 万的访问量？还是每天工作的时间最大化？12 000 比 24。根本不用比较。我变得有钱了，而走慢车道的人变老了。

可控的无限变量将使你变得富有。那么我是如何控制这个变量的呢？怎样让它变得无限大呢？很简单。我的平均转换率为 12%。如果我想赚更多的利润，我就不会走进老板的办公室要求加薪，而是采取以下的方法：

（1）通过增加转化率提高销售数量。

从 12% 增加到 13%，增加的 1% 会给我带来每天约 480 美元的利润提升，每月就是 14 400 美元。如果我重新设计一下网站，改善一下组合，就能获得 15% 的转换率，现在我已经扩大了我的收入，每月超过 4.3 万美元。

（2）通过增加访问量提高销售数量。

为了提高利润，我可以增加访问量。如果我的网站用户访问量从 1.2 万人增加到 1.5 万人，而且转换率保持在 12%，那么我每日的收入增长为 1 440 美元，或者每月为 43 200 美元！不可能吗？它就是这样发生的！在好多日子里我的网站曾达到流量峰值，超过 2 万的用户访问了我的网站。

（3）提高利润率。

一旦我发现我有提供服务或提高价值的机会，我就可以提高价格来提高利润率。如果我的价格从 4 美元提高到 4.50 美元，我每天的收入就从 8 000 美元提高到 1.08 万美元。这相当于一个月有额外 8.4 万美元的收入！你对这 0.5 美元的利润不屑一顾吗？

拥有控制是不是很美妙啊？这就是我创造财富的手段。我对两个变量都拥有合理的控制，即"利润率"和"销售数量"。而在慢车道上，你只有恳求老板提高那可怜的 3% 工资的份儿了。

其次，请注意我的财富变量几乎是无限大的。我只控制了我的市场中的一小部分，但是我的上限值的流量不是现在的 1.2 万人，而是每天可以上升到 5 万~10 万的用户访问量。单位利润也是完全可塑的，我可以尝试提高价格或提供新服务。

我记得当时我推出了一种新的服务，几乎没有什么成本。我发了一封电子邮件给我的广告客户，简要概述了该方案。就在短短的几分钟内，我的年收入又多了几千美元。我投资的时间可以忽略不计，结果却可以累计计算。

高限速等于高潜在收入。上述例子说明了我为什么有钱而大多数人却不能。我改变了我的宇宙，因为我的财富公式是无限的、可控的。当我对自己的策略做出微小渐进的改变时，就会迎来爆发式的收入增长。哪怕只有1%的增长，也可能意味着成千上万的财富或者一辆新的兰博基尼。当你的财富变量拥有很高的杠杆率，那么你还愿意靠内在价值坚持24小时的工作上限吗？

不幸的是，许多满怀激情的企业主都被困在低速致富的陷阱中。例如，如果你在五金店外的热狗车中推销你的热狗，你对财富的速度是否有杠杆早就充耳不闻了。你的变量是有限的，因为你接触的只是一个很小的区域。你每天只能卖出有限的热狗。40个？100个？你认为你有可能回家后冲着老婆兴奋地说"亲爱的，今天我卖出去了2万个热狗"吗？这永远不会发生！因为这和靠24小时内在价值的工薪日子是没有太大区别的。一个小小的数字就能看出你的平庸。

另一个例子是这本书本身。有多少人对财务自由或提前退休感兴趣呢？我的市场和我致富的速度上限，取决于遍布在世界各地的上亿人。要想将快车道财富公式作为你的武器，你必须开发出一个能够杠杆化或者提高速度限制的快车道业务。受到数字的限制只会延缓财富！

百万富翁创造和操纵资产

根据哈里森集团对3 000个500万富翁（净资产500万美元）的调查结果，几乎所有的500万富翁淘的第一桶金都只用了几年光景。我想再重复一下，是一次性获得一大笔钱，而不是花40年时间从自己的工资中省吃俭用积攒下的钱。"一次性获得一大笔钱"只是"资产价值"的另外一种说法。此外，80%的富豪在业务初创的时候都是一家小公司，但是能看到业务爆炸性的增长。爆炸性增长是资产价值的另一个说法。然而，没有一个富豪是靠轻松办公就能发财的。

有钱人主要的财富增长源可以归结为一点，即可观并且可控的资产。在我们快车道的财富公式中，第二个元素被称为"资产价值"。这里的资产是指是你自己拥有并且具有市场价值的财产。

走慢车道的人和走快车道的人对"资产"有着截然相反的看法。走慢车道的人往往购买和出售那些随时间推移而贬值的资产。汽车、船、电子产品、品牌服装、小玩意儿和闪闪发光的珠宝，这些东西会让刚离婚的女人怦然心动，可它们在你刷信用卡的那一刻起，就已经失去了价值。

与此相反，走快车道的人购买和出售可增值的资产：企业、品牌、现金流、有价票据、知识产权、许可证、发明专利和房地产。因为这些资产与快车道财富公式息息相关，资产价值的力量在于你有能力控制那些近乎无限的变量。

用资产价值促进财富增长

有钱人财富增长是通过加速资产价值的升值，并且在市场上出售这些资产的升值部分。

> 24岁的希拉·辛顿（Sheila Hinton）辞去工作，成为一个电脑维护技师，帮别人杀病毒和清洁电脑。起初，她的业务仅限在当地的都市区，但随着业务增长，她开始雇用别的技术人员。由于需求的推动，她的业务呈现爆炸性增长，拓展到了其他城市。几年后，希拉的公司业务已遍及27个州。她从一个技术人员发展到一个推动者，公司利润惊人地达到290万美元。在分配完利润后（大部分都储蓄起来了），她以2 400万美元的价格向一家大型计算机制造商出售了她的公司。她从零资产变

得腰缠万贯。她现在已经有了 3 000 万美元的积蓄，再也不用出去工作了。

这个故事很好地反映了"资产价值"的两个变量：

资产价值 = 净利润 × 行业乘数

任何时候，你都有一个可产生持续利润的资产和一个由当时的市场状况决定的行业乘数，这两项决定了该资产的价值。

其他人或公司在经过多重评估后，将会购买这种净利润翻倍的资产。例如，你有一家制造公司，净利润是 10 万美元，你的行业平均乘数是 6 倍，那么你的资产价值就值 60 万美元。行业乘数受制于经济的波动和该行业的发展前景。你可能已经熟悉了"乘数"。在公开市场上的股票交易，可以根据其市盈率为每家公司定义乘数。如果一家公司的股票交易市盈率为 10 倍，投资者购买该公司股票的乘数也是 10 倍。不管你的公司是一家小型私人公司还是一家大型上市公司，市盈率都至关重要。你公司的估值是以所在行业的主观市盈率为基础的。例如，我经营的网络公司，其行业乘数在 2~6 倍。基于这一分析，我们姑且用中间值——4倍，这就意味着在任何时候，我只要增加我的净利润，我的市场价值就会至少增加 4 倍，也就是 400%。400%！在今天的金融市场，你能得到 400% 的回报吗？有没有哪一种共同基金收益率为 400%？

实际上，这是一个任你自由支配的惊人的财富积累工具。由于可以通过净收入、利润或盈利确定资产价值，每次我增加净利润，我的资产就经历 400% 的增长。我每赚一美元，我公司的价值就增加 4 美元，也就是增长 4 倍。如果我的净利润增加了 50 万美元，我公司的估值就会上升 200 万美元。下面的列表是各个行业的平均乘数。

表 18.1　各个行业的平均乘数

广告业	2.85
美容业	4.10
酒吧/饮酒场所	2.70
地毯清洗	5.22
计算机相关服务	8.19
就业服务	5.40
工程服务	6.32
加油站	3.70
食品杂货店	11.34
医学实验室	2.62
零售百货商店	3.62
专利权转让和出租	14.56
体育健身设施	3.56
管道/暖通服务	4.52
外科医疗设备	17.32
二手商品店	4.92

资料来源：《Inc》杂志，2009 年 6 月

财富增长因子

假设你是一个不受待见的工程师，受雇于一家跨国公司。你已经工作了 3 年，省吃俭用，并将省下来的薪水投资于一个年收益率为 8% 的共同基金。那么你的财富增长因子（WAF）就是 8%。

现在，假设你放弃工作，并利用 3 年的时间建立了一家生产医疗设备的公司。你估计你的医疗产品潜在购买者有 1 600 万人。根据表 18.1，"外科医疗设备"行业的平均乘数超过 17。这意味着在你的财富增长范围内，你的财富增长乘数为 17 倍，或者说是 1 700%。你的财富增长因子是 1 700%。

第18章 富人发财的真相

让我们进一步扩展这个例子。在接下来的 6 年里，你的公司业务净收入每年超过 120 万美元，这意味着你每月赚到 10 万美元（你的净利润）。按照平均市盈率，你的公司（资产）价值现在接近 2 078 万美元（120 万美元 × 17.32 倍）。你可以继续发展业务（通过资产价值增加财富）和现金流量（增加收入），或者寻求变现（出售资产价值）实现财富增长。

我们来对比一下走慢车道的人和走快车道的人两种不同的财富增长选项。如果你作为一个受人雇用的工程师，你的财富增长方式如下：

- 提高你的内在价值，希望老板给你加薪。
- 希望公司不要解雇你，这样你就可以继续得到收入。
- 节省10%的薪水，投资到共同基金中，并希望在未来40年内得到8%的回报。

如果你拥有自己的医疗设备公司，你的财富增长方式如下：

- 净收入持续增长，收入可能受到可售设备数量的限制，市场潜在购买者是 1 600 万人。
- 资产价值增长率达到 1 700%。
- 清算资产价值将资产兑换成真实的钱。

你现在能明白为什么有一些 30 岁的人资产价值超过 5 000 万美元，另外一些人的资产价值才达到 1.3 万美元了吗？快车道领域操盘的收益率为 1 700%，资产收益达到数百万美元，而慢车道却只能在 40 年内保持 8% 的收益率。慢车道的计划是关于希望，而快车道的计划则是关于控制。这将是爆炸性的新闻：8% 的收益率，在 40 年内成就了百万富翁；1 700% 的收益率，在 4 年内造就了亿万富豪。

财富的双刃剑

狂热地追求净利润对于财富积累是一把双刃剑。由于资产价值与净利润相关,提高净利润的同时,根据行业平均乘数,资产价值也会相应提升。当然,也有可能相反。如果你的企业停滞不前以及净收入开始下滑,那么资产价值也会相应折损,就好像我花25万美元回购了我的公司。在接下来的几年里我操纵了资产,增加了它的价值。

- 我将客户数量增加了30%。
- 我减少开支,提高盈利能力。
- 我简化了不利的操作。
- 我提高了"净收入"。

在这个过程中,我的净收入和资产价值发生了爆炸性的增长。然后,在被动地获利数百万美元后,我把公司出售了,收购方给出了数百万美元的报价。之后我花25万美元买回这个资产,并对其进行升值,通过操纵变量将它又卖了数百万美元。我控制着我的财务计划,不是财务计划控制着我。

在快车道,你的财富增长基础是创建或购买增值资产,提高价值,操纵变量,然后再卖出去。否则你就选择慢车道,每月投入200美元到共同基金,乞求得到每年8%的收益率,为此你要替人打工40年。

超级快速财富增长:资产变现

资产变现可以在一夜之间缔造一个百万富翁。资产变现是向市场出售你可观的资产的过程。这是一个快车道退出策略。

第18章 富人发财的真相

约翰·特纳特（John Twitnuts）创建了一个无孔不入的社交网站。很快有上百万人使用他的服务，他盘算着提出收购要约和引入风险投资。尽管目前这个社交网站没有收入，也没有利润，但他已经建立了一个具有市场价值的资产。他收到一个来自领先的网络搜索引擎服务公司提出的6.4亿美元的收购报价。约翰谢绝了这个收购报价，他认为当网站开始产生收入时，他的生意会更值钱。话虽如此，但也是一场赌博。18个月后，约翰的社交网络服务已经不流行了，事实证明，他的服务只不过是赶时髦而已。于是，他的这家公司成了聚会时常被谈论的笑话。约翰不断地为缩水的资产寻找买家，但他再也没有吸引到新的投资者或买家的收购兴趣。他意识到为时已晚，他本应拿到6.4亿美元，最终却以250万美元的"跳楼价"将公司出售给一家私人股份公司。时运不济让他错失了6亿美元。

企业、房地产和其他可感知资产的资产估值，如果不是基于主观分析和市场数据，那就等于零。如果你从零开始建立的公司拥有6 000万美元的账面价值，而你的银行账户中只有1万美元，你是一个真正的百万富翁吗？不完全是。因为流动性不足，你这个"百万富翁"买不起法拉利和富丽堂皇的庄园。只有钱才能得到那一切。而想要得到钱，你必须增加利润并存起来，或者干脆选择退出——资产变现。

走快车道的人增加财富的手段是建立可以出售的现金流资产，并在市场上实现收益。他们的财富公式是可控的，拥有无限的杠杆。

本章小结：助你踏上快车道

※ 快车道财富公式的关键是要有一个很高的限速，或者无限制的价值范围。这将创造杠杆。而你的产品或服务所在的市场决定了你的上限。

※ 你的限速越高，你的收入越高。
※ 富人主要的财富增长促进剂是资产价值，他们创建、发现或者购买可预见的资产。
※ 财富创造是由资产价值根据各行业的平均乘数加速产生。对于每一美元的净收入，其资产价值还要乘以倍数因子。
※ 你的行业专业化水准将确定平均乘数，而这决定了你的财富增长因子。如果乘数是3，你的财富增长因子就是300%。
※ 资产变现将增值资产（"账面"资产净值）转换为金钱（"真金白银"的净值），而这可以被认为是货币系统的另一种被动的收入流。

第 19 章
破解财富和时间的联姻

> 时间是你生命中的一枚硬币。这是你唯一的一枚硬币,只有你才能确定它如何花出去。你要注意不要让别人替你花掉它。
>
> 卡尔·桑德堡(Carl Sandburg)

工业化的财富:与时间分道扬镳

我第一次尝到快车道甜头是在 20 多岁的时候,那时候我正在经历生命中最糟糕的一个月:我的人际关系变得越来越糟,健康状况也每况愈下,这两件坏事混合成致命的毒药,对我的生意造成了严重的一击。我大部分时间都是躺在床上空对百叶窗,或是收看电视剧《法官朱迪》,那段时间我尝尽了苦头。在那段麻烦不断的日子里,我不得不兑现了我的快车道彩票。事实上,我付出了高昂的代价。

尽管我的生活被"判处死刑",但是我的收入却在持续增长。是的,确实在增长,没有因为我的原因而停止增长。我怎么会这么幸运?因为我的时间可以自由支配。几年前,我就打破了"我的时间要用于赚钱"的格局。这让我逃脱了慢车道公式的束缚,有机会在快车道上驰骋。

一旦你的财富预设了无法控制的因素，或者潜伏着隐含的限制，你就不可能快速前进。你无力控制它，因为受到时间的控制；你无力控制它，因为受到老板的控制；你无力控制它，因为受到股票市场的控制。我是如何逃脱这些被社会认定是完美的控制的呢？我不再用我的时间来赚钱（体力劳动），我把它变成了一个工业化生产财富的商业系统。它完全依据我的情况和时间为我工作，而不是和我唱反调。我的商业系统用时间通道来赚钱，而我的时间却被置换出来了。这就像是一棵摇钱树，它不关心我在做什么。不管我在看《杰瑞·史宾格》（Jerry Springer）脱口秀还是在牙买加滑雪，它本身就是一个充满活力的实体，忠实地为我赚钱。我的系统是一个替代品，它在用自己的时间完成交易。我拥有我的时间，而不再是时间拥有我。

被动收入：退休圣杯

在赚钱的圈子里有一个流行语叫作"被动收入"，意思就是不必工作就能获得收入。就好像虽然退休了，每个月还是能准时收到钱，甚至都不用动一下手指。被动收入是与慢车道固有的"为钱而工作"思维的成功决裂。被动收入的优点在于它不在乎你是20岁还是80岁。如果你的月收入超过了你的生活方式所需的费用，那么你就可以退休了！

快车道路线图有两个目的：一是为你设计能创造超过你的开支以及期望生活方式的收入流；二是使你实现财务自由。它不关心你的年龄多大。

摇钱树思维——打破时间观念

我的妈妈让我相信了一个事实——钱不会从树上长出来。然而，她错了。如果你拥有一棵摇钱树，钱确实会从树上长出来。如果你知道从哪里弄到种子,你也会拥有一个摇钱树。摇钱树是靠自己就能生存的商业系统。他们需要定期的支持和培育,但生存却要靠它们自己,它会替你完成时间换金钱的交易。

几年前,我在拉斯维加斯赌博,损失了近2 000美元。我灰溜溜地回到酒店房间,却并不因为输了2 000美元而烦恼。因为在那一天,我的摇钱树,也就是我创建的互联网公司为我赚了6 000美元。在我赌博(或睡觉、游泳、吃饭)的时候,茂盛的摇钱树结出了丰硕的果实。

摇钱树是一种商业系统,它是快车道路线图中的主要街道。摇钱树在你"正式"退休前为你创造出被动收入流。是的,你可以在真正退休之前就体验到退休和财务自由的生活。这就类似于你不用乘坐9小时的飞机,却能在南太平洋度假。

摇钱树的幼苗:一个快车道业务

不是所有的生意都是快车道,许多生意无法转换成摇钱树。受到那些专家和生活导师的影响,想要成为企业家被误导为"成为自己的老板",或者"做你喜欢做的事情",其结果是不得不低头成为生意的奴役,这和签约一份工作并无不同。

姬莉安(Jillian)的梦想是自己做老板。在华尔街工作了13年后,姬莉安辞去财务顾问的工作,加盟了一家著名的熟食店。她拿出自己401K保险的一半用于支付特许经营费和起步资金。3个月后,她的生意步入轨道,她希望能实现她的梦想。但姬莉安发现她的梦想不过是一场噩梦。每周工作7天,每天超长时间工作,经常处理和品牌特许商之间的纠纷,两年下来她耗得精疲力竭。她的利润被特许经营费蚕食得所剩无几,她的熟食店根本无力雇人来打理。她觉得自己被困在用时间换美元的僵局中。虽然她的生意每年能赚得9万美元的利润，但是姬莉安根本没有自由时间来享受自己的劳动成果。她可以付6万美元聘人打理她的生意，这样她就可以有自由的时间。但她知道，每年3万美元她将无法生存下去，她觉得她的业务陷入困境。4年后，她将业务挂牌转让，重新找了一个朝九晚五的舒适工作。

太多的人在荒芜贫瘠的土壤中播撒生意的种子，可是那里是无法长出摇钱树的，那样的土壤只是一条依靠消耗时间和金钱的慢车道，只能长出干枯的树枝。

5种快车道的种苗生意

有5种生意的苗木可以成长为摇钱树。请注意，这不是绝对的，它们彼此间也杂交繁殖。每一个系统都有一个等级，它决定了被动性的级别。等级越高意味着被动性越高，但其收入不一定越高。

- 租赁系统。
- 计算机/软件系统。
- 内容系统。
- 分销系统。
- 人力资源系统。

种苗1：租赁系统（被动等级：A）

房地产就是一个"租赁系统"。我认为房地产的摇钱树是百万富翁快车道1.0或者财富1.0。它虽然是陈旧的道路，但仍然是通往财富的一条有效道路。例如，我拥有一个单间可供出租，并且遇到一个好租客。我即便生活在月球上，每个月都会得到一张电子支票，因为我的时间与收入是完全分离的。房地产是一个财富1.0完美的例子，因为房地产就是它自己的系统。这个系统的被动性是95%。

随着时间的流逝，房客用他们的财产来支付租金。不管是单间、公寓楼、还是大型的商业办公楼，房地产一直是摇钱树种苗的默认选项。此外，房地产还是一种可以被操纵的资产，其价值是可以增值的。增值资产（资产价值）是快车道财富公式的基石。

不想涉足房地产？没有问题。租赁系统不光只有房地产业务。租赁系统可以来自非房地产导向型的其他各种来源。租约、特许使用费和许可是其他形式的"租赁制度"，它们每月可产生重复性的收入。例如，当你拥有音乐收藏的版权时，公司必须向你支付音乐使用费。这个著作可能在几十年前就被创作出来了，但它至今仍然会产生专利权使用费。

同样地，如果你发明了一项专利，将产品许可授权给其他公司，你就可以从许可费中获得收入。你的发明专利一旦被成功注册，它的收入就不受你的时间的束缚。摄影师可以通过授权别人使用他们的照片赚取许可收入。漫画家可以授权给艺术书籍作者和报纸出版商。一幅漫画的创作也许在几年前就完成了，但它能持续地为原创作者带来版权收入。租赁系统是强大的摇钱树，因为它们具有较高的被动级别和生存时间。

种苗2：计算机/软件系统（被动等级：A-）

我的首选系统是计算机和软件系统，包括互联网。毋庸置疑，与其他道路相比，互联网已经铺平了通往百万富翁的道路。事实上，据统计互联网在过去5年里造就的百万富翁比过去50年的总和还要多。是什么使互联网和计算机系统如此强大？

电脑是神奇的发明，是摇钱树的良种。它们一天工作24小时，每周7天，而且从不抱怨工作条件。它们不需要你支付薪水，也从不抱怨懒惰的琼或者整日穿同样衬衫的鲍勃。电脑从来不会迟到，也绝不要求加薪，它们也不在乎你刚刚买了一辆新的S级奔驰汽车。它们只是全力按照程序去运行，而且直到做完为止。

是什么让互联网拥有仅次于房地产行业的隐含杠杆？当你拥有一家网站时，其访问量可以超过数百万。而当你在榆树街拥有一套三居室的房子时，它的访问量可能是寥寥数人。这种二元性使得互联网系统成为最好的商业种苗之一。

此外，计算机系统不限于互联网，也可以是软件或应用程序。全球最富有的人大都是软件业亿万富翁，像微软的比尔·盖茨（Bill Gates）和甲骨文的拉里·埃里森（Larry Ellison）。软件享有丰厚的利润，因为它很容易被复制。一旦代码写好之后，它就完成了。你可以很容易地卖出成千上万套。但你能轻松地复制一座办公大楼吗？你不能。

软件的百万富翁可以是"普通人"。脸书（Facebook）和苹果（iPhone）的应用程序开发者赚钱都非常快。尼古拉斯是一个iPhone应用程序的开发者，他在一个月之内靠开发一个iPhone游戏，就获得了60万美元的投资。在电话采访中，尼古拉斯说如果第一年结束时他就成为百万富翁，他是不会感到惊讶的。是的，尼古拉斯在慢车道中徘徊观望，干着一份美差，拿出一些钱投资到他的401K保险，不可思议的是，他突然发现自己已经置身于快车道中。当然，尼古拉斯的快车道并不是一帆风顺的。在太阳公司（Sun Micro Systems）担任工程师期间，他曾每天工作8小时，且下班后依然钻研他的应用程序，一只手抱着一岁的儿子，另一只手在写程序代码。他是如何学会编写应用程序的呢？尼古拉斯买不起书，所以他全靠在网站上自学。嗯，你是否感受到了结果背后的过程？当软件上架到强大的分销系统后，被大量复制，一声不响地跨越到被动产生收入的行列。

种苗3：内容系统（被动等级：B+）

内容系统就是信息系统。这些信息可以整合到各种其他系统，如互联网和物理分销系统。这本书就是一个内容系统，我可以有效地通过其他渠道，如互联网或图书经销商进行销售。

第19章 破解财富和时间的联姻

在传统的财富观念里，拥有致富经的内容就意味着你已经是一个报业大亨、杂志出版商或成功的作家。你可以控制新闻，也可以分配内容。而信息，如软件，往往具有易于复制的特点。我能印1 000万本书，但我永远不会拥有1 000万个房地产项目。像软件工程师一样，世界上许多富有的人都是成功的作家。

在短短的几年中，罗琳（JK Rowling）——哈利·波特（*Harry Potter*）品牌的所有者，从一个32岁的离婚英语老师一跃成为财富超4亿美元的传媒大亨。这个单身妈妈已经卖出了3 000多万本用35种不同语言出版的书籍。我想她没有想过这个借口，"我是一个单亲妈妈，我没有时间。"罗琳回忆说，她一生中最幸福的不是她获得了百万美元的财富，而是她可以全职进行写作。

同样，丹·布朗（Dan Brown）的《达·芬奇密码》（*DaVinci Code*）已经售出51种语言版本，发行超过8 000万册。毫无疑问，如果你能卖出8 000万件任何东西，你一定会是个非常富有的人。

内容发布的最新趋势是与计算机系统相结合。博客、社交网络、电子图书、网络杂志都为最新的计算机系统和内容分销提供服务。事实上，这种新的组合非常强大，它正在驱使许多固定模型的传统业务淡出人们的视野。报纸和杂志在未来的10年里将会面临变革。巨大的变革造就了许多百万富翁。那些一直观察和利用这种变革的人将是新的百万富翁和亿万富翁。

内容还促使时间延长。这本书我可能已经花了几年的时间去写，但是它也生存了几年。如果从现在开始有人买断这本书5年，我会因为在几年前就一次性投资时间而小赚一把。内容是一种畅销的资产，可以重复销售，每一次销售中，时间有效成本会下降，而每小时的收益率会扩大。

种苗4：分销系统（被动等级：B）

分销系统是一种组织或者机构用来将产品转移到消费者手中的

系统。它可以与其他种苗（如内容和计算机系统）组合使用。

如果你发明和制造出了一个新产品，并在QVC公司的电视购物中出售，你就是在利用分销系统。如果你通过电视购物在凌晨2点销售产品，你也是在利用分销系统。如果你把你的产品卖给4个批发商，或者把它卖给像沃尔玛和塔吉特集团（Target）这样的零售商，你也是在利用分销系统。

对于发明的任何产品，发明仅仅是打响一半的战役，而分销是另一半战役。世界上最伟大的产品如果没有利用适当的分销系统，就是无用的产品，无论这个系统是现成的，还是由你自己创建的。

亚马逊是我使用过的一个分销系统。这本书在亚马逊上销售，数百万人可以看到它。然而，一本书在亚马逊上架并不代表就拥有了潜在销售，这就像一辆1 000马力的汽车锁在车库里。我的工作是启动引擎，驱动分销系统的动力。

iPhone开发人员利用苹果的"应用程序商店"来销售他的软件。这是他的分销系统。没有了这个分销系统，他就卖不出软件。

分销是将产品送达消费者手中的一种手段。有些系统比其他的要好，当它参与到分销，一切都要取决于控制结构。如果你创建了一家网络营销公司来推销你的维生素新产品，你就创建了一个强大的分销网络，就能赚到几百万美元。如果你入驻到一家网络营销公司，你就像是分销系统中一个备选的齿轮。

特许经营和连锁经营是另一种有效的分销形式。当一家概念店成功地品牌化和系统化，它就可以被复制并出售给其他人。精明的快车道企业家认识到，一家成功的当地企业其操作能力很薄弱，但是通过特许经营或连锁经营，其操作能力就会变得十分强大。这听起来是不是很熟悉？星巴克就是这样做的，它已经成为世界上最大的咖啡连锁店。

还有一些餐厅也在加盟连锁店和特许经营店。乳品皇后（DQ）和麦当劳既有连锁店也有特许经营店。如果你的企业规模有限，可以考虑加入连锁店或特许经营店。如果你只有一辆热狗外卖车，在一个固定的地方卖货，你是没有控制力的。如果你拥有500辆热狗外卖车，并在500个地点授权给500个人经营，这时候杠杆作用就应运而生。快车道财富公式有着强大的能量。

种苗5：人力资源系统（被动评级：C）

亚马逊是一个由计算机系统支撑并由人力资源系统运营的分销系统。人力资源是最昂贵和复杂的运行系统。人力资源是不可预测的、昂贵的、难以控制的。你可以问任何一家人力资源公司的老板，他是如何解决让员工开心工作的难题的。

我也彷徨在如何与自己公司员工相处的十字路口上。我既要承担互联网技术过时的危险，还要雇用两个以上的新人进入公司将业务提升到一个新的水平。由于我的生意80%已经是被动收入了，增加员工会削弱企业的被动性，因为员工需要管理。在一定程度上，即使是管理者也需要管理。

还有其他的替代办法，就是让公司按照自动驾驶模式行驶，随着年深日久眼看着它降低性能（网络公司需要不断地改造），直至坚持己见并返回到"初创"模式，或者将它出售。在对各种选项进行评估后，我选择了出售。就我而言，增加人力资源就会减少被动性。而我需要雇用更多的人去赚更多的钱，因为我不愿意放弃我的自由时间。

在卖掉公司的一年后，我对经营机场附近的一个停车场的可行性进行了研究。本地游客前往凤凰城机场时，可以代他们在邻近的停车场泊车，或者到机场接送。总的来说，这是一个出租系统。人们会花钱去停车，而我每天会从每一辆停在此处的车中赚取费用。它类似于互联网，是7天×24小时运行的，并随着时间的流逝产生收入。这是一个具有高潜力被动性的绝妙想法。我在机场附近找到了可以出售的土地，计划非常顺利。我开始做财务预算、运行分析和可行性方案，研究如何能将这一业务变成现实。

财务分析揭示了一些重要的东西。虽然这个商业模式确实是一个"租赁系统",但这项业务本身是一个"人力资源系统"。要想使这个想法成为一项成功的业务,至少需要 24 名员工。这无疑给我泼了一盆冷水,于是我放弃了这个业务。我不愿意承担人力资源系统交易被动性的风险,因为那是不可预测和难以管理的。

有位快车道社区的成员拥有一些储存的设施,她的生意主要来自租赁系统。人们花钱来储存垃圾,而她每月定期得到收入。你可以认为她的设施就是一个人力资源系统,有经理、物业助理,但其实它不是。她的系统的特征是有许多台自动售货机,每台机器都被一个计算机系统控制并运行。这确保了她的业务有 85% 以上是被动收入。移除自动售货机,增加人力资源系统,被动收入就会相应下降。

这是否表明,人力资源系统是一个通向被动性的管道系统?这要视情况而定。首先,你的业务被动性的现有程度如何?如果你拥有一家咖啡店,每周工作 80 小时,你就没有任何被动性。一个总经理(人力资源系统)能够至少将被动性提高 40%。在我的业务体系中,我将被动性控制在 85% 左右,增加任何人力资源系统只会让被动性降低。

人力资源系统可以增加被动性也可以侵蚀被动性。好员工会培育出摇钱树,而糟糕的员工会摘下摇钱树果实。然而,别让它的缺点吓倒你。如果你想赚取数百万美元或数十亿美元,人力资源系统是不可缺失的,因为你不可能自己做所有的事情。

本章小结:助你踏上快车道

※ 让自己和"时间换金钱"的慢车道交易分道扬镳,你需要成为生产者,具体来说,就是企业的股东。

※ 业务系统会打破"时间和金钱"之间的联盟关系,因为业务系统会扮演你的时间交易代理人角色。

第19章 破解财富和时间的联姻

- ※ 如果你的被动收入超过你所需的一切费用,你就可以退休了。
- ※ 退休可以发生在任何年龄。
- ※ 摇钱树上的果实是被动收入。
- ※ 快车道的目的是创建一个商业系统,让时间持久存活,而让你和你的时间分离开来。
- ※ 5种摇钱树的幼苗分别是租赁系统、计算机/软件系统、内容系统、分销系统和人力资源系统。
- ※ 房地产、许可和专利都是租赁系统的例子。
- ※ 互联网和软件企业都是计算机系统的例子。
- ※ 写作、博客和杂志是内容系统的例子。
- ※ 特许经营、连锁、网络营销和电视购物是分销系统的例子。
- ※ 人力资源系统既可以增加被动收入,也可以减少被动收入。
- ※ 人力资源系统管理和实施的代价非常高。

第 20 章
招募你的自由战士

| 富人统治穷人，债务人是债权人的奴隶。|

富人的财富怎样暴涨

我开过几年豪华轿车接送客户，所以我听到过很多事情。我记得有个人叫作加里（Gary），他是一个 20 岁左右的年轻客户，他一个月要向我们预订好几次豪华轿车专车服务，接送他去酒店赴宴。奇怪的是，这家伙从来不在星期五或星期六雇用我们，他都是在工作日租用豪华轿车，他生活的每一天都是周末。一旦他雇用我们，我知道这将是一个整夜漫长的租期，利润会非常可观，因为他给的小费通常都很惊人。

我十分好奇，便问我的老板："加里是做什么工作的？"他告诉我，加里不用工作，他刚刚以几百万美元的价格卖掉了他的管理公司。哇哦！这家伙可能比我大不了多少岁，他已经退休了，如此夸张地生活！接下来在我开车接送他的时候，我偷听到他的谈话，希望能够窥探到财富秘籍。我还真听到了一些。有一次，我听到了他与俱乐部搭档的谈话，加里醉醺醺地说："感谢那些市政债券和国债，我这一辈子再也不用上班了。"财富难题的另一部分也终于解决了。

你自己就拥有最佳的被动收入

在前一章中，我没有提及最好的摇钱树幼苗。我省略了它，因为它不是真正的业务幼苗，但是它是你已经拥有的种子。不管你是破产了，还是在从事一个没有尽头的工作，甚至你没有什么生意可做，但是你却已经拥有了最优质的摇钱树种子。

猜猜看，那是什么？房地产？互联网企业？网络营销公司？发明证书？这些统统不是！最好的摇钱树恰恰来自你的口袋——优质而又古老的美元。没错，就是钱。金钱本身是最好的摇钱树。

钱是如何成为被动收入的？如果你有很多钱，你就拥有了从消费者升级为生产者的钥匙。具体而言，你就从债务人变为债权人，从雇员变为雇主，从消费者变为股东。换句话说，人们使用你的钱，以利息或者所有权的形式向你付款作为回报。

例如，让我们来研究一下利息，这是一种因借钱给别人而得到的费用。现阶段，你可能不是赚取利息的人，而是支付利息的人。有人借钱给你，你拿自己的房产作为抵押，同时作为回报你以现金的形式向对方支付利息。那个利息对于别人来说就是利润或收入。

成为一个债权人听起来很复杂，其实一点也不复杂。任何时候你在银行存入一笔钱，你就是一个债权人。无论何时你购买市政债券，直接或者间接地投资共同基金，你就是一个债权人。作为一个债权人，你不管理贷款，你所做的只是等待收钱。这是极易做到的，也是极好的被动收入。我那个豪华轿车的客户加里，就是一名一生从不用工作的债权人。

储蓄者成了债权人、股东和生产者

有一天我从电台听到一个自称为理财大师的人做的广告："储蓄

者就是输家!"我简直不敢相信自己的耳朵。储蓄者是输家?那谁是赢家?难道是按照你的建议,冒着借款几百万元的风险去投资房地产的人吗?储蓄者不是输家。储蓄者是赢家,因为他们最终都成为债权人、公司的股东或者生产者,并创造资产。

打开你的钱包,看看里面的钱。1美元买不到什么东西,但它是一个被动收入的萌芽。1美元能给你的生活提供一个很小的被动收入。是的,对于生活来说,1美元创造的被动收入的购买能力有限,但这体现了它隐含在金钱背后的基因——完全是被动的收入。

就因为这个简单的事实,我在30多岁时就退休了。我是一个债权人,当你有很多钱可以出借的时候,你的生活就是自由的,因为你每个月都会收到被动收入。如果你有1 000万美元可以借出,哪怕利息仅仅是5%,你每个月都会收到41 666美元的被动收入。当利息是8%的时候,你每个月的被动收入就是66 666美元。每月6万美元以上!都不用动用本金,你便可以这样生活好几年,而仍然有1 000万美元的余额!

想象一下,你每个月打开你的邮箱时,看到4万美元的电子支票,而你不用做任何事就能得到它。你每个月都能赚4万美元,还会有什么麻烦吗?我敢打赌你一定能。不切实际吗?完全不会!我的这种生活方式就是这样。即使处在目前这样低利率的环境下,去除税金,我也可以获得4%~6%的安全投资收益率。虽然大多数人都想加息,但我还是喜欢当前的低利率水平。我的收入也会提高。只要1%的加息,我每月就能多得到几千美元的收入。而且,由于通货膨胀率与利率是同步的,我的收入有一个防御通货膨胀的因素。如果通货膨胀率上升,那么利率也会相应增加。

那么,如何让这成为现实呢?我通过我的互联网公司(一个摇钱树种苗的业务)创造了一个被动收入流,这成为我被动收入系统的贷款来源。我的互联网业务85%是被动收入(是的,我每周还需要工作几小时），我放贷的被动性是99.5%。我几乎不用做什么，钱就会准时到达。

我不再用时间来赚钱，而是把时间投入到一个独立的系统中，使它能够满足资金的被动性，同时也能资助我的金钱系统运转起来。它能满足双重的被动收入要求，既有短期收益又能满足长效目标。

积累你的自由战士

你每存储1美元都是在为你的军队积累一个自由战士。如果你的钱在为你作战，那么你的时间就是自由的，你就打破了"用时间换金钱"的格局。

钱就是你的军队。你拥有的钱越多，它们为你争取到的自由就越多。走慢车道的人其精力专注于财富公式中消费的变量，其实他们更应该去关注收入的变量。收入是扩充你军队中自由战士的关键。你用不着招募一个庞大的军队在汽车沙龙中详细介绍你的汽车。

我指的并不只是美元，而是所有以美元计价的国际资产。在我写这本书的时候，我的许多收入来自非美元国家的货币资产，其升值和收益幅度都要比美元资产高。走快车道的人通常放眼全球，而非只看本地业务。

美元对你而言代表着什么？是一个让你每星期五在高级俱乐部享受整瓶服务的机制吗？还是你的摇钱树种子？或者是你的自由战士？要让钱为你战斗，而不是你为钱战斗。

走快车道的人如何利用复利

讲到慢车道时，我曾经抨击过复利，将其看作无能的财富增长工具，因为它具备时间属性。慢车道的拥趸看到我的断言后会怒不可遏，恨不得将我钉在十字架上，因为他们认为挞伐复利是在亵渎财富的神圣殿堂。但我也说过，当你拥有大笔的钱可以操作的时候，复利就是一个强大的被动收入发动机。这前后矛盾吗？正如教育一样，走快车道的人和走慢车道的人操作复利，必然是截然不同的结果。走慢车道的人（中产阶级）利用复利致富，而走快车道的人（富人）用它来创造收入和流动性。走慢车道的人以 5 美元起步，而走快车道的人从几百万美元起步。

我用复利来支付我的账单。这是我的工具，是我的被动收入来源。然而，复利却不对我的财富负责，这一点至关重要。走快车道的人从不使用复利积累财富，因为那不是他们的财富公式。他们将创造财富的重任留给快车道业务。

当一个富有的政治家或公众人物出场并透露自己的财务状况时，请注意一下他们有一个共同的主题。他们的财富来源是商业业务，而他们的流动资金则是和固定收入的证券绑定在一起的，如市政债券、国债以及其他高流动性和高安全性的证券。富人从不利用证券投资创造财富，他们用可以调节的商业资产增加财富。记住，那个 25 岁的富翁通过投资共同基金而发财永远是一个童话故事。百万富翁们是操作资本市场的人！他们是生产者！

如何真正利用复利

你是愿意立即拥有 500 万美元呢，还是愿意以 1 美分开始每天翻 2 倍，连续翻倍 40 天呢？答案是显而易见的，你会选择立即拥有 500 万美元。但这是一个严重的错误。现在拿到 500 万美元，你就等于放弃了将近 55 亿美元。没错，是 55 亿美元。表 20.1 体现了翻倍的力量。

表 20.1　1 美分的复利（随天数变化）

天数	金额（美元）	天数	金额（美元）
1	0.01	21	10 485.76
2	0.02	22	20 971.52
3	0.04	23	41 943.04
4	0.08	24	83 886.08
5	0.16	25	167 772.16
6	0.32	26	335 544.32
7	0.64	27	671 088.64
8	1.28	28	1 342 177.28
9	2.56	29	2 684 354.56
10	5.12	30	5 368 709.12
11	10.24	31	10 737 418.24
12	20.48	32	21 474 836.48
13	40.96	33	42 949 672.96
14	81.92	34	85 899 345.92
15	163.84	35	171 798 691.84
16	327.68	36	343 597 383.68
17	655.36	37	687 194 767.36
18	1 310.72	38	13 74 389 534.72
19	2 621.44	39	2 748 779 069.44
20	5 242.88	40	5 497 558 138.88

现在我们把表 20.1 换成另一张表，用年龄来代替天数，将第 1 天换成 21 岁。

表20.2　1美分的复利（随年龄变化）

年龄	金额（美元）	年龄	金额（美元）
21 岁	0.01	41 岁	10 485.76
22 岁	0.02	42 岁	20 971.52
23 岁	0.04	43 岁	41 943.04
24 岁	0.08	44 岁	83 886.08
25 岁	0.16	45 岁	167 772.16
26 岁	0.32	46 岁	335 544.32
27 岁	0.64	47 岁	671 088.64
28 岁	1.28	48 岁	1 342 177.28
29 岁	2.56	49 岁	2 684 354.56
30 岁	5.12	50 岁	5 368 709.12
31 岁	10.24	51 岁	10 737 418.24
32 岁	20.48	52 岁	21 474 836.48
33 岁	40.96	53 岁	42 949 672.96
34 岁	81.92	54 岁	85 899 345.92
35 岁	163.84	55 岁	171 798 691.84
36 岁	327.68	56 岁	343 597 383.68
37 岁	655.36	57 岁	687 194 767.36
38 岁	1 310.72	58 岁	1 374 389 534.72
39 岁	2 621.44	59 岁	2 748 779 069.44
40 岁	5 242.88	60 岁	5 497 558 138.88

转换后的表格反映的是一个走慢车道的人所走过的旅程，复利的功效直到人生暮年的时候才会发挥威力。在你五六十岁之前是拿不到大笔钱的，这个长年累月的回报率是100%，平均市场回报率为7%。可是即便是双倍增长，在你40岁时，你得到的钱还没到6 000

美元。这是走慢车道的人面临的困境：被囚禁在时间的牢笼里，收益率是无法控制的。

走快车道的人了解这个弱点，他们意识到只有在拥有大笔资金的情况下，复利这个武器才是最有效的。要想让复利有效，你必须绕过前30年，因为这30年几乎是没有用的，只有过了这个期限复利才是高效的，如表20.3所示。

表20.3 1美分复利的分析

年龄	金额	年龄	金额
21岁	0.01	41岁	10 485.76
22岁	0.02	42岁	20 971.52
23岁	0.04	43岁	41 943.04
24岁	0.08	44岁	83 886.08
25岁	0.16	45岁	167 772.16
26岁	0.32	46岁	335 544.32
27岁	0.64	47岁	671 088.64
28岁	1.28	48岁	1 342 177.28
29岁	2.56	49岁	2 684 354.56
30岁	5.12	50岁	5 368 709.12
31岁	10.24	51岁	10 737 418.24
32岁	20.48	52岁	21 474 836.48
33岁	40.96	53岁	42 949 672.96
34岁	81.92	54岁	85 899 345.92
35岁	163.84	55岁	171 798 691.84
36岁	327.68	56岁	343 597 383.68
37岁	655.36	57岁	687 194 767.36
38岁	1 310.72	58岁	1 374 389 534.72
39岁	2 621.44	59岁	2 748 779 069.44
40岁	5 242.88	60岁	5 497 558 138.88

你能跨过前30年从这里开始吗

复利的潮汐

复利就像远离海岸线的潮汐,直到它靠近海岸时,你才能感受到其强大的力量。当潮汐抵达海岸线后,其力量会异常强大。大部分走慢车道的人乘着复利的潮汐,漂泊在 100 万英里外的大海上。什么事情都不会发生,他们漫无目的地漂浮,无处可去。5 000 美元 10% 的利息不可能积攒下百万财富。每月从你的薪水中节省下 200 美元,3% 的储蓄利率不可能让你快速致富。你在海上就好像纹丝未动。

走快车道的人能够观察到海岸附近潮汐的力量,他们会设法在岸边迎接它。在岸边,潮汐会充满影响力。同样,驱动复利的力量也要在岸边才能开始,因此有大量的能量可以利用。1 000 万美元 10% 的利息,一年就是 100 万美元,每个月就是 8.3 万美元。挖掘复利的潜力要趁着波峰,而不是在 100 万英里外的海洋上。

表 20.3 的要点是,富人不使用复利来获得财富,而是用它来获取收入和流动性。每年 5% 的免税收益率,1 000 万美元每年就能创造出 50 万美元的被动收入。就像海边的潮汐,复利在获得大额资金后它的力量惊人,这是一个金钱完全转化成被动收入流的地方。至于你能否赚到 1 000 万美元,全凭快车道业务增长,即净收入加资产价值,不是费用支出,也不是股票市场的投资,更不是来自一份工作。

本章小结:助你踏上快车道

※ 存储的每 1 美元都是一粒摇钱树的种子。
※ 1 000 万美元哪怕只有 5% 的利息,一个月的被动收入也有 4 万美元。

※储蓄是最好的被动收入工具。

※走快车道的人（富人）不使用复利或者市场投资获得财富，而是用它来获取收入和流动性。

※每存储 1 美元都是在为你的军队积累一个自由战士。

※杠杆会把复利放大到极致，它们是专门用来撬动大额资金的。

※走快车道的人最终成为债权人。

第 21 章
真正的财富定律

> 与其努力成功，不如努力成为有价值的人。
>
> 　　　　　　　　　阿尔伯特·爱因斯坦

是影响力，不是吸引力

不可否认，数学是宇宙的超级语言。二加二等于四，1 000 万永远大于 24。这些皆是事实，不需要哲学理论解释。数学就是法则，而哲学不是法则。

如果你想变得富有，就要开始观察宇宙的真实规律——数学，而不是一些既无法证明，也没有记录的骗人戏法。围着篝火反复吟唱那些陈词滥调不会让你富有。当然，我对吸引力定律也有耳闻，它听上去挺高大上的，也早就有了实际应用。

对于那些不熟悉吸引力定律的人来说，这是一个神秘的理论，它表示你会想你所想，达你所思，总之你的意识和潜意识想法会梦幻成真。吸引力定律通俗来说，就是你想要什么，最终你就会得到什么。想着发财，你就会拥有财富！听起来就这么简单，不是吗？

我毫不隐瞒自己对吸引力定律拥趸的鄙视态度。我认为，把书卖给那些认为靠"思维"就能致富的人，听上去就是一堆精心编造的鬼话。事实上，吸引力定律不过是新瓶装旧酒，简单包装一下然后转售给大众消费者。谁是真正走快车道的人？吸引力定律的营销人员！

烤一块无糖蛋糕

为什么我花了这么长的时间写这本书,光是构思就花了两年?让我用吸引力定律来试着解释。我向上天要这本书,我敞开心扉,我看到了它,我甚至想象我的书陈列在书店的书架上。会发生什么?

什么事情都不会发生,什么都不会出现。上天不会帮我完成写作。事实上,不管我怎么苦思冥想这本书,它都不会自动出现。我得坐下来动笔去写。我的思想要与行动相一致,承诺做出一个选择,并将选择落实为大量的工作。

如果你是吸引力定律的粉丝,认为这种批评有些冒犯,我也无所谓。因为我写这本书不是为了交朋友,也不是为了成为一名积极的思想家而到处演讲。我写这本书就是为了告诉你应该怎么做才能致富。空想从来不会让任何人致富,除非将这种想法付诸实践。

可能有人认为我的成功是积极思考的结果,事实上,我觉得这是一种侮辱。我是一个现实主义者,能够理解人们都愿意选择阻力最小的路径。我并不讶异有关"吸引力定律"的书能卖出几百万本。那些承诺通过最简单的途径致富的书之所以卖得好,是因为人们天性选择阻力小的路径。致富故事好卖,但是致富过程是无法出售的。

是的,信念是改变的起点,想象力至关重要。如果你不相信你可以的话,那么结果往往也会如此。这不是新观点,它已经很陈旧了。虽然吸引力定律在工具箱中是一个很好的锤子,但它的缺陷是忽略了数学,忽略了财富背后真正的秘密,真正的秘密能超越所有的财富、所有的人、所有的文化和所有的道路,那就是影响力定律。

影响力定律:快车道精髓

影响力定律是说,不管在规模上还是在数量上,你在一个实体中影响的人越多，你获取的财富就越多。简单说就是，影响百万人就能赚到百万美元。

就在不久前，我写了一篇文章，标题为《赚百万美元》（Make Millions）。这是我写过的最短的文章。猜猜这篇文章有多长？一段？一两句话？都不是。这篇文章只有两个词：影响百万人（impact millions）。你能影响百万人，你就能成为百万富翁。没有比这更简单的说法了！

换句话说，你影响了多少人？有人从你的工作、资产和作品中获得收益了吗？你解决了什么问题？你对社会有什么价值？如果你在一家酒店做前台工作，你根本就没有太大的影响力，你的银行账户将反映出相同的事实。你拥有的金钱数量（或没有）直接体现你提供的价值。

影响力在于规模和等级

要想利用影响力定律，你的生意无论是在规模上还是在等级上都需要发挥影响力。在快车道的财富公式中，"规模"和"等级"是内置的"净利润"变量。

净利润＝销售单位（规模）×单位利润（等级）

规模常常通过财富公式中的利润变量体现在快车道路线图中，这也就是所谓的"销售单位"。如果你销售了2 000万支钢笔，每只赚75美分，你就赚了1 500万美元。这在规模上具有影响力，但是等级影响力却微乎其微。很显然，销售一支钢笔对任何人的生活不会产生重大影响。这个财富的决定因素是规模大小，而不是等级。

相反，等级的影响力会小一些，在快车道财富公式中以单位利润体现。价格总是反映等级的大小。如果你卖的是价值5 000万美元的产品，你就达到了数量级。例如，你拥有一幢公寓楼，有400个单位，每个单位获利 100 美元，你每月就可以收入 4 万美元。因为你是为 400 个家庭提供住房，你是在等级方面施加着巨大的影响力，而不是在规模方面。住房是有等级的。规模较小的活动具有更高的利润潜力。等级总是以项目价格的形式体现，等式如下：

高价值 = 高价格 = 高等级

如果你能把规模和等级结合起来，那就不是几百万美元，而是数十亿美元了。唐纳德·特朗普（Donald Trump）在规模和等级方面都有着重要的影响力，因此他的资产价值能达到几十亿美元。

规模造就百万富翁，等级也造就百万富翁。规模和等级相结合就会造就亿万富翁。

"一切向钱看"

不幸的是，"定律"一词仅代表概念，而不是真正的规律。吸引力定律不是一个规律，而是一个理论。"定律"一词是绝对的，它 100% 是靠时间来运转。当你从十层楼的窗户扔下一个西瓜时，由于地球重力的规律，西瓜必然掉到地上。这种结果的确定性是 100%。

不幸的是，积极思考和想象不能 100% 带来财富。信念和表现也不是绝对的，所以它们不能被归类为规律。然而，影响力定律是绝对的。

你向我提起任何一个白手起家的亿万富豪，我就会让你看到这个人一定是直接或者间接地影响过许多人，不管是在规模还是等级上。财富只有唯一正确的法则，那就是影响力。为什么？因为影响力源于数学，它的运作独立于任何路线图。

一个走慢车道的人可以使用影响力定律来逃避慢车道的约束。职业棒球运动员、演员等因为影响力巨大，其内在价值陡然上升。社会大众会在一瞬间察觉到他们的价值。虽然这些人仍然用时间交易金钱，但是他们的价值是普通人难以企及的。

例如，在过去的10年中，比尔·克林顿（Bill Clinton）的公开演讲收入就超过5 000万美元。虽然演讲是一项用时间换金钱的直接交易，但他的内在价值令人唏嘘，每小时也许超过10万美元。其巨额收入的背后是影响力定律，他向数以百万计的人演讲，并借此获得数百万美元的收入。

一个说唱歌手可以卖出几百万张唱片，获得数百万美元的收入；一个家庭主妇可以卖出上百万套厨房小工具，赚到几百万美元；一个彩票中奖者可以获得几百万美元，因为有数百万人在投注；沃巴克老爹（Daddy Warbucks）的儿子从他的父亲那里继承了数百万美元，因为沃巴克公司在向数百万人提供服务；一个整形外科医生赚了几百万美元，因为他的病人不计其数；一个体育明星的经纪人赚了数百万美元，因为他的客户为百万人提供服务。追溯百万富翁财富的来源，你会发现他们背后有无数的东西。

无论是直接还是间接，规模或等级的影响力总是优先于货币。你在生活中的影响力越高，无论是直接还是间接，你吸引到的财富就越多。

大财富跟随大数目

运动员就是一个影响力的完美例子。如果你打职业棒球，你的收入简直令人瞠目结舌。2009年，亚历克斯·罗德里格兹（Alex Rodriguez）签约了一个2.4亿美元的合同。原因何在？很简单，影响力定律便可解释。亚历克斯·罗德里格兹通过棒球向数以百万的球迷提供娱乐，他是在有效利用规模。对于任何一个专业的运动员，道理都是一样的。他们得到的报酬达数百万美元，因为他们为数百万的球迷提供娱乐。一个喜剧演员给数百万人带来欢笑，他的收入也超过数百万美元。大公司的总裁管理一个服务上百万人的公司，同时也获得了数百万美元的报酬。

第21章 真正的财富定律

再说一遍，这些都是利用影响力而获得内在价值。如果你想通过内在价值致富，你必须借助影响力定律的作用，站在一个可以影响数以百万的人的位置。要像一个运动员、明星或高级执行总裁那样，拥有不可替代的地位。

你不能像一个运动员那样拥有数以百万计的粉丝吗？那么你就直接找到这些人，为他们提供服务吧。举个例子，知名度很高的体育明星经纪人和运动员本人一样富有，因为他们和影响力定律有着间接的联系和接触。房地产经纪人通过打理富人的房产变得富有，因为他们间接地将自己和影响力定律连接在一起。影响力定律不在乎你用何种路线图、何时交易，不关乎其他任何东西，它只关乎数量的巨大。要么在小规模施加大等级的影响力，要么在小等级施加大规模的影响力。

- [等级] 乔拥有一家商业地产开发公司。他在商业公寓中开发了14套可供分割的写字间，其每售出一套写字间的利润是40万美元，即14套（等级）× 40万美元/套（规模）= 560万美元。
- [规模] 乔写了一本详细介绍明星饮食的书籍。他卖出了800万册，每本书赚7美元，其赚取的利润是和上例相同的数额，即560万美元。

你越有办法做大数字，你就越容易获得财富。为数百万人提供服务就能赚取数百万美元的财富。想得大，才能赚得多。

本章小结：助你踏上快车道

※ 影响力定律表明，你影响的人越多，无论是在规模还是等级上，你就越容易成为富人。

※ 规模相当于快车道财富公式中利润变量的"销售单位"，等级相当于快车

道财富公式中利润变量的"单位利润"。

※吸引力定律不是规律，而是一种理论。

※所有白手起家的富人都能够追溯到影响力定律。

※影响力定律是绝对的，它可以来自直接路径和控制（假如你是运动员），也可以来自间接路径（假如你是运动员的经纪人）。

※要想获得数百万美元的财富，你必须要为数百万人服务，或者为拥有超强等级的少部分人服务。

第6篇

获取财富的工具：
你自己

第 22 章
首先管好你自己

> 有果必有因,他们早就在春天就播下了种子。
>
> 亨利·戴维·梭罗

优先付钱给自己

要想在快车道成功,需要将车辆调试到最优状态,并随时准备启程。你就是实现财富的工具,你就是前进的机制,你负责开启你的旅程,因为这是属于你自己的旅程。

你肯定听说过优先付钱给自己的说法,它是慢车道行人的共同宣言,最初出现在乔治·克拉森(George Clason)于 1926 年出版的经典书籍《巴比伦富翁的理财圣经》(*The Richest Man in Babylon by George Clason*)中。这本书读起来很精彩,但从根本上说是存在缺陷的。

如果你不熟悉优先付钱给自己,那么我告诉你,它是一个慢车道的基本教义,它敦促你先存钱(支付自己)再做其他事——吃饭、加油、还车贷和其他账单。据称,这迫使走慢车道的人提高了他们的储蓄率,以加速其财富增长,即通过市场投资获得复利。

事实上,建议走慢车道的人优先付钱给自己,就像建议一个四肢瘫痪的人爬一段楼梯,这是徒劳无功的。如果你有一份工作,看看你最近一个月的薪水。你的应发工资和实发工资是一样的吗?当然不是,对于一些人来说,可能少了 35%。而且,即便是免税的

401K账户和个人退休账户等，也严重限制了你初期的财富积累，靠税前工资创造财富几乎是无法完成的任务。

如果你的主要收入来源于工作，你优先付钱给自己的能力会被削弱，因为政府才是需要被优先支付的对象！要想真正实现"优先付钱给自己"，你首先需要无限量地支付给自己，最后再支付给政府。你必须拥有自己的致富工具。

要想优先付钱给自己，你必须拥有自我

如果你不拥有自我，你就无法做到优先付钱给自己。你的致富工具（你自己）必须是自由的。当你有一份工作时，别人便控制着你。当别人拥有你的时候，你就不是被优先支付的对象，而是被最后支付的对象。

控制你致富工具的第一步就是拥有自己，这样你就可以真正地优先付钱给自己，最后再支付给政府。这是通过将你的工作变成自己控制的公司实现的。

公司是作为快车道工具存在的，因为它可以通过"优先付钱给自己"，而不是"最后付钱给自己"，马上给你带来税收优惠。当你拥有自己的公司之后，由于存在费用，净利润就会减少。剩余利润才需要向政府纳税。此外，公司将股东和所有者分离，不会占用你的时间。它是服务于你的业务系统的一个代理机构。

当你拥有一家公司的时候，每年要向政府支付4次税金，每季度都要支付预估的税额。如果你有工资单，你的税每次都是由你的雇主代缴的。我每年优先向自己支付365次，而向政府支付4次。这听起来像不像是一种既有利于"优先付钱给自己"，又有利于财富的架构呢？

如何拥有自己

和许多企业家一样，我犯了一个可怕的错误，就是把自己作为

企业的唯一所有者。我们要避免那些将公司架构设计为个人独资或合伙企业的建议。这些架构（个人独资或合伙企业）都是有风险的，因为它们不会保护你，你要用你的个人资产承担无限责任。如果你是一个水暖工，是一个个人独资的主体，你不小心将切管机留在客户的房子里，客户家里的小孩因它而亡，你猜会有什么结果？由于你选择了一个不受保护的经营主体，麻烦将接踵而至。他们会控告你，你所拥有的一切资产都将被追索，而他们并不会起诉公司。你的快车道业务的最佳结构如下：

- C 型公司
- S 型公司
- 有限责任公司

每个类别的公司都有其优缺点，但都有共同的好处，即只承担有限责任，税收上经济合算。

C 型公司

该类公司的业务结构特点是存续期长，容易转让。企业利润按企业所得税税率征税，净利润可以分配给股东。

一些 C 型公司的股东利用这一架构，实施"收入分割"策略。该策略是将收入划分为所有者收入和业务收入，从而有效降低这两部分的赋税，对高额收入只选定其中的一个。当然，这本书并不讨论企业避税策略与公司设立形式，我们只将它作为快车道业务的一个可控的组成部分。

虽然公司和它们的所有者都需要纳税（营业利润和股息税），但是对于大公司和采用"资产增长"战略的公司来说，这样做是非常有利的。换句话说，如果你不打算分配利润，专注于用净利润提升"资产价值"，C 型公司就符合你的要求。公开上市的公司大部分都是 C 型公司，它们不向股东派发股息，而只是增加收入和资产价值。

S 型公司

S 型公司和 C 型公司一样，但它不作为一个单独的实体征税。一旦被认定为"过手"实体，在企业层面是不征收税收的。但在个人层面，则反映为股东的个人所得税返还。S 型公司也有一些税收优惠，其利润不用像独资企业那样承受高额的自雇税。然而，与 C 型公司可以有无限多的股东不同的是，S 型公司的股东人数上限是 100 人，并且要求提供额外的文件。

有限责任公司

有限责任公司（LLC）就是一个具有类似于合伙企业或独资企业优势的公司。有限责任公司的利润要分配给其所有者，即合伙人，并反映在他们的个人所得税中。有限责任公司也被认为是"过手"实体，因为利润直接分配给股东。就业务合作而言，有限责任公司或 S 型公司是总体合伙企业的推荐架构，它不需要提供负债保护。

对于小型初创公司来说，我推荐采用有限责任公司或 S 型公司形式远离合伙企业和独资企业，因为它们要承担无限责任。创建一家公司并不像看上去那样可怕。根据你的情况，开一家公司的花费不会超过 1 000 美元。在亚利桑那州，开办一家公司甚至只需区区几百美元。

选择一个实体

选择一个实体取决于你的目标和你的业务愿景。下面的问题可以帮助你做出决定：

- 你的业务的退出策略是什么？上市，还是卖给私人投资者？
- 你的资产增长战略是什么？
- 在最坏的情况下，你的责任风险是什么？

- 你打算现在就筹集资金，还是等到将来？
- 你打算雇用员工吗？
- 你计划招募新的合作伙伴吗？
- 你打算快速赚钱吗？还是要等一阵子再说？

你的答案将决定你选择什么样的实体是最好的。在我的业务历程中，我一般采用 C 型公司和有限责任公司。最后，我申明我并不是一个会计师或律师，上述也并非专业的建议，所以，请咨询相关的人士确认（或反驳）我的建议。

本章小结：助你踏上快车道

※仅凭为别人打工做到"优先付钱给自己"是根本不可能的。

※拥有你的致富工具（你自己），开办一家公司，将管理者和所有者隔离开。你的公司就是你的商业代理架构。

※在快车道业务中，我们推荐的实体是 C 型公司、S 型公司或有限责任公司。

第 23 章
生活的方向盘

> 你的生活结果是由你的选择造成的,不管你是有意识还是无意识的。如果你能控制选择的过程,你就能控制你生活中的方方面面。你会发现自由其实就来自掌控你自己。
>
> 罗伯特·班尼特(Robert F. Bennett)

贫穷的主要原因

贫穷是什么原因造成的?当然了,就是因为缺钱!但这是原因还是基本问题的症状呢?是缺乏教育吗?还是缺乏机会、缺乏积极的榜样或决心?不,这些都是症状。如果你追溯贫穷的源头,你会发现,贫穷的来源都是出自"选择"。错误的选择是导致贫困的主要原因。

问题的核心

随着收入的提高,我的胆固醇水平也在攀升。优质的生活道路将我带到了暴饮暴食的悬崖。医生给我的首选治疗方法是处方药。我拒绝了,因为我是想解决问题,而不是掩盖症状。

如果你对待财富的方式像一个大型制药公司和治疗症状的处方,而忽略真正的问题,你就不会成功。感觉累吗?服用这个药吧。想减肥吗？请服用另一丸。当症状阶段性地消除后，问题也就被忽视了。我拒绝胆固醇药，因为它只解决了症状，而没有真正解决问题。真正的问题是不良饮食，而胆固醇只是症状。

如果你的汽车油箱有点漏油，你会怎样修理它？从处理症状入手的解决方案是继续旅行，将车开到加油站，这样能确保加满燃料。从解决问题角度入手的解决方案是堵塞这个漏洞。一个是处理症状（油箱泄漏），而另一个是解决问题（油箱有一个洞）。用添加燃料的方式处理症状，是解决不了问题的。当停止处理时，问题依然存在。这跟成功和选择有什么关系呢？道理很简单，如果你没有到过你想去的地方，问题就出在你的选择。你所处的情况会影响你的选择。例如，每个人都喜欢关于成功的名言。下面是两个名言：

- 是否具有持之以恒的意志往往决定了失败还是成功。
- 成功意味着你有勇气、决心和意志去成为你想成为的人。

这些名言的问题是它们没有鲜明的观点。对于现实问题，它们是模棱两可的，而现实中需要做出选择。第一句话是讲坚持不懈的。你怎么坚持？你的反应是做出有意识的选择。岂止是一个选择，可能会有上百次选择，也许还有上千次。你不可能坚持一个选择。你不可能在某一天醒来后说："哦，今天我会选择坚持！"你必须每天都坚持，而不仅仅是一次！坚持不懈是经过许多次的选择才铸就而成的，最终会影响到你的生活方式。如果试了两次以后，你就放弃了，这是坚持吗？经历一次失败之后，你还能不能做到坚持不懈？

同样，第二个名言也面临同样的难题。决心不是一个单次的选择，而是数以千计的选择。你无法决定是不是有决心，你要不断地选择、协调，并做出承诺。

因此，快车道的成功绝不是只有一个选择。它是数百次选择积累的结果。当你面临一系列的选择时，选择就创造你的过程，过程就创造你的生活方式。生活方式的选择会决定你成为什么人。

你的生活方向盘

你的选择点燃未来生活的火焰。你的生活是由你不断积累的选择结果决定的，可能要历经上百万次的选择，它们由你自己设定。你的行为和反应，如相信、怀疑、理解、误解和一切塑造了你的存在。如果你对生活不满意，那么你的选择就要承担全部责任。去责怪你自己和你所做的选择吧。你的今天就是你选择的结果。

我用了 26 年的时间和经历了种种坎坷，理解了我的选择造成的影响。暴风雪阻塞了我的车，但我待在那里，是因为我选择了它。我选择了得到一份工作，我选择了低租金的业务，我选择继续生活在芝加哥，我选择了大学毕业后不去企业，我选择了我的朋友，我选择了我的商业追求。我选择了所有的一切，每次选择的那一刻重新安排了我的生活。我终于醒悟过来了，我就是我生命的掌舵者，我所有的问题都是我选择的后果，是我把自己推到了那里！

无论你在哪里看这本书，在火车上、在飞机上、在卫生间里、在一个破败的公寓中，或者在加勒比海的海滩上，这都是你选择的。我并没有强迫你读。这是你自己的选择。是的，你要怎样都是你自己的决定。如果你不快乐，你就需要重新做更好的选择。

选择富裕还是选择贫穷

想拥有财富和选择财富之间有着很大的不同。你可以选择人行道、慢车道或者快车道；你可以选择更具宏伟目标的生活，也可以让生活来选择你；你可以选择相信这些理论；也可以选择不相信。在这里起到决定性作用的就是你。

你的方向盘（选择）是你生命中最强大的控制力。我为什么憎恨慢车道？因为它否定选择，并将它交给别人——公司、老板、股票市场、经济环境和其他主体。

没有人愿意选择贫穷。他们之所以变得贫穷，是因为他们做出了错误的决定，结果慢慢地将自己陷入贫穷的泥潭。回溯一下贫穷的源头，你会发现，它是缓慢地、系统地、有条不紊地和稳定地被错误的选择引领。

- 选择在考试或学习的时候作弊。
- 选择在上大学的时候挥霍，因为你的父母在供养你。
- 选择说谎而不是诚实。
- 选择驾驶没有保险的车辆。
- 选择坏人做朋友。
- 选择看电视或读一本书。
- 选择以每小时169千米的速度在最高时速90千米的限行区域行驶。
- 选择抢劫巷口的便利店。
- 选择暴饮暴食或酗酒。
- 选择相信没有历史记录的人。
- 选择欺骗身边很重要的人。
- 选择用信用卡买东西。
- 选择每个周末都去放纵自己。
- 选择不考察资质背景就敲定供应商。
- 选择每周玩电子游戏超过30小时。
- 选择在认识后的4周内结婚。
- 选择与不称职的合作伙伴开办公司。

通往叛逆的道路永远是开放的

我一直很喜欢街头飙车，因为拥有好几台不同的蝰蛇车，所以我在选择开哪一辆的时候总是左右为难。一个夏天的晚上，我喝了几杯酒，管不住自己，就在街头飙车。我的油门踩过了头，车失去了控制，擦过了一辆迎面而来的汽车，撞倒了一棵棕榈树。一瞬间，一根近10米长的棕榈树干横挡在我的车座上。我被逮捕后关进了监狱，并被指控酒后驾车和严重危害公共安全。

幸运的是，我没有伤到任何人，也没伤到自己。事实上，警官（他目睹了整个飙车的过程）说，如果我当时坐在副驾驶座，我早就没命了。我的生命在生和死之间悬于一线。我在反思，选择赛车是一个叛逆的决定。

叛逆的选择行为会对你的生活、梦想和目标造成无法挽回的损害。叛逆的选择带来的后果，会使你的生活驶入崎岖坎坷的道路，这不可避免，甚至会经常重现，永远无法消除。

要是我当时撞死了人，我至少会在监狱里待上几年，花钱聘请律师，还要生活在夺走别人生命的阴影中。我的生活会在瞬间发生变化。无论你有多少钱，你都免不了牢狱之苦，也摆脱不了夺走他人生命的恐惧。叛逆的选择将永远改变你的生活。

- 杰克（Jack）想为他梦想中的房产融资，于是办理了80万美元的住房抵押贷款，尽管他的年薪仅有6.5万美元。由于宽松的信贷政策和急速膨胀的住房市场，他如约拿到了贷款。他没有认真阅读相关文件，心中自认为他的住房抵押贷款银行给他的利息是最优惠的。18个月后，他的利率开始被调高，这使他无法支付住房抵押贷款，无奈取消了抵押品赎回权。因此，他糟糕的信用记录开始困扰他，这持续了12年。期间，他无法获得新的住房抵押贷款，也无力去开发其他的潜在商业机会。

- 安德烈（Andre）是一个快车道的百万富翁，他在28岁的时候就拥有了一切：金钱、美丽的妻子、健康的女儿和遍布5

个区的 7 家餐厅。安德烈感觉他是世界上最棒的人。一个星期五的晚上，安德烈庆祝生日喝了几杯酒，酒后开车回家。他自以为"我没问题"。在回家的路上，他交通肇事撞死了一家 4 口。安德烈因酒后驾车被逮捕，在被定罪后，他度过了 11 年的牢狱生活，也失去了自己的企业和家庭。

由于多个叛逆的选择，安德烈的生活永远改变了。他选择酗酒驾车，选择自以为"我没问题"，这一系列的选择有很多，他本应该明智地做出退出的策略。但他却做出了不明智的选择。

最近在体育界发生的事件也能说明叛逆行为的严重后果。橄榄球明星迈克尔·维克（Michael Vick）因为从事犯罪活动改变了他的人生轨迹。他的生活将永远不会跟以前一样。他失去了尊严，也失去了两年的自由。他从选择参与犯罪活动开始做出过多次叛逆的选择。

全美橄榄球联盟（NFL）的另一个球员也做出了叛逆选择，且让他付出了生命的代价。你可能从未想过欺骗你的妻子下场会如此悲惨，但对于史蒂夫·麦克奈尔（Steve McNair）来说确实如此，他的情妇涉嫌在田纳西州纳什维尔公寓中枪杀了他。尽管他没有选择被枪杀，但是他选择了去追求那个女人，他选择了和那个女人保持关系，他选择了欺骗，他选择了这么做。我们并不是只谈论一个选择，众多选择才让他和背信弃义成为同谋。史蒂夫·麦克奈尔选择了装子弹的枪支，但是别人扣动了扳机。

你的人生方向盘是一个危险的武器。在你高速行驶的过程中，只要你猛拉方向盘，你就将自己置身于一条无法回头的道路上，如果更糟糕的话，你还有可能猛撞在两侧的混凝土墙上。就像汽车的方向盘一样，你的选择是超级敏感的。不幸的是，叛逆的道路总是一路绿灯，畅行无阻。人们常常陷入痛苦的深渊中，却忽略了正是自己的选择才导致如此。

你今天的选择影响终身

"等着瞧"是我母亲说过的话，言外之意就是"我是对的，你错了，时间最终会证明真相"。

在我还是一个叛逆的少年时，我想要一辆越野摩托车，在我的再三要求下，妈妈最终答应了，她说："等着瞧吧。"妈妈不喜欢我的想法但是发出了警告指令"等着瞧吧"。没过多久，她的话成真了。那个血气方刚又自大无比的15岁少年，根本没有驾驶摩托车的经验，就敢用自己的生命冒险。我以每小时80千米的速度狂奔在土路上，结果跌倒在路上，我的手腕和两根手指都摔断了，膝盖失去了知觉，脖子差一点就断了。

后来，骨伤虽然痊愈，却留下了后遗症。几十年来，我的颈部时常疼痛，睡觉都不得不采用非正统的睡姿，以避免不适。我花了无数的时间和金钱，做各种物理治疗。很多次我都幻想能够回到那一天，我希望能够告诉那个傲慢的孩子事情的原委；我希望我能让他读到这一章；我希望他能明白他选择的所有结果和影响。

选择的后果常常持续数十年，对我们的生活带来影响。每一天我身体的不适，都让我想起了那个愚蠢的选择。今天，我仍要替那次选择偿付抵押贷款，而这种抵押贷款是不会一笔勾销的。

蝴蝶效应

你能在一瞬间就做出可以永远改变你未来轨迹的选择吗？你可以的，它的差异在于你要选择贫穷还是财富。

哪怕你对你的初始环境进行一个微小的调整（选择），随着时间的流逝也会发生牵一发而动全身的效果。想象一下，在一个高尔夫球俱乐部，当球杆正好击中球体之后，球就会径直钻进洞里。但当球杆稍微旋转哪怕一度，球的运行轨迹都会偏离。球体在受到撞击之后，起初误差是微小的，但随着球的飞行，误差会变得越来越大，再想让它重新回到预定赛道上是几乎不可能的。你今天做出一个错误选择，偏离轨迹仅仅才是一度，但过了多年之后，错误就会被无限放大。

随着时间的流逝，你的选择就会显现这样的分歧，这就是所谓的"影响差异"。当你的选择需要多年才能判断是否正确时，分歧已经扩大化了。分歧可能是正向的，也有可能是负向的。比如，当我从芝加哥搬到凤凰城时，随着时间的流逝"影响差异"显现出威力了。如果我没有做出这样的选择，我的生活可能会大不相同。我也选择了那份没有出头之日的豪华轿车出租司机工作，但它让我看到了一项业务需求。这也是一种选择，它让我具备了非凡的能量，并创造了积极的"影响差异"。

2003年，阿什顿·库彻（Ashton Kutcher）主演的电影《蝴蝶效应》（The Butterfly Effect）就是对选择影响力的最佳写照。在影片中，主角选择了返回到叛逆的青少年，你看到了那些叛逆的选择在穿越时间的时候，每个生命呈现出不同的结果。你看到的是影响差异！你要认识到你每天做出的决定在若干年后才会显现出影响力。问题是，你的选择是否会影响幸福和财富，或者抑郁和贫穷？

影响力的消逝

你的选择对未来有着显著的影响，你越年轻，它们释放的影响力就越强大。不幸的是，影响力随着年龄的增长而逐渐消逝。

如果你认为这个问题令人困惑，就设想一个与地球碰撞过程中的小行星。当一颗小行星在离地球数百万公里的太空时（代表你年轻时候的选择），哪怕轨迹只变化一度，也能拯救地球免于毁灭。这就是影响力的力量。当这颗小行星接近地球时，一度的偏差变化并不会产生什么影响力，如果需要产生与之前相同的效力，就需要10

度的偏差。对于我们这些老家伙来说，这会削弱我们选择的效力。

如果你是 25 岁以下，你拥有最大的影响力和选择空间，会释放出令人难以置信的力量。我在 20 多年前做的一个简单的选择，仍然能够影响到今天。这是一个非常强大的力矩！如果你影响你的选择，只需在一瞬间即能完成，但其后果会持续你的一生，尤其是在生命早期的选择。

你的人生选择就像一棵成熟的橡树，有无数的树枝。树枝象征着你选择的结果。靠近树干的树枝很粗壮，反映了你在生命早期的决定，而顶端的树枝是纤细的，象征着你临近生命尽头的决定。

年轻时候的选择具备最强的辐射力，能够催生出你的树干。随着时间的流逝，树枝不断攀升至树梢部位，它们就会变得越来越纤细。它们再也无力让大树弯向新的方向，因为躯干的年龄和经历都已经太老，它们的习惯早已得到夯实。

我的摩托车撞车事件具有深刻的影响力，因为直到今天我依然能感觉到它。如果你未婚，在 23 岁时有 5 个孩子，你怎么会判断你的选择之树会朝哪边生长？难道粗壮和径直的树就是你的选择吗？如果你总是逃课，在大学里碌碌无为地混迹 4 年，你选择的树将如何生长？如果你最好的朋友是一个毒品贩子，那么树枝又要朝哪个方向伸展？

戴维（David）在 16 岁的时候，出于一个恶作剧的想法，在校车里点燃了一个烟幕弹，14 个孩子被迫吸入烟雾。幸运的是，那些孩子们迅速地扑灭了烟幕弹，但是戴维在少年拘留所里待了 10 天，这使得戴维的生活沿着不同的道路发展。戴维认识了鲁迪（Rudy），他传授戴维进行完美盗窃的"秘籍"。这驱使戴维选择了一个新职业——盗窃。在侥幸逃脱法律制裁 7 年之后，戴维最终被抓获了，他被指控犯罪并被判处 9 年徒刑。

如果戴维没有认识鲁迪，他现在会在哪里呢？成为一个消防员？银行家？选择及其影响力都是个人无法控制的。

第23章 生活的方向盘

艾丽莎（Alyssa）在17岁时，违抗父母的意愿，离家出走，并和一个31岁的男人住在了一起，这个男人是她4个月前在当地酒吧认识的。她男朋友向她介绍冰毒，刚开始她仅仅将它作为一个有趣的实验，但她很快就过上了吸毒成瘾的生活。艾丽莎开始用犯罪手段支撑她的毒瘾，包括从她的父母那里偷窃钱财。最终，她在一家商场中行窃时被抓，被判处3年监禁和国家强制戒毒。

如果艾丽莎听从她的父母，今天她会在哪里呢？选择及其影响力都是超越自我的。

哪怕是你在日常生活中所做的最小的选择，都会不断地改变你的生活习惯和生活方式。这需要一个过程，但最终会产生强大的影响力。你决定不去"快车道"，这本身就是一个结果。快车道过程是成百上千选择的结果。

无论你的年龄多大，你都要审视一下你的生活，分析一下你的人生有哪些分岔路，而你又选择了哪条路通行。走哪一条路是你的选择，每条路都将携带着强大的力量，带你通向不同的地方。无论你今天做什么决定，必定会影响到你的明天，或许是今后数周、数月、数年、数十年，甚至几代人。

如果你现在还没到30岁，那么你的选择处于峰值影响力阶段，它们将在你选择的树上发育成茁壮的枝干。你需要加速前进了！

本章小结：助你踏上快车道

※贫困的主要原因是糟糕的选择。
※你生命的方向盘就是你的选择。
※你的一切都是你选择的结果。
※成功是前行过程中的上百次的选择，结果形成过程。这个过程造就了你的生活方式。

※选择就是你生命中最强大的控制力。

※叛逆的选择给你的生活带来消极的影响。

※你的选择对于你未来的轨迹有着举足轻重的作用。

※你越年轻,你的选择就越多,你所拥有的能量就越大。

※随着时间的推移,能量会逐渐衰退,因为那些旧的选择已然使你积习难返。

第 24 章
将你的挡风玻璃擦拭干净

> 在我们看清楚自己之前,不能想当然地贸然行事。
> 夏洛特·吉尔曼(Charlotte P. Gilman)

将你的挡风玻璃擦拭干净

有一次,我在给自己的兰博基尼加油的时候,有一个十几岁的男孩跑过来问我,是否同意让他拍几张照片。"当然可以,去吧!"我回答道。他对着我的汽车吹捧了一番后说:"我得多拍些照片,因为我可能永远买不起它们。"

你听到这句话时,有什么问题吗?这个年轻人选择相信他永远不会拥有兰博基尼。他看不见自己挡风玻璃之外的东西。这是一个小小的选择吗?还是一个叛逆的选择?或者说是一个具有超级影响力的选择?

这个看似无辜的选择其实是和超级影响力背道而驰的。它是一个残缺不全的梦想。青少年的感知选择能力差,因此,他可能会永远平庸。他的陪审团已经对此做出判决,结果是:拥有一辆奢侈的汽车对他是"永远不可能的事情"。因此,他的选择反映了他的这种心态。不幸的是,他并不知道,那些自己为了隔离世界而构建的挡风玻璃的影响力,其实是微不足道的。

选择的认知

在上一章中,我们讨论了选择及其对你生活的影响。目前我所述的都是行动的选择,针对的是产生后果的行为。然而,如果你看得更深入,这些行为会导致什么?是什么促使你的行动和选择?下面,我们讨论选择的两种类型:

- 认知选择(思维模式)。
- 行动选择(选择阅读)。

认知选择是行动选择的动力。如果你相信某个想法,你就有可能按照这种信念行事。在加油站的那个青少年和我之间的差异在于,当我在孩童时代目睹了第一辆兰博基尼跑车时,我就想,"总有一天,我会成为它的主人!"我的这种信念很强烈,并且进一步体现为反映思维的行动选择。

你的选择受特定框架的限制,你头脑中固有的标签和分类结果左右着你。例如,当有人说"狗",你可能会想到一只黑色的拉布拉多犬,而其他人想到的是狮子狗。当你在海滩上看到一座大厦时,你是觉得"幸运"呢?还是觉得"我永远不会拥有类似的东西"?做出更好选择的第一步,是从你的认知选择开始,因为你的行为会通过这些认知进化。

如果你失业了,你可以把它看成是消极的事件,也可以把它看成是积极的事件。当你因为超速行驶被抓的时候,你可能会生气,也可能会感激。认知选择和行动选择,一个是从你思考这件事情开始,而另一个是将自己的选择变成行动。

你的认知不是现实

几年前,我和女友在朋友家参加聚会。我们坐在一张小桌子旁,

第24章　将你的挡风玻璃擦拭干净

注意到一个精力旺盛的绅士轮桌与人交谈。他看上去像是在兜售什么东西。最终他到了我们的桌子前，粗鲁地说："嘿，你想每月挣1万美元吗？"在聚会场合提出这个问题非常不合时宜，于是我决定调侃一下他。

我问："一个月1万美元？真的吗？"他以为我已经上钩了，就想向我推销一个草药网络营销的机会。我打断他，笑着说："听着，我每两天就赚1万美元，所以对我来说，你所说的机会将要打90%的折扣。你认为我会感兴趣吗？"他惊慌失措，夹着尾巴离开了。

从这个简短的交流中可以看出，这个人做了一个假设，即一个月赚1万美元是很多钱！其实并不是！钱是无止境的。搭乘快车道的幸运者每月会有六到七位数的收益。这里面的差异就是认知。

我还记得，我也曾认为1万美元是一大笔钱。那时候我连想都不敢想。如果你做出正确的选择，并行驶在正确的快车道上，每个月赚到上百万美元也不是没有可能。这种认知就产生了更好的行动选择。参加聚会的那个家伙呢？他选择了一条拥挤的道路。他不是自己创建一个多层次的营销公司，而是加入到营销公司的队伍中。他不是通过影响力来服务大众，而是成为大众的一员。

开始用语言"擦拭"你的挡风玻璃

你可以通过检查你的语言和想法来探查你的心态。我用下面这个发布在快车道论坛中的评论作为例子：

> "我上星期五订婚了！这一段时间我的内心一直在苦苦挣扎，终于决定再做一次婚姻尝试。她是一个优秀的女孩，应该得到最好的，我想我可以给她幸福。"

当你读到这句话时，你看到成功的保证了吗？还是在担心会失败？虽然我希望那个男人有最好的婚姻，但我看到的是那些缺乏自信的软弱言语："尝试""我想"。这种语言听起来就有问题，那我会相信什么呢？

"我上星期五订婚了！这一段时间我的内心一直在苦苦挣扎，但我决定这是最后一次结婚。她是一个优秀的女孩，应该得到最好的，我会给她幸福。"

注意这两句话的差异。一个很软弱，而另一个很坚定。两个说法看上去都在叙述同一件事情，但是一个意味着可能的失败，而另一个则暗示志在必得。你的内在语言承载着不同的分量。如果一个脑外科医生在手术前告诉你："我想我能给你做手术，我会尝试着手术成功。"你听完后或许会发疯，你肯定以为这下完蛋了。

改变你的话语和思维，就类似于擦拭你的挡风玻璃，让自己能看到视野之外的东西。你如何管理你的认知选择？你应该使用什么语言？用"我从来没有……我不能……如果"，还是选择更好的词？"这是可能的……我会超越……我将……我能"。

如果你的世界充斥着"从不"和"不能"这样的词汇，那么你很可能真的变得无能！在一个月内赚取100万美元有可能吗？当然可以，但是要问那个家伙谁来做这件事情。他的挡风玻璃和你的有什么不同吗？良好的认知选择能够转化为良好的行动选择，改变你的认知就能改变你未来的行动。

本书的目标是改变你对财富和金钱的看法。相信在任何年龄退休都是有可能的；相信老年并不是财富的前提条件；相信一份工作和一笔生意的风险是一样的；相信股票市场并不是一个有保障的致富之路；相信你自己从今天起，过几年就可以退休。

那么，如何树立全新的信念并抛弃那些陈旧的观念呢？你要寻找信息、资源和秉持全新信念的人们。就我而言，我只专注于了解一些人的故事，他们都能够快速获得财富并相信快速致富并不是一个神话。我从未发现有谁在19岁的时候，靠投入大量资金到共同基金而发财致富的例子。然而，我确实看见过 24 岁的百万富翁发明家、企业家、作家和网站创始人。如果你想得到不寻常的结果，就需要不寻常的思考。不幸的是，"不寻常"并不存在于被思维和信念推波助澜的社会压力中。

转向提示：更好的选择和更好的生活

在你的旅程不断推进的同时，要尊重自己的选择并问自己，这是一个很好的认知选择吗？是一个很好的行动选择吗？这将会颠覆我的梦想吗？会遮蔽我通往美好生活的挡风玻璃吗？这个选择会使我成为一个受害者还是一个胜利者？我选择的是投降还是接受挑战？

要改变你的生活就要从改变选择开始。通往百万富翁快车道的这辆车行驶在选择中，而不是停在柏油马路上。你要使用以下两种技巧做出更好的选择，它们取决于你打算承载的压力大小。

- 更坏情况分析（WCCA）。
- 加权平均决策矩阵（WADM）。

WCCA 是为了让你远离危险的弯路和叛逆的选择。相反，WADM 是用来帮助你对重大的突发事件做出更好的决定。这种双重技巧可以防止你做出极端的选择：既防止你做出灾难性的选择，又推动你做出优秀的选择。

更坏情况分析

第一个决策工具是 WCCA，这就需要你具备前瞻性的思维，并进行潜在的后果分析。WCCA 请你回答关于每个决定后果的 3 个问题：

- 这个选择最坏的后果是什么？

- 这种后果的概率是多少？
- 这是一个可以接受的风险吗？

虽然这 3 个问题看起来可能冗长，但是你的分析过程都用不上几秒钟的时间。你不需要拿出笔或纸，仅凭着头脑就可以做出有意识的选择。当用 WCCA 策略分析你的选择的时候，那些潜在的不良因素就会暴露无遗，你就可以选择替代方案，将那些坏的选项轻易地排除掉。

我经常使用 WCCA 策略。例如，几年前，我在当地酒吧喝了几杯酒后，带着一个女人回家了。她打扮得花枝招展对着我耳语："来呀。"认识她一共才两小时，我知道这根本不是爱，而是别的东西。

于是我启动了 WCCA，分析选择酒后激情最糟糕的结果是什么：

- 我可能会染上性传播疾病。
- 我可能让她怀孕，我的余生将被这个人纠缠。
- 我可能被指控强奸。

这些结果的概率是多少？

- 标准：10%（判断她随意滥交）。
- 妊娠：1%。
- 强奸指控：0.5%。

这是一个可以接受的风险吗？我立刻推断不可以。我推断风险太大，有可能永远改变我的生活。我拒绝了那个女人进一步的要求，做出了一个更好的选择，将我的欲望压制起来。如果我没有拒绝呢？当然，我也会很快得到鱼水之欢，但之后呢？我可能会让这个女人意外怀孕，也有可能会染上性病，使我的健康严重受损，甚至将来再也无法寻觅伴侣。这一行动可能产生的后果有着深刻的负面影响，而我避免了这种风险。

WCCA策略在我开车的时候也发挥作用。无论我驾驶蝰蛇还是兰博基尼，都有一些白痴司机不停地向我挑衅，要求与我进行街赛。当然，我本可以在3秒钟之内完成加速冲刺跟他一较高下，但在这3秒钟之内WCCA接管了我的情绪。最坏的情况会是什么？我有可能杀死自己和别人。概率有多大？3%？我知道自己的赛车能力，危险系数非常高。我松开了油门，选择不和他们竞赛。另一个司机？他踩下了油门加速冲刺，不去理会可能的危险。好吧，也许还有一个原因，他驾驶的是一辆10年车龄的本田，而我驾驶的是兰博基尼。赢得了街头赛车，就赢得了人生，或许他是这么想的。

加权平均决策矩阵

你是否曾经纠结于做出一个艰难的决定？有一天你好不容易打算选择A方案，可是第二天你又辗转回到B方案。如果做出一个艰难的决定就和选择一个更大的数字一样简单，是不是心情会舒畅很多呢？

我使用的第二个决策工具是用来量化比较那些重大决定的。你应该知道它们：你应该选择去还是留？退出还是继续？是否还要回到大学进修？要使用WADM，你需要准备纸和笔。记住，WADM适合于重大的决定，所以你可能在一年中只会用到寥寥几次，而WCCA可以每天使用。

运用WADM做决策是很容易的，因为它可以排除和优先考虑与你的选择相关的因素，然后对每个决定进行价值量化。价值越高表示这个选择越好。如果你选择搬到底特律还是凤凰城，WADM将产生一个简单的数值评分，比如底特律是88分，凤凰城是93分。基于评分结果，凤凰城是更好的选择。因为WADM是主观的，不受客观的影响，它是一个伟大的工具，帮你识别最有利于你的选择。

要想使用WADM，至少需要两个选项，选项越多越好。假如你目前生活在底特律，正在考虑移居到凤凰城。你纠结于你的决定，尚不能得到明确的答案。有一天你想迁移，第二天你又想留下来。通常，产生这种举棋不定的情形的原因是，每一个选项都包含太多的决定因素。

拿出笔和纸，在你的纸上画出3列，一列是"因素"，另两列分别是两个选择："底特律"和"凤凰城"，如表24.1所示。

表24.1　列出加权平均决策矩阵的因素和选项

加权平均决策矩阵（WADM）		
因素	底特律	凤凰城

第二步，在你的选择中哪些决定因素是很重要的？天气？学校？生活成本？离家远近？写下所有相关的决定因素，不管有多小。把这些因素写在"因素"栏中。你的WADM现在看起来如表24.2所示。

表24.2　列出加权平均决策矩阵的具体决定因素

加权平均决策矩阵（WADM）		
因素	底特律	凤凰城
天气		
学校		
生活成本		
商业氛围		
税收		
治安环境		
娱乐		
离家远近		

第三步，对每个决定因素根据重要性赋予1到10的权重，10是

最重要的决定因素。并将数字写到该因素旁边。例如，你对季节变化很敏感，所以天气的权重是10。你的孩子快18岁了，所以你认为良好的教学系统并不是优先级，它的权重为3。为所有的因素都赋予权重。现在你的WADM看起来如表24.3所示。

表24.3 对加权平均决策矩阵的决定因素赋予权重

加权平均决策矩阵（WADM）		
因素	底特律	凤凰城
天气（10）		
学校（3）		
生活成本（6）		
商业氛围（2）		
税收（7）		
治安环境（4）		
娱乐（8）		
离家远近（7）		

第四步，为WADM的每个因素的权重赋值。底特律的教学系统？你给它2分。在凤凰城，你给它的教学系统3分，你认为它稍微好一点。在底特律你给娱乐打5分，因为那里是你强大的红翼俱乐部的家，而凤凰城只获得2分。继续在每一列为每个决定因素打分。你的WADM现在应该如表24.4所示。

表24.4 为加权平均决策矩阵的每个决定因素赋值

加权平均决策矩阵（WADM）		
因素	底特律	凤凰城
天气（10）	2	8
学校（3）	2	3
生活成本（6）	5	7

续表

加权平均决策矩阵（WADM）		
因素	底特律	凤凰城
商业氛围（2）	6	4
税收（7）	6	7
治安环境（4）	3	6
娱乐（8）	5	2
离家远近（7）	10	0

第五步，为每一行的评分乘以权重，将结果写在评分结果旁边的括号中。例如，在娱乐这一项中，底特律得分为40（权重8×评分5），而凤凰城得分是16（权重8×评分2）。做完所有行中的项目。你的WADM应该如表24.5所示。

表24.5 将加权平均决策矩阵的每个决定因素的评分乘以权重

加权平均决策矩阵（WADM）		
因素	底特律	凤凰城
天气（10）	2［20］	8［80］
学校（3）	2［6］	3［9］
生活成本（6）	5［30］	7［42］
商业氛围（2）	6［12］	4［8］
税收（7）	6［42］	7［49］
治安环境（4）	3［12］	6［24］
娱乐（8）	5［40］	2［16］
离家远近（7）	10［70］	0［0］

最后一步，将每个选择项所在列中的得分项相加，以获得最后总分。总分高的选项将是你的选择。你最后的WADM应该如表24.6所示。

表 24.6 为加权平均决策矩阵的每一个选项计算总分

加权平均决策矩阵（WADM）		
因素	底特律	凤凰城
天气（10）	2〔20〕	8〔80〕

续表

加权平均决策矩阵（WADM）		
因素	底特律	凤凰城
学校（3）	2〔6〕	3〔9〕
生活成本（6）	5〔30〕	7〔42〕
商业氛围（2）	6〔12〕	4〔8〕
税收（7）	6〔42〕	7〔49〕
治安环境（4）	3〔12〕	6〔24〕
娱乐（8）	5〔40〕	2〔16〕
离家远近（7）	10〔70〕	0〔0〕
	232	228
	更好的选择	

在这个假设的例子中，你应该留在底特律，因为它得到的分数较高，为 232 分，而凤凰城的得分是 228 分。

只要你诚实地对各个因素赋予权重，那么 WADM 在你做重大决定的时候是一个不错的工具。我一生中多次使用 WADM 帮助我厘清艰难的决定。它证明了我需要搬到凤凰城，它在我是否出售自己的公司的问题上提供了独树一帜的见解，它甚至引导我搞清楚了一些糟糕的商业投资项目。

2005 年，我有个机会投资一家拉斯维加斯的餐馆。在我对这个项目和创始人进行了详细的考察之后，到了需要做出决定的时候。我当时迟迟无法做出决定，于是运用了 WADM 分析，其结果表明我应该拒绝这项投资，这解决了困扰我的决策问题。我遵从了 WADM

的建议。一年后，我发现这项投资转移到了南部，而那些投资者亏损严重。WADM 给我提供了清晰的决策依据，让我成功地避免了 12.5 万美元的亏损。

看一下地图，你会发现有成千上万的道路：高速公路、街道、大路、林荫大道，它们都通向不同的地方。你需要从这些道路中判断哪些是捷径，哪些是危险的弯路。而上述两个决策工具是你财富之旅的导航工具。

让你的眼睛离开后视镜

今天是你生活的起点，它也是你昨天曾经担心的明天。过往让我们记得不应该做什么，但不要忘记应该做什么。如果你的眼睛停留在后视镜，你就会停留在过去。如果你被困在过去，你就不能向前看。如果你不向前看，你就无法到达未来。

世界并不关心你的过去。它不关心你在高中时是不是穿过粉红色的裤子；不在乎你曾和弗兰西斯·弗兰肯（Francis Franken）吵架；不在乎你加州大学洛杉矶分校的 MBA 学位，也不在乎你贩毒的父亲，或者你在初中时尿床。世界根本不关心这些。只有一个人才会回忆起你的过错：你自己。

如果世界都不记得，你为什么还要想起它？作为三兄妹中最小的一个，我经常被粗俗的语言污辱。臃肿、愚蠢，诸如此类。然而，尽管我的兄弟管我叫了 12 年的白痴，我也没有成为真正的白痴。你的过去从来不会等同于你的未来，除非你自己愿意。

想想抛硬币的游戏吧。不管你抛它多少次，下一次的结果总是随机的。过去抛出的结果，不会影响到它未来的结果。你的过去也是同样的道理。即使你有 5 笔生意失败了，也不意味着你的下一次生意也会失败，特别是如果你从之前的失败中得到教训！你在 3 小时前卖过汉堡，那并不意味着明年就不可能成为百万富翁。世界会忘记这些，就像世界早就忘了我不久前还做过擦地板和送比萨饼的工作。

你的记忆会背叛你吗

你的记忆和你的选择是一样的。它们叛逆，悄无声息，抑或会产生积极效果。与选择的结果不同的是，你可以选择如何处理你的过去。过去的记录可以封存起来。

举个例子，假如你加盟投资一家餐厅，不久餐厅因经营失败而破产，你失去了一生的积蓄，你的记忆可以是叛逆的，也可是积极的。你的记忆和思维可能是这样的："拥有企业所有权是一个很大的风险。我再也不会重蹈覆辙了"或"下一次，我要出售特许经营权，而不会去加盟。"前者是叛逆的，后者则是积极的。你可以选择框定在失败还是框定在过去，它会相应地服务于你或者阻止你的行动。

当我反思自己失败的时候，我会选择让它们服务于我的未来。这是一个负责任的过程。我从中学到了什么？将来我能改变什么？我应该忘记什么？

上次我的蝰蛇车遭遇撞击事故，差点要了我的命，我还清晰记得几乎失去一切的恐惧。我不想重复那种感觉。这段记忆服务于我的未来并使我发生变化：街头飙车是白痴。或者，我也可以为所欲为，继续在街头赛车，并到处吹嘘："我永远不会输给别的赛车手！"虽然我们的选择后果是无法被改变的，但你可以操纵你的记忆，让它服务于你。我的生活并不是在高中上体育课时被定型的。如果你的过去定义了你的存在，那你就不可能成为你将来要成为的人。

本章小结：助你踏上快车道

※你的认知选择决定你的行动选择。

※你选择接受还是不接受，将体现为你努力去做，或不作为。

※你可以改变自己的认知选择，途径是和那些将想法变为现实的人保持同步。

※最坏的情况分析有助于避免极端的选择。

※加权平均决策矩阵可以通过厘清可选项目和内部因素，帮助你对重大的决定做出更好的选择。

※世界不会去记忆你的过去，只有你自己才这样做。

※你的过去可以产生叛逆的影响，也可以产生积极的影响。你自己可以选择如何去处理。

※如果你的眼睛老是盯着过去，你就不可能成为你未来想要成为的人。

第 25 章
排除阻碍你的绊脚石

> 奚落是庸才对天才的颂歌。
> 奥斯卡·王尔德（Oscar Wilde）

快车道的天然障碍

人类最伟大的发明是飞机，因为它违背了重力，似乎违反了物理学定律。这么重的东西是如何飘浮在空气中的呢？是什么让奥维尔·莱特（Orville Wright）和威尔伯·莱特（Wilbur Wright）的成就如此杰出，不只是飞行本身，而是他们打破了社会旧观念。

- "飞行是不可能的。"
- "你们这群家伙就是疯子。"
- "你们是在浪费时间。"
- "愚蠢……"

莱特兄弟甚至在能飞行之前，就已经打破了社会的陈旧观念——灌输给年轻人的自然社会环境。快车道论坛上有一个帖子这样写道：

> 上幼儿园时，问孩子们有多少人会唱歌，每个人都争着举

手。时间再过13年，向中学生问同样的问题，结果只有寥寥几个人举手。什么改变了？幼儿园的孩子们相信他们可以唱歌，因为没有人告诉他们不能。

这是一个完美的说法。我们不要听反对者的声音，因为他们已经适应社会环境了。社会也会在你的面前竖起一道恒定的屏障。你会担心偏离社会规范，因为不遵守规范会得到双倍惩罚。如果你想置身于普通人之外，你需要采取不寻常的方法，这并不会被每个人都接受。你追求的东西越神秘和卓越，就越需要突破社会教化的束缚。非凡的财富要求你拥有非凡的信念。

背对那些迎面而来的冷嘲热讽

如果你背对着冷嘲热讽，它会成为一种助推器。我必须这样做，否则我会失败。大学毕业后，我期望找到一份好工作，但我没有找到工作就直接创业了。我的家人认为我疯了，说："你是在浪费5年的教育！"同龄人以为我是妄想："哦，亲爱的，你有两个商学位，怎么还靠送比萨和做豪华轿车出租司机过活？"我没有女朋友，因为我打破了"大学学历"被奉为童话圣殿的社会模式。

选择走快车道并积累动力，需要你背对着那些对你冷嘲热讽的人。你必须打破社会的惯性和他们的期望。如果你不忽略这种"自然重力"，你的生活有可能陷入乱成一锅粥的恶性循环之中，这是社会上正常人的生活方式：起床、上班、回家、吃饭、看几集《法律和秩序》（*Law and Order*）节目，然后去睡觉……日复一日，年复一年地重复。等到你醒悟的那一天，已经过去45年了，你还需要25年，才能让你的财务计划生效。随着时间的流逝，梦想早就泯灭了，还剩下什么？一个孤独凄凉的干瘪身体，你还能指望它做什么？

谁是阻碍你的绊脚石？

- 一些朋友和家人，他们从未尝过快车道的甜头。
- 兜售慢车道理念的教育机构。
- 笃信财富与自己无缘的父母。
- 那些声称房子是最好的投资的慢车道大师。
- 那些宣扬今天投入 100 美元，50 年后升值为 1 000 万美元的慢车道大师。
- 你所处的环境。

避开阻挡你前进的绊脚石

那些从不赋予你目标的人是你的绊脚石。他们在你的旅途中增加摩擦力。当你兴冲冲地付诸行动或者诉说你的想法时，那些人的反应是怀疑和不信任，他们习惯说，"哦，这行不通"，"这已经有人在做了"，"为什么要自寻烦恼"。在励志成功学领域，他们被称为"偷梦者"。

你必须背对着他们。每个企业家在生命中都会遇到这些夸夸其谈的人。这些人都是通往快车道的障碍。记住，这些人习惯于相信命中注定的路线，他们不知道快车道，也不会相信快车道的存在。他们视信仰之外的东西都是异类，当你跟他们说起快车道，就像和他们说外星语一样。作为生产者，你是小众人群，而其余的都是消费者。不要像"所有人"那样，你需要一个强大的防御，否则，他们的毒性会侵蚀你的心态。纵容那些惯性的、消极的以及受限的想法的人就是叛逆，由于不受控制，会导致你同这些绊脚石一样，深陷在沙发休闲或者玩游戏的安逸消遣中。是的，正如那句古老的谚语"近墨者黑"。

你是一朵盛开的鲜花，需要保护，需要雨露和充足的阳光。那些消极的朋友、家人和同事都是乌云。你要学会保护自己，否则就要忍受逐渐被同化而沦为平庸的后果。

逃离不利的环境

你可能想修正影响人的不利因素，但是环境因素是不容易控制的。环境的不利因素都有哪些？

对我来说，它就是芝加哥。我罹患季节性抑郁症，十分需要阳光。芝加哥是飓风的逆风口，如果我想要阳光，就必须远离它。我终于逃了出来，搬到了一个地球上阳光最充足的地方。如果不是逃离了对我不利的环境，这本书或许就不存在了。如果我没能避开不利因素，现在我会在哪里呢？我知道我肯定不会在这里快乐生活，提前30年就退休了。不，我会在肯尼迪高速公路上遭遇堵车，因为过度服用抗抑郁药而变得神志不清。我可能早就死了。

我重新做出了一个选择，将自己从逆风环境转换到了顺风环境。虽然我不能把所有的问题都归咎于我的环境，但它们确实把对财富的"兴趣"和"承诺"得到财富之间的纽带割裂开了。

另一个障碍可能是你的工作。如果一项令你讨厌的工作消耗着你的生命，它就是逆风环境。经过日复一日的漫长工作后，你没有给自己的梦想和快车道计划留下任何东西。逆风使你陷入困境。

在我成长的过程中，西尔维斯特·史泰龙（Sylvester Stallone）是我研究过的最成功的企业家之一。虽然人们认为他是一个演员，但实际上他是一个企业家。他的产品就是他的电影剧本，这些剧本感动了数以百万计的观众，他只是在一个特定的情况下才出售他的产品，前提条件是他必须在片中扮演主角。

史泰龙对影响力定律毫不陌生。他的成功故事中的精彩之处在于，他靠坚持不懈获得了"正常"的工作。他发现，如果他不在一家企业工作，他的梦想就会破灭，因为他知道一份工作的重要性对他而言是不可替代的。他认为，一家企业的环境可能会遭遇逆境。如果你的环境正好遭遇刺骨的逆风迎面袭来，你就需要采取积极的

第25章 排除阻碍你的绊脚石

措施来应对。是什么使你不断追逐你的梦想呢？掌握控制力并做出正确选择可以改变你的生活轨迹。

创造加速的风

我身处的环境就是我的逆风。对于你而言，它可能是消极的朋友，或者是其他慢车道的影响力。当你背对着它的时候，情况就产生了变化。当你与那些赋予你目标的人交往的时候，你就在身后创造了风，并积蓄了动力。积极的人会培养你不断成长，在你失败时安慰你，并为你的梦想投资。优秀的人会引导你通向梦想，他们不仅提供动力燃料，而且会协助你抵达目标。

人们就像道路，他们既能给你带来机会也能将你的生活置于绝境。这些道路的质量完全取决于个人的素质。想想在你生活中的关系，考虑如果一个排的战士随时准备投入战斗，你准备和谁打仗？你的朋友马克（Mark）总是迟到、撒谎，每星期六晚上都会喝得酩酊大醉；你的朋友露西（Lucy）每隔3周就要换一份新工作，她在商场里偷东西被抓，现在只能沦落到做别人的情妇。你能指望这些人吗？你想和他们并肩战斗吗？不，你需要挑选更好的战士加入到你的团队。

怎么才能做到呢？加入企业家俱乐部，参加社交活动，和有同类想法的人打成一片，和订阅快车道的人在一起，具备一切皆有可能的心态，下定决心为你的团队找到你想要的战士。多看看那些你想要成为的成功人士的书和自传，找到一个导师。加入企业家论坛，保持快车道的心态，就像快车道论坛一样！不出一个星期就会有人给我发电子邮件："这个论坛改变了我的生活！"这就是顺风！

伙计们，这是战争，而你的生活安危未定。你需要面临死亡毫无畏惧的战士，只有他们才能解除慢车道的牵引力，也不会在慢车道的迹象初现的时候成为惊慌失措的菜鸟。反思你的环境和人际关系，甄别一下你的阻力来自何方。然后选择加速的行动：看看这些不利因素是否可以被消除、忽略或者控制？不同于自然风，你是逆风的主宰者。成功只属于那些打破阻碍并将其甩在身后的人们。

重要的另一半？还是累赘

最糟糕的逆风可能会是坐在副驾驶座位的人。他们坐在那里不停地向你灌输愚蠢的想法，并不停地提醒你的失误。或者他们什么也不说，只是让你分心。他们摆弄收音机，调节空调大小，反复开关窗户，哼着那老掉牙的杜兰杜兰乐队曲调。或者他们对你指手画脚："查尔斯！查尔斯！这样做！那样做！转弯！不，别说话！"对你的旅行来说，这个人太危险，这个人又是谁？他是怎么跑到你的车上来的呢？

这个人正是你的另一半。通过与一些有抱负的企业家深入交谈，我对另一半（丈夫、妻子、女朋友、男朋友、未婚夫）有了更多的了解，他们可能会成为你最大的阻力。拥有一个不认同你人生理想和哲学的生活伴侣，简直是一场灾难。如果你的伴侣不认同创业理念，并执意坚持走慢车道，你能期望和她共同成长吗？有人陪伴着你一起打拼，这就是加速；如果他们站在你的对立面上，就变成了叛逆。

我的第一个女朋友也许会是一个贤妻良母。但她完全赞同慢车道理念，不理解我为什么那么热切地想成为一个企业家。我们的关系在我的事业遭遇挫折时陷于停滞，最后终于结束了。这不是我们的过错，我们只是分属于人生不同路径的两类人。

不良的人际关系是阻碍快车道走向成功的路障。它们消耗你的能量并湮灭你的梦想。就像一条逆流而上的船，不愿意乘客增加重量和分散注意力，有时代价再大也要卸载。是的，离婚就是叛逆，代价也很昂贵，无论是情感方面还是金钱方面。这条路已经很难了。

为什么还要搭载一名和你的目的地不一致的人来增加重量呢？你是否和一个相信你并且和你具有同一目标的人有着良好的关系呢？还是你们的关系只是像温水一样不冷不热，只要足够舒服就可以？如果是这样的话，是时间评估你的乘客了。

> **本章小结：助你踏上快车道**
>
> ※社会的自然引力不仅不是异常的，而且还普遍存在。
> ※有毒的人际关系会消耗能量，并会严重影响你的目标。
> ※你生活中的人就像是你的战友。他们会拯救你，帮助你，也可以毁灭你。
> ※良好的人际关系会加速你的进程，而糟糕的关系会阻碍你的发展。

第 26 章
你的原始燃料：时间

> 时间不是商品，不可以像一块蛋糕那样被传来传去。时间是生活中的一种存在。当有人想请你花点时间时，实际是在要你生活的一部分。
>
> 安托瓦妮特·博斯科（Antoinette Bosco）

6 美元桶装鸡肉套餐

为什么大多数人不会变成富人？从桶装鸡肉套餐上就可以知道答案。有一则新闻：一家大型快餐店提供免费的桶装鸡肉套餐，顾客只要有互联网上的折扣券就可以换领一份。人们争先恐后地涌向那家快餐店，排几小时的队，才能免费领到一份价值 6 美元的桶装鸡肉套餐。知道为什么人们会为了免费品尝排几小时的长队吗？

你是其中的一员吗？

虽然在别人看来这司空见惯，而我一直对此的反应都是：这些人到底在想什么？他们从来都把自己的时间价值当成零，觉得时间是不要钱的，就像我们呼吸的空气。他们以为时间很充足，是无限量供应的。他们似乎觉得自己会长生不老。他们很肯定地以为，生活的燃料永远不会耗尽。

我想知道，假如这些人的生命只剩下 3 周，他们是否还愿意排队领一份免费桶装鸡肉套餐？如果他们还有 3 个月会怎样做？3 年呢？生命期多长的时候，人们会将花 3 小时排队领取免费鸡肉套餐当作很好地利用了时间？这个油腻腻的鸡肉套餐的真相是：不把自己的时间当回事，你就会贫穷。如果你将浪费时间当作自己选择的生活方式的话，你将无法到达你想去的地方。

看看自己的身边，你的朋友、亲人和同事是怎样对待时间的？他们会为省 4 美元去排长队吗？他们会为省 10 美元而开 40 分钟车吗？他们会赖在沙发上急切地等着看谁赢得了"跳舞比赛"吗？通常，美国人每天要看 4 小时以上的电视节目，如果活了 65 岁，就有 9 年时间用在看电视上。这说明了什么？很简单，生命被浪费了。生命需要挥霍，生命无足轻重。指给我谁花几小时玩网络游戏"黑手党之战"或"乡村度假"，我就能告诉你他是否很成功。当生活变得颓废，人们就想要逃避，我不需要电视，因为我将时间投入到真正有价值的生活中了，而不是每个星期四晚上 8 点寻求虚幻的逃避。

再说一遍，大多数人的想法只会导致平庸，对于他们来说，时间的价值被低估了，并被不经意地浪费掉了。

泰坦尼克号：你的船多久会沉没

为了省钱而排长队的人应该举起一个标志牌，向世界宣告"我把钱看得比生命更重要"。然而这种选择是大错特错的。

1997 年的影片《泰坦尼克号》（*Titanic*）很好地说明了时间重于金钱的道理。那艘大船下沉时只剩下几只救生艇了，比利·赞恩纳（Billy Zane）扮演的富有的钢铁大亨卡尔登·霍克利（Caleden Hockley）与船员讨价还价，愿意用现金交换一艘救生艇的座位。那位船员坚定地回绝了大亨："你的钱既不能救你一命，也救不了我。"

好好回味一下这句话，你的钱既不能救你一命，也救不了我。真给力！在那 8 秒钟里，时间展示了其真正的价值，我们不得不面对滴答作响的死亡时钟。你可以看到,一旦你的生命走到了终点,你就完蛋了。当你的生命之钟停止摆动,多少钱都救不了你的命。

奉行快车道原则的人明白,时间是生命的油箱。油箱耗干时,生命就会结束。时间是你拥有的最伟大的资产,不是金钱,不是福特1969年产的野马轿车(Mustang),也不是祖父收藏的金币。

事实是,我们每个人都在一艘即将沉没的大船上。你是这样对待时间的吗?时间是否被公平对待?或者你在浪费你的燃料,就像油箱里的油永远不会耗完?

生时口含银匙,死时两手空空

时间是伟大的平衡器。你出生时加满了燃料,那里没有加油站,而你一开始呼吸之时,就已经是满的。

时间只存在于你的寿命限度之内。当然,如果身体健康也可以把76岁的寿命延长到82岁。对于寿命而言,时间是有限的。人类最大的偷盗行为就是浪费时间,就好像时间是用之不尽的。

实际上,时间极度稀缺,而金钱却非常充裕。每一天,全球货币市场上都有3 000亿美元在做兑换交易。那可是300 000 000 000美元啊!这等于说,即便你每天能花掉100万美元,这样连续花8 000年,你仍然无法花光3 000亿美元。而这相当于寿命的109倍,这只是货币市场一天的交易量。货币是充裕的,而且只要各国政府继续印钞票,就始终是充裕的。

既然你没有8 000年那么长的寿命,不正是说明了金钱是充裕的,而时间不是,对吗?你总能赚到更多的钱,但无法避免死亡。金钱财富的讽刺是无论你有多少钱,最后终究什么也带不走。你的油箱在一分一秒地消耗,你却无法回避这个问题。无论你生活得快乐还是压抑,都与时间无关,它只会不断流失。既然时间是稀缺的,为了6美元的鸡肉快餐花费3小时难道不是非常没意义吗?

第26章 你的原始燃料：时间

受到约束的时间是自由的赎金

你的寿命是由两类时间构成的，可自由支配的时间和受到约束的时间。即：

寿命 = 可自由支配的时间 + 受到约束的时间

可自由支配的时间是你可以根据自己的意愿使用的时间。例如，看电视、在公园里散步、玩视频游戏、睡觉、吃东西、度假。如果你和绝大多数人一样，那么你的可自由支配时间是在晚上和周末，这些时间不是用来赚钱的。

受到约束的时间正相反，它是所有用来赚钱的时间。当你早晨醒来，冲凉、穿衣服，然后开车去火车站，等车，坐车上班，然后工作8小时，这些都是受到约束的时间。当你花去全部周末时间给自己"充电"时，这就是受约束的时间。受约束的时间涉及实际的工作，而且你必须去做这个工作。晨礼、上班、在家整理报告、孤独"充电"……总之，只要是用来赚钱的时间都是受约束的时间。

如果你中了乐透彩票，你会辞去工作，因为不再需要受约束的时间了，它们突然被换成了可自由支配的时间。金钱可以买来自由时间，减少受约束的时间。尽管如此，你的自由时间也不是免费的，需要用受约束的时间换取可自由支配的时间。你可以享受2周假期，那是因为你为此付出了1年的受约束时间。你可以舒适地坐在沙发上享用一杯冰啤酒，因为你之前已经整整工作了8小时。受到约束的时间变成了你换取可自由支配时间的赎金。

好坏时间

时间有好坏之分。好的时间是可自由支配的时间，而受到约束的时间就是坏的时间。慢车道占用的是工作时间和投资在市场上的时间。记住，上5天班才能休息2天，不是一个好的交易！用时间作为评判的财务计划不是一个好的计划。

如果你生为奴隶，你的时间100%受约束，而可自由支配的时间为零。尽管你无法掌控全部时间，但可以控制时间的比例。一周中，一天受约束时间和6天自由时间不是挺好的吗？如果你可以从受约束的时间里偷走一些作为自由时间，那么生活中的好时间将会比坏时间更多。

把废物丢进垃圾桶

如果你参加过短程赛车就会懂得，每一盎司重量都攸关成败。赛车手会将一切不必要的东西移走，以使赛车尽可能轻。这样可以提高效率、速度和表现，更快地冲向终点。不必要的重量会让赛车更吃力，同样在我们获取财富的旅途上，增加负重是一种罪恶。装满垃圾的车会拖累我们，当你长时间工作时，你会筋疲力尽，彻底被拖垮。这种令人变得虚弱的负重是寄生性债务。

寄生性债务是你亏欠这个世界的。这是受奴役的生活方式产生的废物。你那辆闪闪发光的英菲尼迪需要分期支付60个月，你住的房子是用30年以上的抵押贷款购买的，你买的时髦设计师设计的服装只穿4个月就过时了，那个嵌入式的家具也早已不时髦了。所有这些都成为强迫你去赚钱的累赘。一旦你被迫去工作，就限制了你的选择空间，而有限的选择阻断了你的道路。没有什么比一只寄生虫趴在我的脖子上吸血更让我害怕的了。寄生性债务对于你的旅程而言是不必要的负重，是偷走你的时间、精力、自由和健康的吸血虫，对于财富是绝对有害的。

寄生性债务消耗了可自由支配的时间

造成受约束时间的首要原因就是寄生性债务。你肯定听说过

"心灵窃贼"这个说法，而寄生性债务就是"生活窃贼"。寄生性债务是条贪吃蛇，吞噬你的自由时间，留给你的是受约束的时间。任何迫使你去工作的债务都会消耗你的自由时间，将其变成受约束的时间。

债务会导致时间持续流逝。既然时间只有那么多，那么增加的受约束时间，就只能来自你的可自由支配时间。

寄生性债务的成本

普通美国人欠的账要比他们赚的钱多。因为信用卡，他们过着受约束时间奴役的生活。由于总时间是有限的，受约束时间会挤掉可自由支配的时间，导致你偏离主道。

下次你借钱买那些时髦小玩意时，要明白你到底是在买什么东西。你在买寄生性债务，那会吃掉你的可自由支配时间，将它们变成受约束的时间。

如果你买一套标价4 000美元的音响系统，而你每小时赚10美元，那么其真实价格是多少？这东西到底有什么价值？它的价格就是你的400小时的可自由支配时间，因为你必须工作400小时，才能付清这笔钱。如果加上10%的利息，成本就要上升到440小时的自由时间，这些就是你给自己增加的负担。所以下次你掏出信用卡的时候，计算一下真正的成本。看看需要牺牲多少小时的自由时间。我们买的每样东西都不只是一个成本，而是两个：

- 实际美元成本。
- 可自由支配的时间变成了受约束的时间。

巧克力饼干法则

当我第一次搬出去自己住时，很快就明白了巧克力饼干法则：

243

如果饼干没有放进购物车里，就不会到你家里，也不会吃进你嘴里。而如果你没有吃饼干，它就不会变成你身上的脂肪。

寄生性债务也有同样的法则。控制寄生性债务需要控制好源头——即时满足感。下次你在百货商店禁不住想买一些小玩意儿时，问问自己："这个东西会不会不久后就被扔在一边，最后和其他废物一起堆在车库里？""4个月后，这件看上去傻不拉几的T恤衫会不会被丢在放杂物的柜子角落里，和刷漆时穿的工作服放在一起？"还有，当你下次再买自己买不起的流行时装时，你就打开了寄生性债务的阀门，水再一次流淌到歧途去了。

如果不是用信用卡付款，就不会成为寄生性债务。那样你就会成为自由时间的保护者！想想吧！买这个东西会有压力吗？我亏欠它还是它会有负于我？有些人选择铁窗下的奴役生活，有些人选择天鹅绒墙壁后的奴役生活，两者其实是一回事。终极财富是自由自在地过你想要的生活。所谓的快车道是同时在生活方式和时间方面都非常富有。

忽视可自由支配的时间导致贫穷

不管是富人还是穷人，大家都平等地享有和消费时间。每一天，你我都在使用时间。时间是公平的，没有人的时间可以比别人多。每个人的一天都是24小时，没有人会获得不公。无论是你还是我，我们全都有24小时。时间就是最终的均衡器。

那么为何只有很少人变得富有，而剩下的大多数人不得不每天紧巴巴地过日子呢？他们的差别在于对待时间的价值、选择的路径和寄生性债务方面。想猜猜富人和穷人的行为是怎样的吗？

- 一觉睡到大中午。
- 连续看几小时电视。

第26章 你的原始燃料：时间

- 多开两小时车，就为了节省20美元。
- 为节省100美元买多次中转的机票。
- 花费几个小时浏览社交网站和八卦博客。
- 打魔兽世界游戏的水平达到10级。
- 观看芝加哥小熊队的每场比赛（开个玩笑，我知道你们都是小熊队忠实的粉丝）。

在导致贫穷的复杂原因背后，你会发现对于自由时间的错误估值，会导致做出糟糕的选择。"时间弃儿"是指对时间做出错误估值的人们。这些人一大早4点钟就去沃尔玛门口排队，只是为了抢到开市的廉价货。这些人在百思买门口打地铺睡觉，只是为了抢到一台免费的32寸高清电视。这些人会等在宜家门口，希望拿到一份免费早餐。

时间弃儿们也是极其简朴的人。他们连1美元都不舍得放手，生怕失去后不会再得到。然而，极端节俭并不必然能够省钱。比如，我的一位老朋友想要一辆健身自行车，发现在她家几千米外的一家商场里有售。我告诉她，在附近多花29美元就可以买到。然而她是一个极其勤俭的人，她没有听我的，为了节省29美元开了一小时的车到几千米外去买。总共花了多少时间呢？两个半小时。不算汽油和她的时间价值，大概每小时5块钱，而她工作一小时也不只得到5块钱，却愿意用这样的代价浪费她的自由时间。不会算账的节俭者愿意为了省钱而浪费时间，但其中浪费的时间是节省的那点钱无法弥补的。

如果这些人的生命还剩下3个月的时间，他们还会带着睡袋在百思买门口等候吗？如果还有6个月呢？6年呢？在还剩下多少时间时，这些人会收拾起摊在人行道上的睡袋说："天啊，我为什么要睡在一家电器店的门口？这是明智的生活吗？"失败者才睡在人行道上呢。

奉行快车道原则的人在决策时会优先考虑时间，因为这是我们最有价值的资产。奉行快车道原则的人对于时间很珍惜，而普通人则更珍惜金钱。失败的人和普通人将金钱作为其决策时的唯一依据：哪个工作的收入最高？哪个东西最便宜？如何才能获得免费鸡肉套餐？在他们眼中，金钱是紧缺的，而时间负责善后和打扫战场。如果你想变得富有，你就得像富人那样思考。时间为王。

本章小结：助你踏上快车道

※奉行快车道的人视时间为一切资产之王。

※时间是极度稀缺的，而金钱则多得是。

※受约束的时间是你用来赚钱的时间，自由时间则由你随心支配。

※你的生活是由自由时间和受约束时间两部分组成的。

※自由时间是需要用受约束时间购买和支付的。

※奉行快车道的人努力将受约束时间转变成自由时间。

※寄生性债务会吞没自由时间，并将其转化为受约束时间。

※放纵的生活方式有两方面的成本：自身的金钱成本和自由时间的成本。

※应该控制住寄生性债务的源泉——即时满足感。

第 27 章

换掉脏机油

> 人们忘掉了在学校所学的东西之后，剩下的就是教育。
>
> 阿尔伯特·爱因斯坦

每 5 000 公里要更换机油

车主的第一课就是：每 5 000 公里更换机油。如果忽略这一条，你的车在寿命期未到就会报废掉。更换机油可以让你的车行驶效率更高，而脏机油会变得黏稠，破坏车辆运转，导致汽车在路边抛锚。

快车道的旅程也需要经常更换机油。那么机油是什么呢？机油就是教育、知识、社会常识。

必须根据不同目的使用合适的机油。不成功的人不会操心机油，在开了 5 000 公里之后，他们就到地点了，学校就是他们的最后一个加油站。慢车道上的人加油是为了提高其内在价值，他们用高等教育和证书获得更高的薪水。快车道上的人会及时更换机油，直到车报废。

毕业并非终点，而是起点

直面现实。你今天所知并不足以应对明天之用。你必须不断更新自我，这就需要教育。不幸的是，毕业通常是教育结束的信号。不管你毕业时多少岁，你的成年生活就要开始了。派对结束了，真正的生活开始了。毕业后停止学习是财富自杀的行为。最有效的赚钱时段就是从毕业之后开始的，难道在正规学校学习之后继续接受教育不是很明智的事情吗？

吉姆·格拉赫（Jim Gallagher）11年前就从学校毕业了，现在还在失业。吉姆是一名股票经纪人，但是由于互联网技术的普及，他的专业技能出现了危机，开始变得无用。吉姆接受过的工作培训已经过时了，不再适应现时需要。世界已经变化了，而吉姆和他所接受的教育没有进步。吉姆临时在一家本地家私店做销售工作，他的财务计划落伍了，因为他一直在用11年前的机油。吉姆未能更换机油，所以他通往财富的道路出现了问题。

教育就是你的机油，是你奔向财富之路的关键所在。当你不断接受新的教育、掌握新技能以及新能力时，新的道路就向你开放了，事情会进展顺利。适合的教育可以提供令人难以置信的动力。

教育的角色

无论对于快车道还是慢车道上的人，教育都是非常有用的，但在两种情况下，它们的角色是截然不同的。在慢车道上，教育被用作提升内在价值，而在快车道上，教育被用来搭建和发展业务体系。而且，快车道教育所用的方法不会产生寄生性债务或从众情况。教育的目的是让你的摇钱树长得更壮、业务体系的力量更强大。你不再是轮毂上的一颗螺丝钉，你学习如何制作轮毂。

如果我参加的是"聘请一流销售人员"的培训班，我会积极参加那些有助于加强我的业务的活动。如果我读的书讲的是如何建立新互动网站特性的电脑技术，我就会尝试用其改善我的业务系统。再强调一遍，快车道的教育是为了加快业务体系的成长。相反地，慢车道教育用于提升接受教育者的内在价值，它是这个系统中的齿轮轴。

快车道论坛的一个用户曾有机会报读 MBA 课程，他问我是不是值得参加。我的答案通常是否定的，但是这次情况有些不同。首先，读 MBA 没有资金成本，只有时间成本，因为是政府承担学费。其次，这个人认同快车道理念，所以他的目的不是提高自己的内在价值，而是扩大知识面，用于形成一个快车道系统。因此，我表示支持。

我不知道如何去做

如果换机油需要将你的汽车搁在支撑架上几个月或几年，结果会怎样？你的继续教育不应该带来从众问题或寄生性债务，而只能用于建构你的快车道系统。如何做？让社会成为你的大学校园。是的，你就是你自己的大学。

你可以问问任何一位成功的企业家，他们都会证明这个真理：你必须投入、动手去做以及与他人建立联系，而不只是从书本或教授那里学到东西。但是你会大叫道："我不知道如何去做！"这是最常见的借口。那么，为何你不知道怎么去做呢？你不知道是因为你还没有教会自己怎么做，或者你并不特别急于知道该怎么做。你看，找"我不知道如何去做"的借口比主动学习知识要更容易。在今天的信息社会里，绝对没有借口说自己不知道该怎么做。

我在大学修读了两个学位：市场营销和金融。它们都与计算机科学无关，我毕业时没有任何计算机编程的经验，但是我却在互联网上赚到了几百万美元。很有趣对吧？在 13 年昂贵的正规教育过程中，我没有上过一节有关互联网或网页技术的课。我的计算机课程仅限于商业入门课的水平。如果我不去学校学习互联网，怎么可能掌握这门技术呢？我努力频繁更换我的机油。我自己教育自己，我读书、泡图书馆。我在网上花费几小时时间阅读文章、教程和百科知识。我去寻找和吸收知识。

几年前,当我开始互联网媒体生涯时,我本来可以轻易放弃,并找个明显的理由:我不知道如何去做!我不知道如何为一个网页编写程序!我不知道如何设计图形界面!我不知道如何管理服务器!我不知道如何撰写市场营销文件!这些借口就像一个塑料口袋,只要你把脑袋伸进去,随时都能够窒息你的梦想。相反,我对网站的愿景没有终止于"我不知道如何去做",而是将它作为起点。所以,把你的脑袋从塑料口袋里拔出来吧!

如果我没有更新我的技能(我的机油),我的旅程将会停滞。我对知识的虔诚追求使得我在一个不断变化的世界中保持高效,并奖给了我搭上快行道的机遇。教育不会终结于学校毕业,而是起步于此。最重要的是,我的自我教育是第二个引擎,使得我可以加速驶入快车道,而且我的技能并没有引发寄生性债务或"随大流"问题。

教育是免费的

免费世界里的最大歪曲是对知识使用不足。走进你家附近的书店,闻一闻。闻到了吗?那种气味就是无限的知识的味道。

去你家附近的书店逛逛吧。联排成架的书,随意取阅。想象一下,如果你可以消化吸收每一本书、每一张图表和每一句话,"我不知道"还会阻碍你成功吗?我很惊讶教育是免费提供的,却仍有很多人选择不接受教育。教育是树上待采摘的果实,需要的只是一架梯子。但是大多数人将自己局限在"我无钱接受教育"。这只是一个偷懒的借口而已。

教育是免费的。无穷无尽的知识就在你的手边,挡在你面前的唯一障碍就是你自己。是的,就是你!关掉电视机,拿起一本书,开始读吧!停止玩"吉他英雄"游戏,去泡图书馆吧!放下该死的游戏机，好好读书吧！专心致志的快行道上的人整个星期都在看书。他们参加研讨会，光顾商业论坛，经常用谷歌搜索各种话题和策略。

你无须天分，只凭借坚定和努力就可以成为某一领域的专家。世界上不存在什么书本可以让我变成专业篮球运动员或一名专业歌手，但是可以将新手打造为其他任何行业里的专家。你可以成为一名货币交易专家，或者是房地产、商业、网络编程、市场营销方面的专家，也可以成为一名演说家。任何无须身体天赋的行业的专业知识都属于此范畴。需要什么条件呢？你的承诺，以及最重要的一点——去做！

当我装修自己的住处时，我的门厅需要做人造画喷涂。人造画喷涂是一种复杂的喷漆技术，可以做出丰富的具有层次感的光亮表面。我有两个选择：一是找专业人士来做；二是自己学着做。因为我已经不再打工了，我认为这是一个有趣的挑战，所以我想试试身手。

我上网浏览，看了几小时的视频教程，然后打开家得宝（The Home Depot）的网站，买了一些工具，又花了几天时间在卡纸板盒子上操练了一下。不到一周时间，我就能熟练干这个活了。我用一周时间学会了一项新技能。几天前，我还处于"不知道如何去做"的状态，几天之后，我就拥有了一项随时可以施展身手的新技能。最好的人造画喷涂工收费是 30 美元/米。只用了一周，我就学会了一项技能，又打开了通向快车道的一条小路。

技能和专业知识就在那里等着你。没有人会放一本书在你桌上或把知识当作礼物送给你。你得自己去寻找，去尝试，去用它。知识的获取和应用会让你变得富有。

那么你是在哪里发现知识并不昂贵的呢？就像你呼吸的空气，它总是围绕在你的周围，就像是一颗等待采摘果实的苹果树。

- **书店**：对于你花在教育上的投资来说，书店给予的回报是最高的。不管你是买是借，甚至是顺手拿的，去读吧！

- 图书馆：是最大的免费知识库，可以去除"我没钱买书"的借口。我就是从图书馆开始起步的。
- 网上论坛：在这里可以找到和你有类似想法的人，并从那些成功者身上学到经验。去搭个顺风车吧！
- 网上课程：可能非常贵，但是很方便。
- 研讨会：好的研讨会可以带来价值，它们是由合适的机构组织的，而不是那些暴发户。
- 电视：有线电视已经让电视具备了教育功能。远离那些不现实的垃圾电视节目，调到有教育价值的频道：历史、发现频道、科技、家园频道（HGTV），军事和国家地理频道等。
- 持续教育课程：主要由社区学院提供，包括了大量特定专业的非正式培训课程。
- 免费杂志：浏览TradePub.com 和 FreeBizMag.com，可以免费订阅你感兴趣的杂志。

不幸的是，尽管我们身边有无穷无尽的知识，大部分人还是视若无睹。下面这段内容是摘自成功的房地产投资人隆尼·斯克鲁格（Lonnie Scruggs）有关教育的评论：

> 我过去同时打两份工。教育改变了我的生活。在我学会如何让我的钱发挥作用之前，我什么活都干。我那时确实很无知，认为财务自由的答案就是同时打两份工。那就是我做了多年的事情。最终我意识到，一天里没有多少小时，我无论一个月干了多少小时的活，都无法达到财务安全水平。应该存在一个更好的方法，于是我开始去找它。
>
> 当我意识到教育和知识就是我要找的答案时，我便下定决心去接受教育。在那之前，我接受的不过是"上学"而已，而现在意识到自己需要某种教育。回顾过去，我看到自己没有做那些很多人在做的容易和有趣的事情，但是我做了正确的事情。今天我

享受到了财务安全和自由，我可以做自己想做的任何事了。

我的很多朋友仍在打工，寻求他们永远也不会了解的财务安全。他们有同样机会做出和我一样的选择，然而他们总是选错。他们都上过学，但没有接受过为其提供财务自由所需的教育，他们很羡慕我的运气。

你能做的最好的投资就是投资你自己。所以应该乐意为自己的教育花钱，否则日后早晚要为缺乏教育付出更大代价。你今天所做的选择将决定你未来的财务状况。要确保自己做出正确的选择，因为你将不得不承担那个选择造成的结果。

富人明白教育不会在毕业典礼之后就结束，而是刚开始。时代在向前发展，你的教育必须跟随它的脚步，否则你将陷入平庸。

我没有时间

紧跟在借口"我不知道怎么做"之后的是"我没有时间"。难道你真得找不出一点时间更换你的机油吗？"我是认真的，除了工作和两个孩子之外，哪里还有时间？"时间挤一挤总是有的。只要你留意一下现在所做的重复性活动，就会发现更换你的机油并不困难。尽管时间可能是线性的，但是可以在一个时段同时做两件事情，这就像那句老话说的，"一石二鸟"。最大化利用时间，就可以最大化你的财富。试试在一个时间段达成两个目标，让生活成为你的大学。这里有一些挤出时间的"生活大学"策略：

- "驾驶"大学：在堵车时听听有声图书或财经新闻，可以把浪费在路上的时间转变成教育。
- "锻炼"大学：当在健身房锻炼时，有空可以看看书、杂志，看看播客视频。在休息间隙，在跑步机上，在静止脚踏自行车上，可将体育锻炼转化为教育。

- "等候"大学：在预计需要一个痛苦漫长的等候时，带上一些可以读的东西。比如在机场、医院以及机动车管理部门。不要呆坐在那里了，学习吧！
- "洗手间"大学：永远不要浪费这段蹲马桶的时间，读一些有教育价值的东西。把每天这段"蹲坐时间"用于学些新东西。"洗手间"大学是更换"机油"的最佳场所，因为每天都有这么一段时间，而且是无法避免的。这意味着你的时间投资的回报是无限的！把在洗手间里花费的时间转换成教育。
- "上班"大学：如果可以的话，在工作间隙读点书。我曾经做过糟糕的工作（当豪华轿车出租司机、送比萨），我利用了工作中很多"等候时间"。尽管我在等候旅客、送比萨和订购鲜花，我也在读书。我没有百无聊赖地玩口袋扑克。如果你可以利用工作中难打发的这些时间，你将学有所得。把无聊的工作转化成教育。
- 电视大学：你不能戒掉看电视？没关系，把电视机摆在靠近工位附近，一边开着电视，一边按你的快车道计划工作。我在重复看了无数遍星球大战的同时，学会了如何编写网站程序。事实上，在我写这本书的时候，我在看周一夜球节目，看新奥尔良 Saints pummel 对战新英格兰 Patriots 队的比赛。把看电视转化成工作和教育。

想想你对时间的使用吧。有多少小时是浪费在了生活中的细碎小事上了？这些时间不应该浪费，应该用于在快车道上更换机油。

在开始补充燃料前，挑选一个让你感兴趣的话题，或者你生活中的一个需要改善的领域。不擅长营销或写作吗？到图书馆去读书吧。在我开始写作这本书之前，我买了6本有关出版、写作和编辑的书。我并不是两眼一抹黑地瞎写和出书的。我通过这个过程同时教育了我自己。

设定一个目标，每年至少阅读 12 本书，也就是每个月一本书。如果你像我一样激进，你将每周读一本书。我唯一要强调的是，你掌握的知识越多，你在快车道上创造出的扭转力就越大。

花 5 万美元换机油

最近一次我去一家自动加油站，因为接受了额外服务的建议，本来只需按照广告优惠价 21.99 美元换机油，最后我却花了 110 美元。换机油的成本不应该超过 25 美元，再多就要引起你的怀疑。一本书的平均价格是 20 美元，二手书会更便宜一些，图书馆里看书是免费的，在社区学院接受持续教育的费用是每个学分 30 美元。换机油很便宜，然而我们却继续被债务链条绑住了脚踝，并为换机油支付几千美元。

有一天我看到一幅照片，上面是一名学生公开抗议政府的一项金融救助。她手里举着一张大标语牌，上面写着："我 GPA 成绩 4.0，欠了 9 万美元的债，没有工作，给我的救助在哪里？"你的救助在哪里？好吧，让我来告诉你，你走进浴室，打开灯，好好看看镜子中的自己。那就是你的救助。我已经厌烦了那些背着一身债从大学毕业后找不到工作的学生的悲情故事。

负起责任吧！你们沉溺于大学可以保证就业的神话中了。事实是，当你允许市场力量推动你的汽车的话，你可能最终会流落街头，带着一个自制的海报，声称你的价值是 GPA 考了 4.0 和身上背负的 6 位数负债。没人在意你，你之所以负债是因为你借了钱，你负债是因为轻信了谎言和让出了控制权。你选择了慢车道。你是被迫才借债的吗？你之所以没有工作，是因为你投票选出的政客惩罚生产商和奖励消费者。直面事实吧，被迫用一生时间去做昂贵的更换机油是愚蠢的。再重申一次，寄生性债务不关心来源，它蚕食你的可自由支配时间，适当地加少许盐和胡椒调味。

研讨会没有用

付5万美元参加一个研讨会是多么白痴啊？很多人却会这样做。这是在快车道论坛上常见的问题。某机构举办为期3天的房地产投资研讨会，参加的价格是5万美元。你会参加吗？你说什么？你是在吸毒吗？你知道自己在花钱干什么吗？让我来告诉你吧。你在花5万美元给某个人，让他给你讲一本书，而这本书在书店就有售，价格是19美元。

5万美元的研讨会是对人性的利用——人都是懒惰的。人们想要现成的东西放在面前，而不想自己去读，然后把知识联结起来。人们想要别人帮他把这些事做好。人们想得到引导，想让别人帮他开车，想要结果，而不是过程，世上会有比一场价格5万美元的研讨会更棒的事情吗！

研讨会是不错的教育方式，但必须是合适的研讨会，它应该价格合理并由生产者和经验丰富的专家提供，而不是由教授、专职公共演说家主讲。大多数昂贵的研讨会是精心策划的营销机器，目的是掏空你的钱夹。大多数低价的研讨会只开一天，比昂贵的研讨会更受欢迎。那些衣冠楚楚的演讲者又是怎样的呢？他们身陷典型的实践悖论：靠着公众演讲身价百万，却不能用其所讲述的东西赢得财富。

快车道论坛的一名会员向一位畅销书作者反映了他最近参加研讨会的体会：

> 首先，研讨会组织者不"允许"你与其他参加者交流。如果允许你这样做的话，人们很快就会发现这个研讨会只是为了对一个价格5万美元的更贵、更大的研讨会进行大型推介活动。其次，你学不到任何东西，你本应听从直觉不去参加的。真是浪费时间。奇怪的是，在银行一点存款都没有的人，为了一丝得到更好东西的希望，居然会在那上面花5万美元。最后，居

然还有一个环节是帮你提升你的信用卡额度，因为毕竟是富人创造财富，而穷人只能去辛苦赚钱。所以每个人都提高了自己的信贷额度，然后你猜猜发生了什么事情？他们根据你有多"认真"，诱惑你购买1.6万~5万美元的东西。非常荒谬吧？一点儿也不，因为人们像待宰的牲畜一样冲到屋子后边，手里拿着信用卡。他们带着自我满足感离开了，在他们的衬衫上还贴着一张精巧的贴纸，上面印着"我投资自己"。

花5万美元换机油和参加5万美元的研讨会一样令人惊讶。好的研讨会价格不超过1 000美元，由受人尊敬的专家、业内人士和专业研讨会机构组织。好的研讨会具有教育意义，不会开出天价。而糟糕的研讨会则大肆宣传，压榨参会者，这类研讨会想的是如何赚钱，而不是如何帮助你。

怎样才能区分好坏研讨会呢？第一是看价格。任何不合理的情况都是一个警示信号，表明组织者对赚钱的兴趣比提供教育更大。第二还是看价格。要警惕免费的研讨会。免费研讨会通常意味着8分钟的教育加上8小时对更高价格研讨会的推介。第三，发言人是谁？是一位专业演讲者吗？或者是某个借此用来操练授课技巧的人？仔细读推介资料。"约翰大师的战略已经让他赚了几百万美元！"而资料上又说："约翰大师不会到会。"如果那个真正的外科医生没空，你会让他的助手代他为你做手术吗？当然不会！

本章小结：助你踏上快车道

※快车道上的人在毕业时开始了他们的教育，有的甚至比这更早。
※快车道上的人的教育是为了发展他们的业务系统，而不是提升其内在价值。
※快车道上的人没兴趣做轮毂上的一个榫子，而是想成为那个轮子。

※ "我不知道怎么做"是一个破坏自律的借口。

※ 无穷无尽的知识不仅处处存在而且免费，你缺少的是约束自己去吸收它们的自律。

※ 你可以在任何不需要身体天赋的领域成为一名专家。

※ 持续教育可以在做其他事情的时候同时进行。

※ 昂贵的研讨会的组织者借助"事件"营销空洞的承诺，从失败者和失去特许权的慢车道上的人身上占便宜。

第28章
冲击红线

> 如果事情看上去是受控的,就意味着你做得不够快。
> 马里奥·安德莱逊(Mario Andretti)

快车道赢家是在红线炼成的

快车道赢家是在红线炼成的。那条红线是什么?红线就是百分之百地承担责任。

摇钱树、业务、系统都不是一蹴而就的,朱玛花费了几年时间制造他的金字塔机器。承担责任是培育摇钱树所需的水、阳光、肥料以及耕作。我知道承担责任是一个可能导致混乱的词汇,如果你以为快车道致富的过程很容易的话,那你还是停下来回到慢车道上去吧,即便在那里,也不会有容易事!

要记住,轻松致富是一枚糖衣炮弹。创造一个生机勃勃的业务,就像把孩子从出生抚养成人,就像父母需要向孩子们承担责任,你必须为你的系统和业务承担责任。这就是红线,是检验你的底线。

是兴趣还是承担责任

很多人一生都在逍遥地用第一挡行进,却在问自己为何是在这里?人人都对金钱感兴趣,不幸的是,仅对财富和财务安全"感兴趣"并没有什么用,他们依旧在用第一挡行驶。

为了超越第一挡,你必须做出相应的努力和一系列正确选择,充分利用快车道的力量。在兴趣和承担责任之间,存在着本质的区别。

读一本书是兴趣,而经常运用书中学到的知识则是承担责任。兴趣是想开始一项业务,而承担责任是完成有限公司的注册文档。从周一到周五每天工作1小时是兴趣,而每周工作7天,只要有时间就工作则是承担责任。租一辆昂贵的轿车是兴趣,骑着自行车为经营系统而奔走则是承担责任。兴趣让你看上去富有,承担责任使你变得富有。

脸书的创始人马克·扎克伯格(Mark Zuckerberg)建立社交网站不是因为兴趣,而是他有这份承诺和担当。托马斯·爱迪生(Thomas Edison)不是因为兴趣才发明了灯泡,而是他实现了自己的承诺。如果仅凭兴趣,可能经历3次失败之后就放弃,而承担责任则是直到失败100次之后还在坚持。

当我建立自己的公司、系统和代理时,我在履行承诺。我愿意连续几周每天都花费12小时建立和完善自己的系统,我会放弃晚上和朋友一起饮酒欢聚。我住在狭窄的公寓房里,午餐和晚餐吃的是廉价的意大利面条。为了实现自己的计划,我愿意去洗盘子。当我的朋友们在津津乐道于能够驾驶电玩游戏里的赛车时,我想要的却是财务自由。我想要的是现实中的跑车,不是电玩游戏里的那种。我的朋友们沉溺在成为虚幻世界里的赢家,而我立志成为现实世界里的赢家。快车道上的赢家是在红线上锻造出来的。

拉开自己与"大部分人"的距离

你有多想成为这样的赢家?你的期望是什么?为了达到这个目标,你介意睡在车里吗?当你的朋友都拥有自己的房子时,你

第28章 冲击红线

愿意住在狭小的公寓里吗？你不想扔掉那辆跑了20多万公里的破车换一辆宝马车开吗？你能忍受你的朋友年薪5万美元而你却要在苍蝇馆子外等位吗？你到底有多想呢？

大多数人并不这样想，因此赢家便从中脱颖而出了。浑浑噩噩地混50年，会比你从中脱身出来更痛苦。可以现在享受平淡无奇的舒适，也可以以后享受奢华的舒适。快车道上的人会放弃短期舒适，预见到未来会得到长期的轻松享受。

在需要付出辛苦努力之时，大多数人选择了第一挡的舒适速度，避免红线的不适感。因为选择红线则意味着穿过路障和各种艰苦过程。

当卡内基梅隆大学的教授兰迪·鲍施（Randy Pausch）被确诊患上癌症时，他在最后一堂课上这样祝福我们：

> 砖墙的存在总有其理由，那些砖墙是让我们无法走出去，是为了给我们一个机会，表明我们对某事有多么的渴望。砖墙是为了挡住那些不是特别渴望的人的。它们是为了挡住别人！

这段话的最后两个字是"别人"。你要确保自己不成为"别人"，因为"别人"就是"大部分人"的同义词。大多数人是消费者，游荡在入不敷出的边缘。大多数人不会把很多时间放在业务上，而他们的朋友则依靠信用卡赊账过活。大多数人会允许朋友和家庭把他们的梦想贬低为"此路不通"的反面教材，他们开始时非常兴奋，夸夸其谈，但是一旦遇到挫折失败就会主动放弃。大多数人无奈地说出"我放弃"，而不知道其实他们距离成功只有一步之遥。

"我们还没到达目的地吗？"财富是个狡猾的家伙，它的漂浮不定将弱者淘汰出局。你的征途应该有一个明确的路径：兴奋、质疑、承担责任——重生。快车道的成功需要你投入大量时间和精力，这是让你变得与众不同和战胜他人所必须付出的成本。

冲击红线的努力无法转嫁或外包。明确你对工作和付出的期望，了解你的目标和梦想，准备好你的办法，你必须为此付出努力，因为你不愿意一辈子过那种只有双休日的生活！如果你不按快车道的要求付出辛苦努力，别人就会那样做。如果你选择不像其他人那样过普通生活，你将会发现一些奇迹——你确实可以活得与众不同。

把脚从刹车板上拿开

失败是成功之母，而我已经历了无数失败。

有氧锻炼的目标是让你流汗，让你的心跳加快，增强你心血管的弹性，还能让你减肥。如果你参加这样的训练，而教练不许你流汗，这是有违初衷的。努力工作自然要出汗，汗水就是你努力的证明。不幸的是，如果你害怕失败而死踩着刹车板，你面对的就是一个可笑的悖论。失败是成功之母，不流汗就不能达到有氧锻炼的目的，没有失败，你也不会取得成功。失败只是追求成功的一个过程，如果你回避失败，也将与成功擦肩而过。如果你踩着刹车板，就无法沿着这条路奔向财富。

你必须承担风险，你不得不经历痛苦与不适，你不得不从那个圈子里跳出来去面对失败。

是什么原因导致了害怕失败？对失败的恐惧归因于过高估计了最糟糕情况产生的后果。最糟糕时会发生什么后果？发生这个后果的概率有多大？你害怕业务失败之后不得不回去上班吗？这没什么。而当你拒绝迎接挑战时，你才会为此付出代价！

承担可控的风险，这样做就会豁然开朗。你会遇到新人，发现新的机会，并收到反馈，"幸运时刻"会出现在你的生活中。动手去做就会出现神奇的事情。是的，快车道是有风险的，失败司空见惯。我学过如何通过试错编写电脑程序。在我发现正确的方法之前，可能在一段代码上已经失败了几百次。我的其他失败经历还包括笨拙地做过多层次营销、珠宝和直销业务。每一次失败，我都不放弃，重新分析、学习、调整，并且再一次尝试。要松开刹车板！

我曾经听说过一句话，"聪明人从自己犯的错误中学习，智慧的人从别人的错误中学习。"你可以从我的失败中学习。我并不是一夜之间就发现了快车道，而是在失败的引导下发现的。害怕失败很正常，但是失败创造出经验，而经验孕育了智慧。

快车道的风险可以带来一生的回报

比尔·盖茨是少见的奇才。他创建了一家公司并取得了巨大的成功，从中赚了几十亿美元。有人可能会说我也想成为这样的人，一次成功就可以享受一辈子。

你面前是一个挑战：如果你想打出本垒球，你就得起床去练习。无所事事地坐在休息区或懒惰地蜷缩在沙发里边吃东西边打电子游戏，是打不出本垒打和单垒打的。起身去做体能训练！开始用力搏击！经过足够的训练之后，你就能适应挑战，才能让事情变得更容易。

承担明智的风险，放弃无谓的风险

谈到风险分析，对于最佳结果和最差结果对应着两类风险：明智的风险和无谓的风险。

飞到拉斯维加斯，把一个月的薪水拿去赌博，这是无谓的风险；在高速公路上驾驶一辆刹车有问题的车，这是无谓的风险。只有承担明智的风险，避免无谓的风险，你的财富才会不断增长。明智的风险具有有限的下行空间，而其上行空间是无限的。无谓的风险具有无限的下行风险，而上行空间是有限的，至少在短期内是有限的。

大多数无谓的风险没有前兆。它们只有模糊的定义，很少有人做过调查。当我开着 850 马力的跑车飙过凤凰城的街道时，我处于一种不易察觉的风险之中，得到的好处是一时的兴奋和短暂的自我膨胀。但是可能的后果是造成自己或别人死亡。好处是短暂而有限的，而坏处则无尽且漫长。是的，这种行为看上去愚蠢到家了。

还有另一个隐藏的风险。我写这本书时使用的是一个云计算应用。也就是说，我利用一个外部工具写作。我没有在电脑上做备份。如果云服务器瘫痪，我的成果就全没了。是的，这种难以察觉的风险多种多样，无处不在。

现在我们谈谈智力风险。当我向一家互联网公司投资 10 万美元时，我处于智力风险之中。在我卖掉我的互联网公司之后，又将出售所得的一部分投入了我所卖掉的公司，使我仍然持有一小部分该公司的股权。为什么我要投这 10 万美元，让自己暴露在风险中呢？因为我评估了自己被别人收购的公司，认为成功的概率相当高。他们的目标是收购我的小公司，然后将其发展成为 1 亿美元的大公司。如果他们成功了，我的那区区 10 万美元投资将升值为 200 万美元。坏处是什么呢？这家公司有可能失败，清算后，我的损失大约是投资额的一半。这个坏处是有限的，而好处则非常巨大。这就是智力风险。

如果你辞掉工作去投身快车道事业，这也是智力风险。你的好处是有可能成为百万富翁，坏处呢？你可能降低生活标准：自己拖地板，自己做汉堡包，吃米饭和青豆，骑自行车去买日常用品。真有那么糟糕吗？如果你知道自己的目的和坚持下去的承诺，其实这不算太糟糕。再强调一次，所有这些都取决于你想要做什么和不想做什么。风险包括在慎重做好的选择之中，应该将愚钝风险降到最低，从智力风险中获取收益。对于失败而言，相信我，相比不去尝试的遗憾，失败后的悔恨其实没那么严重。

忌掉"改日做"

是什么阻止了人们冲刺红线？

改日做。改日我将……改日我会去做这件事，改日我会去做那件事；等到孩子长大了……等把债务偿还了……而这一天从来没有到来过。这一天就是你心中无法到达的胜利彼岸。

这个借口很危险而且具有传染性，会将你诱入不知所措之地。"改日"应该就是此时、此地，简单、干净，与明天没有一丝关系。快车道要求你做出这样一个简单的转变：把"改日"换成"今天"。

你有没有经历过开车时一路都是绿灯的情况？考虑到机会和风险最小化，人们往往在等候完美的时机。他们想等到所有信号灯都是绿灯，这样就要等待"那一天"。问问那些在慢车道上寻求逃避的人，为何你没有立即去做？你在等待什么？得到的答复一定是这些借口：

- "我在等待促销。"
- "我在等待孩子们长大。"
- "我在等待还清债务的那一天。"
- "我要等到继承了财产。"
- "我在等待新的一年。"
- "我要等到毕业后。"
- "我要等我妻子找到工作。"
- "我在等候经济好转。"
- "我要等到把这个热水器修好。"
- "我要等这个……"
- "我要等那个……"

所有这些借口中有一点是相同的，即"我在等待"。但是你究竟在等待什么呢？某一天？发生某个事件；或是某个前提条件？悲哀的是，这些由内心虚构出的前提条件，只是让那些到处寻找机会的人，多年来还被困在同样的窘境中。等候所有信号灯都变成绿灯，犹如等候太阳从西边升起。

一句话，永远不会有完美的时间。某一天就应该是今天，今天就是当下。今天才是你拥有的全部！如果你等待，机会就将擦肩而过，你的快车道旅程将程不会开始。当旧的前提条件被满足时，又会出现新的前提条件，年复一年，时间就这样溜走了。错过的不只是机会，还有时间。正如歌中所唱"当时间飞逝，你的生命也在流逝……这些日子就是我们的生命"。

机会才不理会你的时间表

机会在你身边频繁穿梭，你得抓住它，评估风险并采取行动。机会才不理会你的时间表，不会关心你的处境。它随性而来，随意而去，对困境视若无睹。机会以变革和挑战的面目出现。记住，正是改变，制造出了百万富翁。

快车道论坛便是我在不经意间抓住时机的例子。我的这个论坛在写这本书的几年前就有了，因为机会没有提前告知就正好从我身边经过。而我预想的快车道论坛的时间则是这本书完成之后。

在开始写这本书的几年之前，我正在浏览以前曾经访问的一个商业论坛。我发现熟悉的论坛活跃者都在哀叹"旧日时光"，乱七八糟的人闯入论坛，到处都是广告垃圾邮件、欺诈等。曾经繁花似锦的花园变得杂草丛生，大家呼吁改变，想换个地方。

我一直想在将来某个时候做一个论坛，但是这个机会来得似乎不是时候。它突然出现在转角。尽管当时我在淋浴，还是湿漉漉地跑了出来，毫无准备地、生涩地和机会见面了。

我打开门欢迎它，请它进来。这不是我的最好时机，却是"机会的时间"，"有一天"变成了"今天"。那个决定让我在动笔写书之前就预售了几百本书。

世界上很多成功的企业家是在大学开始创业的，例如，微软、戴尔电脑、联邦快递和脸书的创始人。他们抓住了突然而至的机遇，选择去承担智力风险。这些企业家抓住了机会，而不是等着条件成熟再做，他们不会说"等我毕业了"、"到暑假的时候"或"在我考完数学之后"。机会把自己装扮成等待满足的需要，当它按你的门铃时，快去开门！没有回应，机会就会离开，转身去按别人的门铃，最终会有人愿意打开门。

为什么不是你？时机极少是完美的，等待会让人变得平庸，不要用一生的时间坐等完美时刻的来临。完美的场景和条件是永远不会有的。什么会来临？时间、年龄和梦想的幽灵。

现在你有机会把车开出车库上路了。这条路是你的快车道起点。快车道将把你引向财富。你有一张快车道路线图，而且你知道慢车道和人行道是怎么回事。你知道如何保养你的车。你懂得哪些想法是资产，哪些是负担。你的车已经暴露在地球引力之中，你有了各种把车开出车库的工具，你能将它开上一条财富之路。是的，现在是时候上路了。

本章小结：助你踏上快车道

※兴趣是第一挡，承担责任是红线。

※努力工作和承担责任将胜利者从失败者中区分开来。

※一些人选择短期平淡的舒适，而失去了长久的奢华生活。

※为了过上和常人不一样的生活，你得做其他人不想做的事情。

※你要做好努力工作、付出和遇到各种困难的心理准备。一路上有很多地雷，弱者会被抛离大路，重新回到"大多数人"那边。

※失败是成功之母，你要有心理准备并从中吸取经验和教训。

※一个全垒打可以让你一生或者几辈子获得财务上的安全。

※全垒打是无法在球场的休息廊里打出的。

※不易察觉的风险具有无限的下行风险（长期）和有限的上行空间（短期）。

※智力风险具有无穷多的好处（长期）和有限的坏处（短期）。

※世上从没有完美的时点，等待"某一天"只是浪费时间而已。

第7篇

通向财富之路

第29章
通向财富的正确道路

> 选择走上哪条路,就会到达哪个地点。方法决定了结果。
> 亨利·艾默生·福斯迪克(Henry Emerson Fosdick)

你的财富之路是死胡同吗

对于财富之旅来说,你的路是什么样的?如果你是慢车道上的人,路就是你的工作:医生、律师、工程师、销售员、发型师、机师。如果你是快车道上的人,你的路是一项生意:互联网企业家、房地产投资人、作家或者发明家。你的路是你的事业或商业路径,那条路必是一条财富通途。不幸的是,大多数的工作不会通向财富,这是因为它们的数学限制,令人惊讶的是,大多数生意也是如此!一条从芝加哥开始向东走的路,永远也到不了拉斯维加斯。如果你是在错误的生意路上,你就不得不转动方向盘,做出修正:退出这条路,转弯或者掉头。

这条死胡同让数百万企业家痛苦不堪,他们选择了错误的路却想知道为何财富不光顾他们。他们每天工作12小时,用时间换取金钱,而不知改进自己的业务系统。他们工作6天休息1天,甚至7天都在工作,永不退休。

如果你接触到快车道理念,并按照快车道的建议"开始一项生意"在街角搭起一个柠檬汽水摊子的话,那我真是太失望了。那条路是错的,它不会通向财富。财富之路必须通向财富!如何做?我们选择的路必须接近或者遵循影响力规律。

通往影响力之路:5 条快车道戒律

影响力定律是说,为了赚百万美元,你必须影响百万人。怎样才能做到这一点?在慢车道上,你努力提升自己的内在价值,变成对别人非常重要、须臾不可离开的人,这样才能赚到几百万美元。在快车道上,你做的业务会触及几百万人或普罗大众的生活。如果你的路不会影响到周边的人,或者上面有个分流匝道,对不起,你就是在错误的路上。

快车道财富公式的力量是由导向影响力定律的业务激发出来的。业务机会非常多,不幸的是,大部分都不是快车道。如果你开的是卖 10 美元打折品的零售商店,怎么可能期望主顾是百万富翁呢?为了赚百万美元,你必须服务百万人。影响力是财富的守门人,如果你想直面迎接影响力的挑战,低调的态度是不可取的。

用影响力定律照亮你的快车道,用 5 条快车道戒律做个检查。

- 需求戒律。
- 进入戒律。
- 控制戒律。
- 规模戒律。
- 时间戒律。

5 条快车道戒律是快车道的试金石,可以用来验证你选择的道路。你的道路(或未来道路)是否通向财富?它是快车道吗?可以变成快车道吗?可以产生影响力吗?你选择的道路是成为一家百万美元的企业,产生被动收入,还是最终会被收购?

满足所有 5 条戒律的道路可以让你快速致富。违反的戒律越多,你的道路的财富潜质也就越差,你获得影响力的可能性也就越低。尽管违反一条或更多条戒律仍可能迅速创造出财富,但你还是应该对准满足所有戒律的道路。强有力的路就是强有力的财富创造保证。悲哀的是,大多数生意机会都不符合上述戒律。这样的机会不值得你关注。

> **本章小结:助你踏上快车道**
>
> ※不是所有生意都是正确的路,其中只有少数遵循或接近影响力定律。
> ※好的快车道满足 5 条戒律:需求、进入、控制、规模和时间。

第 30 章
需求戒律

> 如果我们不是为了让生活变得更容易，那又会是什么？
> 乔治·艾略特（George Eliot）

沙上建屋

90%新业务会在 5 年内失败，知道它们为什么失败吗？因为它们没有遵循需求戒律。

关于需求

如果你把业务建立在一个有瑕疵的基础之上，肯定会失败。沙上建造的房屋，非常脆弱。违背了需求戒律的业务，要么属于那90%的失败者，要么伪装成一个工作。地心引力无法避免，商业取胜的前提虽然简单却经常被大多数人遗忘——解决需求的商业。能够提供价值的业务才会成功，能解决问题的业务才会获得利润。自私和自我陶醉无法形成好的、长久的商业模式。

想想商业的目的何在？它们为何存在下去？为了满足你"想做自己的事"的自私愿望吗？为了满足你对财富和财务自由的渴望吗？说真的，除了真正关心你的人，没人在乎你的愿望、梦想和爱好，也不会在乎你"为什么"想成为富人；没人在意你想拥有一部法拉利跑车只是为了证明父母小看了你；没人在意这个国家埋没了你。根本没人在意这些！是的，这个世界很自私，没有人关心你想致富的动机是什么。

那么人们究竟在乎什么呢？他们在乎你能为他们做些什么，如何帮到他们？你的业务里有哪些是对他们有益的？能够解决他们的问题吗？可以让他们的生活变得更容易吗？可以为他们提供保护吗？能帮他们省钱吗？对他们有益吗？让他们感到物有所值了吗？告诉我，为什么我应该为你的生意掏腰包？你为我的生活增加了什么价值？

回想一下我们说过的生产者/消费者辩证法。消费者都是自私的，他们想知道的是"对我有什么好处"。作为生产者，要想胜出，就要放下自己的自私想法，关注他人的需求。

停止追逐金钱——去寻找需求

永远不要因为想赚钱而开始一项业务。停止追逐金钱，从寻找需求入手。以下的内容十分重要：

停止从你自私的愿望、角度想问题，不管想的是金钱、梦想，还是"你喜欢的事情"。相反，寻找需求、问题、痛点、服务缺陷和情绪。企业家之所以失败，是因为他们从自我的角度经营业务，而自私的想法不会带来盈利的生意。他们直接归入了那90%的失败案例中。

- "我需要一个新的收入来源。"
- "我是××方面的专家，所以我要做这个业务。"
- "我读了一本教我如何致富的书，书上建议开始做业务。"

错，错，全部错。再说一遍，自私和自恋的想法是违背需求戒律的。

当你不再自私，将业务重心从满足自我转向满足他人，钱就会向你和你的生意走来。先给予，再索取。放在第一位的是需求，不是金钱！如果你在市场上致力于解决自己的需求，我敢说你一定会失败。

乔是一名武术专家，他热爱自己这门技艺。他听了大师们的建议"做你喜欢的事情"，开办了一家武术工作室。工作室只维持了10个月就关门了，因为他无法靠着每年2.1万美元的利润支撑全家的生活开支。

乔开始做这件事已经注定会失败。他把生意建在了一条铺着沙子的错误道路上，将其建立在个人需求和愿望之上："我是武术专家而且喜欢这项技艺，所以我应该开办一个工作室。"正确的基础应该建立在外部的市场需求之上，而不是内部的自我需求。如果不考虑自私的动机，乔应该考虑哪些方面呢？

- 我周边的邻居是否有对武术工作室的需求？
- 现有武术工作室有哪些做得不足的地方，我是否能够比他们做得更好？
- 我可以为学员提供哪些更好的价值？
- 我能为社会带来哪些价值？

乔的失败是因为市场上没有大量对武术的需求，而他的动机来自个人愿望。如果他一开始就分析了这些问题，他迈上成功之路的机会将大幅提高。

几年前的经济扩张时期，我留意到在我母亲居住的亚利桑那州昌德勒的住所附近（那是一个白人中产阶级居民区），出现了一个独立的临街铺面，当这栋房子建成，商户搬进去之后，失败便开始了。

这家新店是一家嘻哈服饰精品店。请系上安全带，失败就要到来！何解？这家店违背了需求戒律。周边住户不需要一家嘻哈精品店。这里远离市中心，附近没有跳舞俱乐部，这家店和所在环境根本不搭界。实际上，距离这家店不到 100 米有一家养老院。难道 91 岁高龄的老奶奶会是这种用品的目标客户吗？我们从中看到的明显问题是自私，店主靠着自己的热情和对嘻哈音乐和文化的热爱而开了一家店，而这家店并未考虑需求。也许是一个生活教练告诉他要"做你喜欢的事情"。不管他的动机是什么，开店的愿望是内在的，不是建立在外部市场之上的。我预计这个生意会坚持 12 个月。18 个月后，这家店消失了。那个地方重新变成了砂石路，因为那里没有需求。

金钱追逐者想的是钱，而不是需求

我经常读到一些怀抱宏伟赚钱目标的充满激情的创业者发出的帖子。只要你浏览任何一个商业论坛，就会看到到处是被误导的自私的想法。

- 如何能够在创业阶段赚到钱？
- 什么生意可以让我从 200 美元起步，却能每月赚到 5 000 美元？
- 什么生意可以在家里做？
- 我有个制作小饰品的朋友，你觉得我可以靠销售这些东西赚钱吗？
- 我怎样才能获得被动收入？
- 在 eBay 上卖什么东西比较好？
- 最好做的小本生意是哪些？

如果你傻傻地坐着问自己这类问题，你将很可能跌入失败者的行列，因为你过于关注金钱，而不是需求或者价值。你搞错方向了！我把这些创业者或企业家称为"金钱追逐者"。他们从一个生意跳到另一个生意，在市场失衡时套利，很少去解决需求和创造动力。有时候，这些自私的企业家会采取令人质疑的生意手法，忽略客户需求，贪婪地追逐金钱。

金钱追逐者是消费者，他们还没有转变为生产者。他们想要成为生产者，但是却像消费者那样自私地想问题。

例如，在房价上涨时，金钱追逐者们变身抵押贷款经纪人和房地产中介。泡沫破裂后，这个行业开始收缩。抵押品被赎回达到了历史高点，"贷款清理人"成为新的金钱追逐者。每一次泡沫兴起和破灭，都引来一批金钱追逐者，他们受自私的驱动，紧跟市场潮流，但做的生意只为了自己牟利。正因为有那么多待宰割的自私消费者，所以金钱追逐者才得以生存，直到下一场泡沫破裂时再次暴露于世人面前。在过剩、欺诈、宰客盛行的时期，金钱追逐者肆意横行，导致了市场不平衡。

想赚钱就得先忘掉它

想赚大钱吗？那么就着手吸引金钱，而不要追逐金钱。

金钱就像一只顽皮的小猫，如果你追着它跑，它会甩开你。它藏在树上，躲在花丛间，或溜进花园。然而，如果你不理它，而是专注于能吸引它的东西上，它就会主动来找你，甚至坐在你的大腿上。

自私的人吸引不到金钱。金钱只关注能够解决问题的生意。金钱会被满足需求和增加价值的人吸引。能够满足大量的需求，就能吸引到大量金钱。你生活中的金钱数额，反映了你对于其他人的价值。如果你忽略这种共生关系，那么金钱也会忽略你。成功的生意具有一个共同特征：为了满足消费者的需求而进行市场销售。是市场和消费者决定了你的生意成败，而不是你自己。如果你出售了1 000万美元的商品，有1 000万人声称你的产品对他们有帮助，或满足了他们的需求，那么你的生意就成功了。

唯一有效的快车道是铺满水泥和石块（需求和解决方案）的道

路，而不是铺着沙子的道路。一条坚实的路会给你增加胜算，能够解决规模巨大的需求，就像比尔·盖茨创立一家软件公司，或者解决数量巨大的需求，比如在某个旧物品上加一个新别针。如果你拥有一家为1 000人提供住宅的房地产公司，你就在制造一种影响力。如果你拥有一个每天服务1万人的网站，你也会有一定的影响力。

制造一种出奇的影响力，开始提供价值吧！让钱向你涌来！看看你周边的世界，不要再自私了，帮助他们解决问题吧。在一个自私的世界里，变得无私。需要说得更具体一点？没问题。让100万人得到以下结果。

- 让他们感觉更好。
- 帮助他们解决一个问题。
- 教育他们。
- 让他们看上去更棒（健康、营养、衣着、装束）。
- 给他们安全感（住房、安全、健康）。
- 产生积极情绪（爱、快乐、欢笑、自信）。
- 满足口腹之欲。
- 让事情变得容易一些。
- 给他们梦想和希望。
- ……

我保证，你将拥有百万美元。

所以当你下次在互联网上搜寻赚钱机会时，先停下来，问问自己："我该给这个世界提供什么东西？"为这个世界提供价值，然后钱会自动向你涌来！

"做你喜欢的事"然后消失

有一个大师说："做你喜欢的事，钱就会紧随而来！"

胡扯！除了违反需求戒律，你什么也得不到。"做你喜欢的事"是虚伪的大师们给出的另一个神谕，那些人顶着所谓的人生导师的名头，靠两三个主顾关照他们以不至于破产。悲哀的是，这条"做你想做的事"的道路，鲜少向财富靠拢。实际上，有可能连你的爱好都会被毁灭。

如果你也和我一样，那么"做你喜欢的事"绝不会是一个选项。考虑一下，会有人愿意为你喜欢做的这些事买单吗？这件事能够解决某个需求问题吗？做这件事是否能够赚到钱？答案大多是否定的。

为了让"做你想做的事"变得可行，需要满足两个条件：首先，你的爱好必须能解决某个需求；其次，在这件事上你必须是必不可少的。

我喜欢打篮球，但是打得很烂。我无法将这个爱好作为一个事业去做。我喜欢弹钢琴，但水平很差。我喜欢做很多事情，但都不擅长！如果我想将其中任何一项"爱好"发展为事业，我需要有无尽的时间和金钱，因为没有人愿意为我付一分钱。谁愿意为菜鸟买单呢？

再看看这本书。我喜欢写作，这本书代表了"做自己喜欢的事"的一个梦想，这件事因为快车道论坛之故实现了。如果我需要依靠卖这本书的收益支付我的住房抵押贷款，我不太确定是否可行。我不知道这本书到底是能卖出 10 本还是 1 000 万本，所以我无法依赖它。

为赚钱而"做你想做的事情"，结果经常不太好，因为我们还不够好。另外，如此多的人都在"做他们自己想做的事"，导致市场已经非常拥挤，利润很小，竞争异常激烈。

图书市场竞争激烈。我写书只是因为喜欢，并不能保证会赚到钱。实际上，没人在意我喜欢写作这件事，你会在意吗？当然不会！你想知道的是，我的书对你是否有帮助。

在一次杂志专访中，亿万富翁柯克（RJ Kirk）被问到他认为成功的标准是什么。他答道："这取决于其他人认为我是否有用。"不是你自己判断你是否有用，让市场来做这个判断。

人们觉得满意才会付钱，他们不会为了满足你"想做喜欢的事"的需求而付钱。人们为了解决问题而付钱，不是为了让你开心。人们因为问题解决了才付钱，不管你喜欢不喜欢。如果"做你喜欢的事"不能满足某个需求的话，是不会有人付钱给你的！

这本书之所以能完成，不是因为我需要钱来认可我的写作技能，你应该明白我的意思。也许我还不够好，不管销售得怎么样，我的书就是"做我喜欢的事"的一个证明，我要看看我是否擅长这件事。快车道允许金钱从公式中移除，现在我不需要靠"做我想做的事"赚钱，我只是想去做。换言之，因为有钱才会"做想做的事"，而不是相反。

该怎么理解这句话呢？

勒布朗·詹姆斯靠打篮球赚钱，是因为他擅长此道。快车道的很多结果证明，并不是你"做自己喜欢的事"就会赚到钱。快车道上的成功意味着你可以每周7天都打篮球，我没必要用"做自己喜欢的事情"来赚钱，因为我可以免费这样做。

如果你是为数不多的能从做自己喜欢的事情中赚钱的幸运儿，而且做得非常棒的话，荣誉属于你。我也要祝贺你，你可能不需要快车道了，即便走慢车道也不会妨害你。别担心，对于我们这些无法把爱好转变成收入的人来说，还有其他的快车道可以选择。

"做你喜欢的事"的各种替代和衍生品

如果你不能把自己喜欢做的事情当作工作或者生意的话，你有可能会掉入一个陷阱。你的自然反应是与魔鬼做个交易，这便回到了慢车道。你用一生作为交换，去做你不喜欢的工作，以便能够做你喜爱的事。你说："我得做5天讨厌的工作，这样就可以享受2天周末时间,做自己喜欢的事情。"这个交易听上去是理性的思考吗?

比方说,我的朋友安迪(Andy)是一家银行的储蓄代理,他不喜欢那个工作。喝酒的时候,我听到他的抱怨、烦恼和对工作的各种诅咒:烦琐的管理、低能的老板、疯疯癫癫的同事们……

他有一肚子的不满。他告诉自己,忍受这5天的工作,换来的是周末时光。他付出了"做自己不喜欢的事",换得在周末"做自己喜欢的事"。而其他人是想别的办法"做自己喜欢的事"。比如,宝琳(Pauline)喜欢做针线活,所以她在网上出售针织品;约瑟(Jose)喜欢汽车音响,他开了一家汽车音响专卖店;杰尼斯(Janice)喜欢雕塑,他在本地艺术博物馆找了个工作;盖瑞(Gary)是一名活跃的健身师,他去当了一名私家教练。

这些替代方法有两个危险:

- 不会很快赚钱。
- 会危及你的爱好。

第一,"做你喜欢的事"极少能够快速让你赚钱,因为很有可能想做这件事的人不只是你一个人,成千上万的人都在做着同样的事情(想想报名参加"美国偶像"节目的人有多少)。需求是微小的,市场充分饱和,使得利润空间变得非常小。

在健身中心,一名相熟的私人教练告诉我,他也面临着激烈的竞争。我问他为什么,他说私人教练行业竞争如此激烈,以致他无法按照自己的时间价值收费。他收取的服务费缩水了,因为教练的供应量大,当供给超过需求时,价格就下降了。

那么为何私人教练行业这么饱和呢?道理很简单。人们听从了所谓大师们的建议:"做你喜欢的事。"不幸的是,如果你喜欢做那件事,我打赌几千人也喜欢做那件事。当你"做自己想做的事"时,要准备好去面对严峻的挑战。谁能得到更大的利润?私人教练吗?还是那个创立公司做犯罪现场清理业务的小子?

第二，在你用你的爱好来赚钱时，会变得很容易受到冲击。如果你被迫去做事，哪怕是一件你喜欢的事情，用来换取金钱，这个爱好都将处于危险中。

几年前，我曾经干过开豪华轿车的活计，因为我喜欢开车。直到结束那个工作之后，我讨厌开车了。下班之后，我更愿意待在家里，因为我开腻了。我的爱好被玷污了。

我曾有一位朋友爱好绘画。当我问她为何不依靠画画谋生时，她给出了很简单的回答："我想画的时候才会去画"。她为数不多地为赚钱而画画时，她的艺术创造力受到了影响，因为有别的力量在那一刻闯入了她的动机——金钱。

"做你喜欢的事"适合职业运动员，因为他们处于比赛生涯的巅峰。即便如此，在他们赚到了几百万美元之后，很多运动员都不得不面对相同的命运，他们丧失了对比赛的爱好。舞蹈家失去了对舞蹈的热爱，艺术家失去了对艺术的热爱，金钱和物质生活成为过度饱和市场上空的一片乌云，更要紧的是，这无法提高你对这种活动的热爱。

反击：将爱好变成激情

在快车道行驶的燃料是激情，不是爱好。是激情促使你将车开出车库，开上快车道。如果你对某个目标怀有激情，你将会为它做任何事情。我对兰博基尼充满激情，愿意为此竭尽全力。捡狗拉下的大便，拖地板，凌晨3点开始工作……不管是什么工作，我都有激情去做。我喜欢做豪华轿车司机吗？鬼才愿意！但是我对快速致富充满激情，这激励我朝着未来的愿景飞奔。

激情能够使你每天早晨跳下床开始一天的努力工作。你应该对更伟大的事情抱有激情。这件事因人而异，但是一旦当你找到了这件事，你就应该为它做任何事。

当你重新定位你在一条道路上的目标和愿景时，你会将日常生活转变为朝向那个目标的充满激情的行动。如果你做的事不会给你带来金钱收益，你应该明确是什么"原因"和"目标"激励你去做那件事。

你的理由是什么？为什么你要做这件事？为什么走上快车道？你想证明什么？我的理由是这样的：

- "我想要付清我妈妈的抵押贷款。"
- "我希望不用闹钟就可以起床。"
- "我想在没有金钱压力的情况下写一本书。"
- "我想要一栋山边带泳池的大房子。"
- "我想要一辆兰博基尼。"
- "我想要与众不同。"
- "我想证明他是错的。"

激情与"做你喜欢的事"是不同的，激情更为广泛，且它可以促使你做更重要的事情。"做你喜欢的事"会使重点放在特定行业，而且你可能会违反需求戒律。为什么你要去创业？是因为你喜欢那样做吗？还是因为存在真实的市场需求？

我再重复一遍：激情源自最终目标和原因，它驱动快车道的行动。

麦克·罗威（Mike Rowe）是电视节目的主持人，他在节目中展示了一些"脏话"。这些工作有检验牛粪，有清理鸽子屎，但工作者都很有激情。他们没谁"爱好"自己的工作，但都有充满激情的"原因"和丰厚的银行存款。这类工作竞争并不激烈，因为其他人都在忙于追逐"做喜欢的事"。

你需要的是一个强大的"理由"，使你的日常工作变得充满激情，"一大早就起床干活"会开启通向快车道的大门。你的理由是什么，是否强大到足以激励你去做事？

第30章　需求戒律

激情抹去了工作的痛苦

当我创办公司时，我的工作时间很长。觉得工作很累吗？没有，我觉得很享受，因为我有自己的"理由"，而且我在朝着那个方向前进。这个旅程让我变得坚强，充满挑战，而且还充满乐趣！我对于想要的东西很有激情，而且我打算去得到它。快车道不是目的地，而是一段个人旅程。

写这本书的过程挺磨炼人的，我承认自己曾经3次试图放弃。为什么？写了一年还未完成，我对写作的热爱开始蒸发，爱好变成了嫌恶。我是在"做我喜欢的事"，突然这种爱好退潮了，因为我开始期望将它变成一本书。我曾告诉一位朋友"我想放弃，我不在从中得到享受，所以无须写完它了。"

我对写作失去了兴趣，那我是怎么完成它的呢？我找到了自己的激情，强迫我去做完这件事：我想看到别人实现自己的梦想。一个垂死的梦想突然获得了生机，我又感受到了活力。每当我想要放弃时，就会收到鼓励我继续下去的邮件："你的论坛改变了我的生活。""谢谢你，我的生活变得更好了。"这就是促使我重新投入写作的激情。我从爱好起步，受到挫伤，最终投向激情的怀抱。

将你的路指向一个辉煌的梦想

不能向你的梦想靠拢的路是一条死路。如果你放弃梦想，生活也将变得暗淡无光。回想一下童年时代，有人问你："长大后你想干什么？"在这个问题的背后，人们想问的是什么？

这是一个发现梦想之路的探针，通常，人们的回答是一个虚幻的愿景。对我而言，我想成为一名航天员（这得怪 Han Solo 游戏）、一名制片人［这该怪乔治·卢卡斯（George Lucas）］，还有作家

[这要怪伊萨克·阿西莫夫（Isaac Asimov）]。

你的理想是什么？你最狂野的梦想是什么？这个问题真正关心的是：你会有机会那样做，或者将会那样做吗？更大的可能是你不会，因为慢车道已经将你的梦想毁掉了。

我问我的朋友瑞克（Rick）这个问题。猜猜他怎么说？他并没有回答"我想当一名Verizon无线公司的销售代表。"而是说："我想当一名赛车手。"那么为何瑞克现在是卖移动电话的呢？

他究竟有没有机会实现梦想——成为一名赛车手呢？没机会。这个梦想已经泯灭了，这条路已经被堵死。但是，他坚守着自己的工作，等候被提拔，他认为"这样会比实现梦想更现实，得到更多。"

我们再说说萨拉（Sarah）。她的回答不是"我想要成为Taco Bell的一名值班经理。"而是想成为一名艺术家。但是今天，萨拉发现自己的值班工作非常不堪，擦着食堂地板上被泼洒的酸奶昔。当她拧干拖把头时，心中涌出一阵烦乱："难道这就是我想要的生活？"

这些人的问题不在于他们的工作本身，我们每个人都在做着自己不喜欢的琐碎不堪的工作，问题在于他们的路不以梦想为终点。为了支付账单只好牺牲了梦想。结果不是奔向梦想（或梦想成功的机会），而是走向了无法脱身的地狱。生活变得充满烦恼。当然，在Verizon或Taco Bell工作，本身并没有什么大错。这些工作比我之前做的那些要好得多。但是，请千万不要把这些工作视为你达到目的地的路，因为这个"终点"极有可能不会到来。

你瞧，你失去了梦想，也会失去了激情。没激情让你错过了在车站演奏的世界上最伟大的小提琴家，没激情让你变得平庸，淹没在芸芸众生之中。没激情导致不快乐，没激情等同于没有财富。

你要努力寻找动机，为你的梦想重新充电，找到一条能够将其变成现实的道路。没有活力的梦想无法点燃激情。激情激发你去做应该做而其他人做不到的事情。

快车道上的人工作起来与众不同，所以他们的生活也和别人不一样。他们用 4 年的辛苦工作换取 40 年的自由。不幸的是，大多数人是用 40 年的辛苦工作去交换 4 周的自由，或者换取更长的有薪假期。

找到你的"水箱里的雪"

如何找到你的激情？激情来自激动或不满。

让我们看看这个贴在快车道论坛的故事：

> 我在一户贫困人家长大，曾住在由一个老旧的牲口棚改建的屋子里。一年中最糟糕的季节是冬天，因为我们的水管会被冻住，我们没有水用。冲厕所的唯一办法是把雪放进冲便器后面的水箱里，等它融化成水。我看到母亲就是这样把雪放进水箱，供我们冲洗厕所的。最糟糕的是我们每次方便过后，需要往水箱里不断补充雪。我对自己说："我不想再这样生活下去了！"

你的激情是什么？年复一年地"往水箱里放雪"吗？

莱斯丽·沃尔本（Leslie Walburn）对动物很感兴趣。她对收养中心对狗采取安乐死的做法非常不满，她的梦想是拥有一个流浪狗的庇护所。尽管她可以在庇护所找到"她想做的工作"，但这无法帮她得到所需的财富去实现梦想。毕竟，开办流浪狗庇护所需要很多钱。因此，莱斯丽决心将激情变成动力。她开始着手一项快速致富业务（与动物无关），逐步为她的梦想筹措资金。她的激情让她向梦想迈进，而不用担心钱的问题。

当你的生活因为快乐或不满而出现翻天覆地的变化时，尽可表现出来，这是你的激情。对我而言，当我十几岁第一次看到兰博基尼时,我激动坏了,于是下定决心,"总有一天,我要有一辆自己的兰博基尼。"而由不满带来的激情是看到我的母亲在无望的工作中为生计操劳,在离异的情况下还要养活3个孩子。这两件事都激发了我的激情。我要一辆兰博基尼,我想帮助母亲卸掉生活重担。兴奋(愿望和期待)可以成为点燃激情的燃料,不满(不喜欢)也可以。这两种情况都促使我去做其他人不愿意做的事情。如果你能找到你的激情,也会这样做。

本章小结:助你踏上快车道

※需求戒律认为解决需求的生意才会成功。需求可以是痛点、服务缺漏、未解决的问题或者情感方面的需要。

※90%的新业务会失败,因为它们建立在自私的内部需求的基础上,而不是为了满足外部市场需求。

※没有人在意你对梦想或金钱的自私愿望,人们只是想知道你的生意对他们有什么帮助。

※金钱追逐者没有从自私自利中解脱出来,他们的生意总是为满足自己的需求。

※人们用他们的钱为你的生意投票。

※追逐金钱会让你被淘汰出局。但是,如果你忽略金钱,把注意力放在如何吸引金钱上,财富就会向你涌来。

※帮助百万人,你就会成为百万富翁。

※为了让"做你喜欢的事"带来财富,你的爱好必须能够解决某项需求,而你又在这方面出类拔萃。

※"做你喜欢的事"造成了拥挤的市场和被压低的利润空间。

※如果你拥有财务自由,你可以"做你喜欢的事",你既不从中赚钱,也不必对它精通。

※慢车道上的人用"做不喜欢的事"换取"做喜欢的事"的自由。为此需要做5天不喜欢的工作,换取2天做自己喜欢的事情。

第30章 需求戒律

※为了赚钱而"做你喜欢的事",可能损害你的爱好。
※对于目标的激情和达到这个目标的理由,能够推动你获得快车道的成功。
※拥有充满激情的"理由",可以将工作转化为乐趣。
※"做你喜欢的事"通常导致违背需求戒律。
※你的正确道路是那条能够实现你的梦想的路。

第 31 章
进入戒律

> 我们的计划搞错了方向，因为没有设定目标。当人们不知道自己该驶向哪个港口时，任何方向的风都不合适。
>
> 塞内卡（Seneca）民间谚语

可以做绵羊，也可以做牧羊人

1994 年的一天，我夹杂在一群疯狂的人中，挤在一个闷热的礼堂里，就像一只蚂蚁置身于蚁丘。那时的我是一家网络营销公司的员工，我在参加他们的月度动员大会。所有人都很激动、焦躁和兴奋。

但我没有。环顾四周，我发现一个问题。我看到周围的人醉心于听到的一切，理性被抛在脑后，而我也快要被洗脑了。但没那么容易，我提出问题。我执拗而且爱管闲事，想知道面前这条路到底会把我带往何处。"你现在能赚多少钱？"我不断问这个问题。然而这个问题总是被晃过，被转给该公司一个不相关的人，我可不是那么容易被愚弄的。我接着发问："好吧，你已经告诉我比尔·汉森（Bill Hanson）一个月赚了 3 万美元，可是你赚了多少呢？还有你？和你？你们赚了多少钱？这个礼堂里的其他 3 000 人赚了多少钱？"事实是他们中很少有人赚到钱。为什么？他们都挤在一条拥堵的路上了，这违反了进入戒律。就算能够进入，如此拥挤和堵塞，又有什么用呢。

我参加过 4 次网络营销都失败了，因为在潜意识里，我认同一个真理：这条路违背了进入戒律。

关于进入

进入戒律是说，做任何业务都有进入壁垒，当那个行业的竞争加剧时，那条路的致富效果就会减弱。高进入壁垒意味着这条路更强和更有力，竞争也更小，对杰出能力的需求也更少。

低进入壁垒的生意不是一条可依赖的道路，因为容易进入导致了竞争激烈和堵塞，大家都在争抢同一个馅饼。只要出现拥堵，谁也别想通过。

换言之，如果"做生意"就是支付 200 美元拿到一套分销产品那么简单的话，就不会有进入壁垒，你应该放弃这个机会。如果你可以几分钟之内就在一条街上开业做生意的话，那一定不是一个你想要做的生意！这个世界到处都是这种所谓的没有进入门槛的生意。这就是为什么它们都经营得那么差，而跟着做的人都无钱可赚的原因。

10 年前最响亮的口号是，"在易贝（eBay）赚百万美元！"可惜好景不长，因为这个机会慢慢地开始违背进入戒律。如果你可以用 10 分钟在 eBay 开始做生意，猜猜会出现什么情况？几百万人也可以这样做。有谁赚到了几百万美元吗？当然有，是最早那一批人，eBay 和它的创始人们。他们驶上了快车道，一路上又接了数百万搭顺风车的人。做得好的人毕竟不多，几百万人都没赚多少钱。

几个月前叫得最响的是互联网博客。写博客日志的人赚几千美元！但今非昔比，有几百万身价的博主只是特例而不具有普遍性。为什么？入门容易使得这个机会被透支，导致了堵塞、竞争和饱和。饱和导致噪音，噪音导致销售量下降，销售下降导致利润被侵蚀。

如果一个人能够在一天之内开始一项你在做的生意，这很可能违反了进入戒律，后续情况可能不妙。

互联网营销或者多层次营销，通常不符合进入戒律，除非你自己创设了多层次营销公司。如果你和2 000名和你做一样生意的人共处一室，那你的取胜机会非常小。谁是远离红海的创新者、领先者呢？站在讲台上的那个创建多层次营销公司的人是快车道上的人。那么你是谁呢？抱歉，你只是在他的快车道军队中的普通一兵而已，是其营销策略中的一环。多层次营销公司的创始人不必爬上金字塔，因为他修造了金字塔！你可以做金字塔的修建者，也可以成为攀登金字塔的人。你可以做绵羊，也可以成为牧羊人。

用"例外论"克服不利的入门条件

如果你违反了进入戒律，那么准备成为例外吧，例外打破了进入戒律的规律。不幸的是，例外是很少出现的情况，就好像一个超过平均水准的高中运动员变成职业运动员。

例如，当我和其他网络营销者一起坐在礼堂里，我意识到要想在几千名做同样生意的人中胜出，我不得不成为特例，我不得不成为那个最棒的人。坦白说，我知道我不可能成为例外。我可以成为5万名想法类似的"分销商"中的一个特例吗？我很怀疑。而当我开始做互联网生意时，我有差不多12个竞争对手。我会是那12个人中的特例吗？当然是。

其他例外的例子是职业扑克竞技和金融交易，比如股票、期货和货币交易。这两种行业都打破了进入戒律，几乎没有任何进入壁垒。我可以带着1万美元去拉斯维加斯赌一把，我还可以将1万美元存入一个交易账户，开始买卖货币。缺少进入门槛本身就可以创造出市场，而在那个市场取胜，你不得不成为一个特例。世界上最好的（也是最富有的）扑克选手是个特例，他靠的是从那些轻易进入的最弱的人身上获利。

在货币市场存在着同样的情况。新手来来去去，想通过买卖货币致富，然而只有特殊的参与者才能赚到几百万美元。此外，承办商也能赚到钱，比如货币交易平台、经纪公司和扑克游戏网站。

有一句老话，"淘金时代不要去挖金子，卖铲子吧！"说到进入，你的行业和生意不可能让所有人发财，因此，你必须成为特例。而如果你是特例，低进入壁垒会变成一项资产，而不是负债。

进入是个过程，不是结果

想知道你的生意是否违背了进入戒律吗？答案是另一个简单问题：做生意是一个结果，还是一个过程？真正的商业创业是过程而不是结果。如果你因为买了一套分销产品，或者填了一个在线表格，就突然做起了生意的话，那么你违反了进入戒律；如果你突然开始做生意是因为做了一件或两件事的话，你也违反了进入戒律。相反，如果我想在纳帕山谷开一间提供住宿和早餐的旅馆，我得先找一处物业，装修、融资、购买保险、申请营业执照、招聘员工等，大概有10个步骤，进入一个行业是很具体的过程。

开始一项生意，就像致富，需要做出一系列构成整个过程的选择。而网络营销公司的创始人做得特别好，是因为他们知道人们喜欢结果，有什么会比"完成这个应用，你就可以开始做生意了"更好呢？他们把容易进入当成一个优势。作为企业家，我们想开办的公司是让别人可以将其当作一个结果加入进来。别骗你自己了，按企业家杂志封底的地址寄一张支票，算不上是准备开始做生意。任何只需10分钟去做或参与的生意，都违背了进入戒律。一旦破坏戒律，你就把自己投入芸芸众生之中了，为某些人的快车道做出了贡献。

大家都在那样做

你有过被堵在高速路上几小时一动也不能动的经历吗？欢迎体验"大家都在那样做"。拥堵的道路上到处都是人，如果每个人都那样做，我就不会去做。我将离开那条路，你也应该离开。为什么？因为待在那里，大家都不会变富有。如果每个人都富有，"大家都在那样做"就不可能存在。

谈到金钱，最好的警示信号就是"大家"。这是一个红色警告，说明进入戒律被打破了。如果每个人都去做同样的事情，肯定会失败。尽管大家在房地产市场上涨时期都疯狂买房，而我却做了相反的事情。我站在一边观看，而且把房子卖掉了。当疯狂的民众在买进时，你应该卖出。相反，当他们卖出时，你应该买进或静观不动。

历史上充斥着"大家都在做"导致的繁荣和崩溃。仅仅是上一个10年，世界经济就经历了科技股泡沫、油价大暴涨、房地产市场崩溃和全球金融崩溃，这些都是典型的"大家都在做"的例子。这是一条非常拥堵的道路，慢慢走向崩溃，就像一群羊走向大屠杀。

警示信号——"每个人"

20世纪90年代末，科技股泡沫膨胀，因为我跟着大家一起做，所以也亏了钱。我吸取了经验教训，在最近的房地产泡沫中，我没有买一栋房子。而且这段时间里，我卖掉了3处房产。后来房地产市场崩溃了，股市紧随其后，而我早已套现，坐拥现金。我是怎么知道的呢？

我留意到了"大家都在做"这个信号，因为如果每个人都富有，

"大家都在做"的情况就不应该出现。尽管这个逻辑看上去有点疑问，但从未让我失败过。我是怎么知道"大家都在做"的呢？很简单。当一般公众中出现了投资的非理性繁荣时，我就知道这是该退出和旁观的时刻了。

当水暖工来修厕所时吹嘘他的 3 处出租物业在最近 3 个月升值了 15% 时，这是退出和旁观的时刻；当你的私人教练吹嘘他买的网络股在 2 个月里已经赚了 40% 时，这是退出和旁观的时刻；当开卡车的表亲打电话给你，询问油价已经每桶 150 美元，要不要投资石油时，这是退出和旁观的时刻。"傻钱"通常是在繁荣末期出现。什么是傻钱？消费者的钱！金钱追逐者的钱！但是有些精明人掌握了这个大众法则，他们不仅不退出，还会站在对立面，做空并从下跌中获取收益。每一次的泡沫崩溃，都会出现新的百万和亿万富翁。因为他们在每个不合理的大幅上涨中看到了必然会到来的崩溃。

当股市在 2009 年初崩溃时，谁在买进又是谁在卖出呢？大家都在卖出。而我早就离场，一年前就已经卖掉了全部股票。沃伦·巴菲特在买进。大家都在卖出，而超级富豪却在买进。难道大家都是错的吗？是的，确实有可能。

如果你想过正常的生活，就不可以像大家那样。不要被特例蒙住眼睛。你应该走在前面，让大家跟随你的足迹。当羊群排着队走向屠宰场时，你应该是那个屠宰场的主人。

本章小结：助你踏上快车道

※进入戒律表明，当进入壁垒降低时，竞争会加剧，道路会出现拥堵。
※容易走的路会更拥挤，产生更激烈的竞争，对于参与者来说，只能得到更低的利润。
※容易进入的生意通常缺乏控制，而且需要在过度饱和的市场中经营。
※特例论是用来克服低进入壁垒的。

※ 开创生意应该是一个有代价的过程，而不是一个结果。
※ "大家"指的是一般公众，主要被主流媒体采用。
※ 如果每个人都很富裕，那么"大家都在那样做"就是可行的。可是如果每个人都有钱了，那么没有一个人是富有的。
※ "大家都在做"是一个炒买和傻钱进入的信号。

第32章
控制戒律

> 靠人不如靠自己。
> 约翰·盖伊（John Gay）

要坐在驾驶位上

很多事情界限分明。你要么是在快车道上，要么不是；你要么能够控制财务计划，要么不能。这里没有模棱两可的情况。如果你不是在快车道上驾车，那么你便坐在乘客位上，由其他人掌控方向盘。

想象一下你梦中的轿车、游艇或专机，现在钥匙就在这里。你有一小时，没人打扰你，你是愿意抓过这些钥匙去狂野一番，充分享受每一分钟呢？还是宁愿一屁股坐在乘客位上休息，"嗨，你开吧，我想坐在乘客位上搭个便车。"愚蠢吗？并非如此。这是许多人从事生意的方式。他们搭便车，放弃了驾驶位，违反了控制戒律。这样做的时候，他们牺牲了对自己财务计划的控制，最终让别人发了财。

搭快车道便车

生活中的搭便车者走上了崎岖小路并成为受害者，商业上的搭便车者违反了控制戒律。

关于控制

商业搭便车者向风险寻求庇护,他们随时可能被赶下车,相对司机处于弱势地位。当你掌控自己的生意时,意味着你控制着你生意的全部,包括组织机构、产品、定价、收入模式以及经营选择。如果你不能控制公司的每一部分,你就不是自己在驾驭!如果你不能亲自驾驭,你就有可能遇到事故。

快车道上的驾驶员自己掌握控制权。那些违背该戒律的人会失去控制。一般而言:

- 驾车者创立多层次营销公司,而不是加入这类公司。
- 驾车者出售连锁经营权,而不是购买连锁经营权。
- 驾车者提供加盟计划,而不是加入别人的连锁店。
- 驾车者管理对冲基金,而不是投资对冲基金。
- 驾车者出售股票,而不买股票。
- 驾车者为别人提供代销直供,他们自己并不做这个生意。
- 驾车者提供就业机会,他们不为别人打工。
- 驾车者收租金和专利使用费,而不是支付租金和使用费。
- 驾车者出售使用权,而不是购买使用权。
- 驾车者发行IPO股票,而不是认购股票。

那么你是快车道上的驾驶者?还是一个搭便车的人?

如果你符合搭便车者的特征,不要气馁,也不要回避问题。你不可能转瞬之间就变成驾驶者,因为即便我也会搭便车的。快车道上的搭便车者可以赚到钱,有时甚至能赚很多钱。但是要明白,有控制权的驾驶者赚大头,搭便车者最多只是赚了零头。

零头和大头

不错的收入、赚大钱和发大财之间是有差别的。具体来说，不错的收入是指每月 2 万美元。

每家互联网营销公司电话推销的陈词滥调都是，"伙计，想每个月赚 1 万美元吗？"听起来还不错，不过这只是你眼中的大钱，它无法让你购买私人喷气式飞机和泊在纽波特海滩的 10 米长游艇。

大钱是每月 20 万美元。我们现在可是在谈每月赚 20 万美元的事，这会改变你的生活方式。当你赚钱达到这个水准时，生活将会改变。

然后说说大财，就是你每月赚到的钱超过 100 万美元。难以置信吗？一点也不。如果你把握好 5 条戒律，掌控你的公司，每月百万收入并非不可能。

要想赚大钱、发大财，你得有自己的系统，而且控制好它的每个方面。当你放松控制，授权高管去做时，你把大头给了司机，而你只得到了乘客应得的那部分零头。比如说，我的网站提供一个加盟计划，其中最好的加盟商每个月有 2 万美元以上的收益。是的，他的收入很不错。他是搭便车的乘客，而我是司机，掌控着加盟计划。然而，想想他承担的风险吧。我随时都可以制定一项"新政策"，可能会导致他的收入缩水。我决定了他的收入情况，他承担了我可能终止、修改加盟协议的风险。最重要的是，作为司机，我是赚钱最多的那个人（每月 20 万美元），而他只能赚到还算不错的收入（每月 2 万美元）。

你可能听说过一群被称作"AdSense"百万富翁的互联网企业家，和上述情况比较类似。谷歌的 Adsense 是一个在线广告商联盟，可以让在线网络出版商从其网站流量中获得收入。加盟商、博客写手和出版商通过使用谷歌的 AdSense 计划能够获得不错的收入。一些内容提供者和博客写手每月收入达到 6 位数。毫无疑问这已经算是大钱了，而谷歌（司机）发的却是大财。

失去控制 = 碰撞

想想搭便车的风险吧。你上了某个陌生人的车，让他们带着你走。在快车道上搭便车风险极大，特别是当你的家庭也在上面的时候。无数的企业家重蹈我的覆辙，他们碰了不少壁。

事情是这样的：我的论坛也加入了谷歌的广告网络，谷歌要为我的论坛带来的广告点击量付费。这是一种搭便车关系——谷歌是司机，我的论坛是乘客。我的论坛上有一个帖子讨论一个电子书营销项目。这个话题进展到后来，出现了一个嘲笑破产的前 NBA 球员的笑话，（长话短说）谷歌的人声称这违反了他们的规定。我的广告被终止，收入也停止了。现在想象一下，如果我和我的一家要靠这个论坛和谷歌支付的每月 1.5 万美元的收入生活，而突然间收入没有了，结果不堪设想。

没有控制，无力申述，无力抵抗。我花了 8 天时间解决这个问题，但是这件事暴露了快车道上作为乘客搭便车的风险。那 8 天时间，我从中得到的收入为零。在任何司机与搭便车者的关系上，司机总是比搭便车者赚到更多的钱，他们拥有快车道策略的一个关键要素——控制。

我无法想象一家公司的收入流完全被另一家公司扼杀的情况。如果有人可以"摁开关"摧毁你的业务的话，你就是在财务计划上玩轮盘赌博游戏。搭便车的先天性风险是你将控制权交给了司机。如果司机开车撞了墙，看看谁会倒霉。就是你！

搭便车的问题在于你真的不了解那个司机。那个司机可能是有德行、讲道理和公正的，也可能是道德败坏的和邪恶的。不管是哪一种，作为搭便车者，反正你已经把所有权力都交给了司机。而谁拿着钥匙，谁就拥有了权力。

数百万人毫不犹豫地服从了这种类型的组织控制。他们签订连锁协议，放弃了对重要商业决定，包括营销、广告和使用费的决定权。他们加入了分销队伍，由其他人决定他们的收入。他们的产品都直接来自一个中心控制的渠道，他们像是机器人一样，由别人指挥能做什么，不能做什么。

他们成了公司创始人的人质，没有意识到他们不是自己的老板。如果你不能改变你的产品，你是老板吗？如果你不能改变价格，你是老板吗？如果你不能影响市场决策，你是老板吗？

几年前，我加入了一家网络营销公司。我有个朋友也在这家公司，他赚了很多钱。最终这家公司改变了产品线和收益机制，于是我朋友的收入流出了问题，慢慢地没有了收入。他拥有的资产（下线和现金流）几个月就蒸发完了。我的朋友除了嘴上还声称"他拥有自己的生意"之外，已经完全失去了控制。他的错误在于违反了控制戒律，他从未掌握生意的控制权，而他只是傀儡。

当司机急转弯和改变条款时，你除了跟随，没有别的选择。如果是发生破产或刑事罪名，他们正在下沉的船也会变成你的。你真的想置身于这种业务关系中吗？

像鲨鱼那样思考，不要学孔雀鱼

如果你生活在海洋馆，那么你是愿意做鲨鱼还是孔雀鱼？鲨鱼吃别的鱼，孔雀鱼被别的鱼吃。

商业是一场争夺客户和他们口袋里的钱的残酷竞争。这是一片红海，发生着为了生存而展开的多方位战争。在这个游戏里，你想成为食物链的顶端，而不是底端。你要创建企业，而不是加入他们；你要创立金字塔式组织，而不是加入那种组织；你要做制造，而不是做零售。

为了成为鲨鱼，你得像鲨鱼那样思考。鲨鱼想的是更大的图景，而孔雀鱼只看眼前。作为鲨鱼，你必须深入思考你的信念体系，改变你的思维方式：考虑全局而不是局部；去引导，而不是去跟随；思考如何创新，而不是复制。从孔雀鱼到鲨鱼的转变起始于你的思考焦点从小到大。

如果你专注自己的快车道路线，要做鲨鱼，请把整个海洋当作你的游戏场。你留意过一群鱼吗？每种鱼都不会单独行动，它们生活在一个群体里。幸运的是，大多数人看不到这个类比中隐含的危险。它们只是群体中的一条鱼，受到比自己更大的力量的控制。谁会对这一群鱼感兴趣？是鲨鱼。

成为鲨鱼，而不要去做孔雀鱼；要当驾驶员，而不要做搭便车者。

投资打造自己的品牌

你在种谁家的摇钱树？你在投资自己的品牌还是别人的品牌？

你在堵车时有没有看到过贴满某公司标志和海报的汽车？从售卖 Acai 饮料的网络营销公司到这个国家最大的化妆品公司的海报，应有尽有，这等于是司机在对外公布："嗨，伙计们，我把一生投资在别人的品牌上了。"他们是鲨鱼密布的海域里的孔雀鱼。

最近有个中年女士来找我，她把车停在健身房停车场，问我兰博基尼和那个豪华车牌的事。接着，她打开了潘多拉盒子，问道，"你做网络营销吗？"我瞅了一眼她的车。那是一辆生锈的老现代，需要更换轮胎和重新喷漆，后玻璃也没了（除非你觉得胶带可以当车窗玻璃用）。车的侧门贴着一些海报和公司标志，显示她的网络营销多么伟大。

"待在家里就能赚大钱！"

我想知道如果她那家公司（和她选择的路）真的有那么伟大，

为何她开的是一辆价值还不到我的兰博基尼左前轮的价格的破旧现代？为什么她可以吹嘘"待在家里赚大钱"，却显然并没有赚到大钱？我很尊敬地问她为何要投资一个她控制不了的生意。为啥你愿意为别人做嫁衣，却不为自己做些事情？

她一边笑，一边用"偷梦人"的套路反驳我的分析。就像她所做的事情是有用而且合理的，她拒绝了我的建议。那好吧，继续做你做的事情吧，看看能不能到达你想去的地方。不用听我的，是你来找我这个已经退休和过着梦想中的生活的人。我知道这样听上去自大且狂妄，我为我的态度道歉，但是我的逻辑没错。

当你盲目地将生命和时间投入别人的品牌时，你便成为他们营销计划的一部分。你成了人家一幅大画面中的一个不起眼的地方，你将自己置于微弱的赚小钱的境地，而不是努力去赚大钱。不投资自己的品牌，是我作为一名年轻企业家所犯过的最严重的错误。搭快车道便车是一种风尚，欺骗了许多有可能成为企业家的人。我说"有可能成为"是因为搭便车不是企业家的行为，因为企业家精神的核心是创造和创新。搭便车的人不是先锋，他们既不创造，也不创新，只是出售、运营和管理。

如果"司机"决定关闭店铺，你就惨了；如果司机决定不再经营某个产品，而这又是你唯一的收入来源的话，你就倒霉了。快车道上的人控制他们自己的品牌、资产和财务计划，他们不盲目将其交给其他人，而是希望得到最好的结果。

只有……时，网络营销才能成为快车道

网络营销是一条快车道，前提是你必须拥有那家网络营销公司。

作为快车道上的人，你要创立公司，而不是加入公司。我在脸书上有大量朋友，他们对网络营销非常着迷。我没有把自己的看法告诉他们，因为他们得自己去搞明白。如果他们真的以为每月 2 万

美元是很大一笔收入，那就让他们那么想好了；如果他们真的相信收入流会源源不断，那就让他们相信好了；如果他们真的以为自己是在控制，那就让他们这样以为吧。这些人必须自己碰了钉子才能明白过来。

我也是经历了4家网络营销公司之后才明白这个道理的。这种公司里住在太平洋岸边别墅、拥有各种豪华轿车的人，只能是创始人和内部小圈子里的人，而不是几年后才加入公司的分销商。

我从不掩饰对网络营销的不满，哪怕让我不满的理由只是误解而已。网络营销是一种搭便车策略，却把自己包装成一种企业家行为。令我不满的是他们错误的观念：大笔财富会在诸如"当自己的老板"、"拥有你自己的公司"或"获取被动剩余收益"的口号中从天而降。

但是，这些说法中也有小部分是有用的，它们才是多层次营销真正的精髓，那就是销售、分发和培训并不是企业家精神。

我参与过4家多层次营销公司。可我不记得下达过产品决策、研发、营销限制、规则、成本分析或其他企业基本活动的指令。作为一名网络营销人，你没拥有一项生意，你的工作只是管理和创建一个销售组织。这就类似把钱压在床垫下，却声称这是一项投资。

几年前，我有几个朋友在多层次营销方面做得不错，他们中一些人现在还在做。我那时也做得不错，但是有两件事总是折磨我。第一件，我没有控制权，我得仰仗公司的恩赐、政策、程序、产品线和成本结构。不管他们拿出什么样的合同，我都只能接受。我记得当我所在的公司停止经营其最好的产品时，我的收入直线下降，而这并不是我的过错。

我的那个做多层次营销的朋友怎么样了呢？他因为反对公司的决定而辞职了，就我所知，每过几年他就会去尝试新的机会。他持续重复着这样的循环：抓住某个火热的机会，干到没有更多的油水，再转到另一个机会。最终我发现他并不富裕，也还没有退休。他没有陷进你死我活的恶性竞争，却进入了一场兔子比赛，从一只胡萝卜转向另一只胡萝卜。

第二件让我烦恼的事情，我觉得自己不像是企业家，倒像是一只在蜂巢中忙碌的工蜂。我觉得自己像一家大公司的雇员，从几小时的辛苦工作中获得微薄的收益。我的直觉告诉我，我违背了很多戒律和规则，包括需求戒律、进入戒律和控制戒律。

我不喜欢这种只能作为旁观者的参与模式。人们认为自己是企业家，而实际上不过是快车道致富计划中的销售员和销售经理而已。

这些人能够做出什么巨大改变吗？当然，我并不想争辩这个事实！财富500强企业的顶级销售员也可以赚很多钱，彩票中奖者也可以赚很多钱。我们这里说的是概率，并不是什么定数。多层次营销分销商是拿佣金的雇员，而不是企业家，他们为快车道上的人工作，无法控制工作环境，但是那个快车道上的人可以控制。网络营销者是快车道上的人手中的一颗棋子。

所以让我清楚地告诉那些打我主意的多层次营销人士吧，作为企业家，我喜欢网络营销。如果我发明了一个产品，网络销售是我首先想到的分销方式。而且多层次营销在很多方面还有很高的教育价值：销售、激励、团队精神，还有社交。

网络营销可以加速你的进展。对于我的那位朋友，他是一个快车道上的搭便车者。他没有意识到，充分利用快车道不用加入一家网络营销公司，而是自己建立一家公司。你必须是一家大家都渴望加入的公司的创建者。你必须是政策、产品的制定者，是生产商。

快车道上的人创建并投资自己的品牌。搭便车者爬上别人的车，希望让别人载一程。如果你不控制自己的系统、你的摇钱树和你的品牌，等于没有控制任何东西。你必须坐在金字塔顶服务大众。请停止攀登金字塔，开始自己建造金字塔。

本章小结：助你踏上快车道

※搭便车者把业务控制权让给了快车道上的人。

※不错的收入和大钱之间是有差别的。搭便车者可以得到不错的收入，但是快车道上的人赚的是大钱，有时甚至是巨大的财富。

※在司机与搭便车者的关系中，司机总是掌握控制权，而搭便车者要看司机的脸色。

※搭便车者只是别人的快车道计划中的一个参与者。

※把你的世界变成一个你可以控制的组织。

※网络营销与企业家精神没有太大关联，更多的是销售、社交、培训和激励。

※网络营销违背了控制和进入戒律，有时也会违背需求戒律。

※网络营销者是快车道上的人手中的一颗棋子。

※网络营销是一个强大的分销系统。作为快车道上的人，应该寻求拥有而不是加入。

第33章
规模戒律

> 要想在商业上获得成功，你只需要做对一次。
> ——马克·库班（Mark Cuban）

限速 15 还是 150

当你的生意之路违背了规模戒律，积累财富的速度会受到限制。在限速 15 的路上开车，你不会快速抵达目的地。规模是杠杆，为快车道财富公式提供了力量。

关于规模

商业规模可以类比水边环境。你可以选择住在海边或本地公园的池塘边。有以下几种商业生态：

- 本地/社区（水池）
- 郡/市（池塘）
- 全州（泻湖）
- 地区（湖泊）
- 全国（海）
- 全球（洋）

在当地或者一个只能容纳少部分人的水池里很难找到规模。当然，不是完全找不到，但是要求一定的量，而量是需要成本的。如果你拥有一个日光浴沙龙，你的环境是本地。如果你拥有一家高档的餐馆，你的环境是郡/市。如果你拥有一家互联网公司，你的环境是全世界。环境越大，你在快车道上的潜在车速就越高，杠杆就越大。

努力完成全垒打，而不只是安打

百万富翁马克·库班最近在博客上写道，问题不在于你在生意上花费了多少时间，而在于你必须得做对一次，而那一次能够决定你的一生。换言之，完成漂亮的全垒打。

生意就像是打垒球。要在能够打出全垒打的赛场比赛，不要在不可能打出这种球的地方浪费时间！比方说，如果你在主街拥有一家服装精品店，你就违背了规模戒律，因为你的客户群来自当地。为了扩大规模，你需要用复制的方式引入杠杆，即开更多的商场，出售更多的连锁经营权，或在互联网上售卖。

不幸的是，大多数企业家投身于"只能安打"的生意中。他们的运动场地太有局限性。在他们选择的道路上随时都会提醒"限速：15"。在这种场地也不可能打出全垒打，因为环境所限。如果你是一名按摩理疗师，不会一觉醒来发现有1万名客户等在门外。这里没有杠杆！

如果你的快车道公式里没有杠杆，你就不会得到机会，规模戒律就像是道路上的一个收费站。

快车道财富公式：解除规模限制

当你违背规模戒律时，你便破坏了快车道财富公式，将马力降到了慢车道状态。回忆一下快车道财富公式：

$$财富 = 净利润 + 资产价值$$

资产价值要根据净利润做出预测，而净利润等于利润率乘以销售数量。

$$净利润 = 销售数量 \times 利润率$$

如果"销售数量"有一个上限，你创造杠杆的能力就会受到约束。没有杠杆，你将无法实现财富的指数式增长。如果你的生意之路受到规模限制，快车道财富公式将无法发挥作用。

例如，一个人在本地邻区购买了一个火爆的三明治连锁经营权。这个生意违背了规模戒律，因为三明治的销售数量和利润率实际上是有限的。这个人一天能卖出多少个三明治呢？50个？还是100个？一天有多少小时？24小时。看到相似点了吗？销售数量有一个上限是100个。如何能卖出10000个？或者100000个？有什么办法让这家店每天卖出更多的三明治吗？

在目前的情况下，没有办法做到。在当地经营范围内，他的规模是有限制的。他无法把一个新鲜的三明治卖给住在澳大利亚的人，只能卖给周边的邻居。有限的规模导致这条路有速度限制，就像是一条慢车道。公式的另一项——利润率也是有限的，这使得情况变得更糟糕。一份三明治和饮料的最大利润是多少？2美元吗？我们再次看到这个生意具有很低的上限。这些数字不会带来财富，只会限制财富。

现在要澄清一下，我并不是说一家本地餐馆老板无法致富。实际上，我认识几位餐馆老板确实做得不错，但是他们经营的是另一类餐馆——高档餐厅，具有更大的规模和服务范围。如果你的餐厅的晚餐平均消费是200美元，而且客人来自整个城市，而不只是周边，你的经营规模就大不一样了。单位利润不是2美元，而是每人40美元，如果算上酒水，会达到每人60美元。

服务范围或量级带来规模

为了达到规模效益，必须扩大服务范围或利润率，这可以通过价格和成本达到。比较一下兰博基尼和现代，兰博基尼的价格意味着更高的量级。你会更接近影响力（兰博基尼的主人更可能利用影响力定律）。如果你是向富人推销房地产的经纪人，卖的都是几百万美元的房产，通过价格你就获得了更高的量级，更高的价格和成本会推高量级，如果成功地售出了曼哈顿最贵的公寓楼，你就获得了量级效果，实现了规模效应。如果你以高量级经营，会更接近影响力或获得影响力。

除了量级，服务范围也能带来规模。服务范围是个大数字，你能接触的人越多，规模潜力就会越大。你的生意的服务对象是谁？本地人和街坊邻居？还是全世界？你的活动场地越大，财富潜力越大。

在主街上卖三明治的人不会获得规模和量级。有什么办法能够让这个人把每年4万美元的利润变成40万美元吗？没有。一开始就决定了这个结果。他购买的不是一个连锁经营权，而是一个工作。他永远不会发财，直到他一觉醒来，意识到每天向100人卖每只只有1美元利润的三明治是不可能有规模效益的。

规模就是杠杆

规模戒律要求生意必须能够最大化快车道财富公式。给影响力定律一个机会吧！给财富一个机会！怎样才能知道你的生意（或潜在生意）是否满足规模戒律呢？问自己以下几个问题：

- 这个生意的净收入是否没有上限，比如说从每月2 000美元到

第33章 规模戒律

每月 20 万美元？
- 这个生意的资产价值是否是几百万美元量级？
- 这个生意是否能够影响到数百万人？或者是几千人？其客户群是全世界，还是城里的某个小社区？
- 这个生意是否可以通过连锁、授权或加开店铺的方式复制并扩大到本地贸易圈之外的地方？
- 最好的情况下，能够卖出多少件？是 100 件还是 1 亿件？
- 最好的情况下，可达到的最大单位利润是多少？是否具有量级？

如果你无法给出这些问题的肯定答案，这个生意可能是受限的，财富创造会受到阻碍。

小的商业生态环境只能创造少量财富。规模是大数字，尽量想得大一些，全国性的或者全球性的。大的数字或规模才能实现影响力定律。要想挣大钱，你必须影响到百万人，这种事在主街的小店里不可能发生，但是对于遍布全国的商店则有机会。

获得影响力

一个"想发大财"的朋友问我，买下一家咖啡店的经营权是不是一个好主意。我说："不是。"我的回答让他很惊讶，因为他还被蒙在"做自己的老板"的鼓里。我不喜欢这个想法，因为通往影响力定律的路被封闭了。

其中有什么问题？他的目标是实现财务自由，而在本地开一家咖啡专营店对此是毫无帮助的。经营咖啡馆，无法让他获得影响力。一天卖出 100 杯拿铁并不能在规模或量级上获得发展。如果他不想拥有 20 家连锁咖啡馆，而只是想经营其中的一间，那么他通往影响力的路就封闭了。

如果你无法实施影响力定律，就无法发大财。对于慢车道上的人来说，人品大爆发才能达到这个目标。例如，为百万人献唱，娱乐百万人，在百万人面前打球。对于快车道上的人来说，影响力定律可以通过规模或净资产价值放大而实现。例如，卖东西给百万人，帮助百万人，服务百万人，影响百万人。

影响力定律的障碍

妨碍企业家实现影响力定律的三大障碍是：规模、量级和渠道。

对影响力来说，最大的障碍是规模。如果你不能为百万富翁提供服务，你也成不了百万富翁。回到我朋友的咖啡馆，在快车道财富公式中，他的"销售数量"受到了限制，因为他的咖啡只能在当地社区售卖。他的销售数字是固定的，缺乏规模性。他不会把咖啡卖给住在新西兰的人，一项缺乏规模的生意就像一辆车上有个人负责监督速度，防止超速行驶。

我的朋友打破规模限制的唯一选择是收购更多地点的咖啡专营店。如果他经营全州29家专营店，就可以每天出售6 000杯咖啡了。规模变得非常大，随之而来的是影响力。当然，最优化快车道战略不是购买经营权，而是出售经营权。

如果我的朋友不经营多家专营店，他就无法打破规模障碍。没有规模（销售数量）或量级（较高的利润率），他经营的生意只能产生微不足道的资产价值。他的财富公式变得迟滞，影响力定律无法发挥效果，他只能继续过中产阶级的生活。拿着中产阶级的收入和很少的财产，他的财富公式具有典型的慢车道特点。

对影响力来说，另一个障碍是量级。由于我那位开咖啡店的朋友受到规模限制，他的另外一个选择是用量级替代规模。不幸的是，这条路也被堵上了。利润无法改变。商人们都不会为了想多赚一点钱就提高价格，这样会把销售量降下来。每杯咖啡赚10万美元的利润是完全没可能的。

直接通向影响力定律的道路才是通向财富的道路，否则前途未卜，这是因为影响力经常会偏向企业主和生产商，而不是流向雇员或消费者。例如，如果你是一家私人保健护理机构的医生，你可能认为自己拥有量级，因此应该发财才对。实际上，有量级就会发财吗？并非如此。这个假设的错误在于没有认识到影响力定律只对那些管理者产生作用。

因此，那家私人保健护理机构的所有者才会得到了影响力带来的所有好处，而不是受雇的医生。作为员工的医生并不一定获得影响力，因为他们不控制这个系统。他们能够发财吗？当然，但是要由这个系统的所有者对其内部价值做出评估。拥有诊所并雇佣其他医生的人，可以得到影响力和财富。影响力总是偏向于体系的构建者一方。

如何运用影响力定律

如果你想运用影响力定律，就要选择一条可以打破规模或量级的路径，并掌控来源。如果你不能成为源头，就应为源头服务。但愿你能轻易判断出哪条路会和影响力定律平行发展。无论是哪条路，不管是怎样的路线图，它能够直接影响到数百万人吗（规模）？它可以明显影响到一些人吗（量级）？

- 如果你发明了一个数百万人使用的软件插件，就可以实现规模和影响力定律，有机会快速致富。
- 如果你能够成为《美国偶像》节目的最后冲关者，就可以实现规模和影响力定律，有机会快速致富。
- 如果你建立了一个服务单身妈妈的网站，就可以实现规模和影响力定律，有机会快速致富。
- 如果你在一家财富100强企业任职，职级接近首席财务官（CFO），就可以实现规模和影响力定律，有机会快速致富。

- 如果你是一名刑辩律师，处理非正常死亡的案子，就可以实现规模和影响力定律，有机会快速致富。
- 如果你创建了一家成功的零售商场，而且有 300 个企业家加盟，就可以实现规模和影响力定律，有机会快速致富。
- 如果你发明了可以检查皮肤癌的机器，就可以实现规模和影响力定律，有机会快速致富。

你要从大处着眼，考虑规模和量级，分析财富公式并检查变量情况。你的最大销售数量和最大利润率是多少？你的客户群有多大？例如，作为一个作家，我拥有规模，有了庞大的读者群，就可以实现影响力定律。我的读者是哪些人呢？整个世界数以百万计的英文读者！我随时都能想到这本书已经被澳大利亚和新西兰的读者预订了。我的上限是全世界，我的道路上没有任何时速限制，这是实现影响力的保证。

本章小结：助你踏上快车道

※你的客户群决定了你的生态空间。空间越大，财富潜力就越大。

※生意可以是安打，也可以是全垒打，这取决于生意环境的规模。

※违背规模戒律，会使快车道财富公式失效。

※通过销售数量和量级（利润率）可以形成规模。

※影响力定律是致富的基本通道，它受到规模、量级或渠道的影响。

※影响力偏向企业主和生产商。非受控实体间接突破规模或量级不能保证可以获得财富。

※为获得影响力，你应该在自己掌控的实体里突破规模或量级的限制。

※规模、量级或者资源上的缺陷会降低创造财富的速度。

第 34 章
时间戒律

> 我有很多想法，却缺少时间。我希望我能活到百岁左右，我也就满足了。
>
> 托马斯·爱迪生

打破联结纽带

最后一个快车道戒律是时间戒律，时间戒律要求你的生意与你的时间脱钩。你的生意能够让你脱身，开花结果变成一棵摇钱树吗？消极收入是时间戒律给出的快车道致富工具。

关于时间

拥有一项生意并不保证得到财富或解脱。一些企业家被生意绊住了，因为他们的生意违背了时间戒律，看上去成为一项工作或者终身劳役。尽管全心全意投身生意对于创业、成长和正在成熟阶段的企业主很正常，但我不能为之奋斗 40 年。满足时间戒律需要回答如下问题：

- 当我不在场时，这项生意是否可以自动有序地运转？
- 我的边际收益是否足够多，可以让我雇人去做？

- 我的经营是否得益于这是一项摇钱树似的业务？
- 如何让生意经营不占用自己的时间？

工作就是用时间换取收入，某些生意也是如此。快车道的目标就是将你的时间与收入分开，哪怕收入不是几百万美元。你愿意每周工作 10 小时赚 6 万美元，还是每周工作 70 小时赚 14 万美元？无论如何，我都更愿意选择前者。

阿施琳·加德纳（Ashlyn Gardner）热爱艺术和文学。听从所谓大师们的建议，她开始去做"自己喜欢的事"——开了一家艺术咖啡店，为本地艺术家服务，每周还会举办文学阅读活动。刚开始时，她的生意非常火爆，令人充满了兴奋和期待。但是两年以后，生意开始回归常态，光芒不再，生活变得很辛苦。阿施琳意识到自己并没有掌控生意，而是生意控制了她。

她每天早晨 4 点开业，一直待到晚上 8 点打烊。24 小时 ×7 天的生意就好像是一场无休无止的磨难。雇员经常跳槽，因为她没钱请好员工。她的社交生活也没了，也和男朋友分手了，因为她从来抽不出时间。她的健身会员资格过期了，每周的瑜伽课也不去上了。为了找回时间和生活，阿施琳想到招聘一名总经理。不幸的是，这要花费一大笔钱，她将变得入不敷出。做了 3 年之后，她把咖啡店关了，重新回去给别人打工了。

阿施琳的生意没有失败。咖啡店经营得不错，让她过上了中产阶级的生活。那么她的问题出在何处？她的生意违背了时间戒律，就像大部分企业家，没有考虑过新奇和兴奋之后将面对何种境况。

第34章　时间戒律

长不大的摇钱树

　　成功的生意不是玩笑和游戏，特别是一个违背了时间戒律的生意。人们经常出于错误的想法做生意，受到一些所谓大师和人生导师的怂恿，相信"做自己的老板"和"做自己喜欢的事"就可以成功。不幸的是，这些所谓的企业家走上了一条通往沙漠的路，而摇钱树并不能在沙漠长大。

　　想想阿施琳和她富有情趣的咖啡店吧。她是自己的老板吗？当然是，但是这还不够。阿施琳的咖啡店经营得还不错，却最终以失败告终。她受到对文化艺术的热情驱使，想自己做老板。然而这种选择并不理想，达不到目的。你无法在盐碱地上种出花来。

　　作为快车道上的人，你应该让生意自动运行，你需要被动收入和一棵茂盛的摇钱树。当你无法满足时间戒律的要求时，以下两方面的障碍会造成你的失败，它们是：

- 由于你选择的道路缺乏效率，所以最终难以取得成功。
- 你播下的种子无法在贫瘠的土壤里生长。

　　如果你的生意是摇钱树的幼苗，它最终应该会长成一棵摇钱树。内容系统、计算机系统、软件系统、分配系统和人力资源系统都是摇钱树苗。如果你的生意不是建立在这样的系统之上，是否可以将其附加在上面，使其具有被动性呢？

　　对于阿施琳的咖啡店，她意识到需要摇钱树苗——人力资源，即一名总经理。但由于成本过高，她请不起。她的道路一开始就是无效率的，无法结出硕果。即便她忽略了财务状况，不惜代价请到一名总经理，栽下了树种，后来也会发现那片土壤过于贫瘠，无法收获一棵摇钱树。

　　大多数无法栽活摇钱树的生意，问题就出在违背了时间戒律，得不到摇钱树苗,而且贫瘠的土地也种不活摇钱树苗。

本章小结:助你踏上快车道

※让你无法脱身的生意只是一个工作。

※无须花费很多时间就能获得收入的生意,满足了时间戒律。

※为了满足时间戒律,生意应该是一棵摇钱树苗,或者引进一棵摇钱树。

第 35 章
快速致富的 3 条大道

> 如果你为别人干活而得不到回报,你就无法过上好生活。
>
> 约翰·伍登(John Wooden)

交叉道

如果你想横穿美国,请选择最快的路线,而不是最慢的路线。这才符合逻辑,除非受到财务自由的限制。但是大多数人还是选择了最慢的路,而不是最快的那一条,有时甚至选择了一条不能到达目的地的路。

开创事业是一个重大决定。如果你只是有兴趣去做,而且你的生意就像是一个爱好的话,那么它给你的回报也会像爱好那样少得可怜。

在我 25 岁左右时,我也投身于一系列无法带来持久成功的生意之中。这是我生命中的十字路口,我的最后一个养家糊口的工作是当豪华轿车司机。当然,我做这个工作是因为需要钱支付日常生活,但我也有其他动机——考察。我曾经想要拥有一家豪华轿车出租公司。由于从未做过这一行当,我认为自己应该首先在这行做一段时间,去了解和学习。干了一年之后,我的机会来了,我又到了一个十字路口。豪华轿车出租公司的老板将公司放售,我可以不用支付预付金就盘下这家公司。这就是我的机会,我可以拥有一家豪华车出租公司！但还有一个问题。

我犹豫不决。因为在几周之前，我决定搬去凤凰城，当时正准备搬家。现在面对这个新情况，我该留下来吗？而且，在观察这个老板一年多来为生意所做的努力之后，我意识到一件很重要的事：我不喜欢这个行当。这个生意需要 24 小时 ×7 天的工作时间，还要一大早就起床。而我是一个喜欢睡懒觉的人。

所以我面对的是一个选择：要么盘下它，要么赶紧放手。这个机会是我想要的吗？我想接受这个"不要预付金"的好机会而放弃去凤凰城吗？我列出了一个 WADM，从中理出头绪。是的，我在这本书里已经介绍过这个工具！很明显，最后是凤凰城胜出，我没有盘下那家豪华轿车出租公司。在那个决策矩阵里，是什么帮我识别出正确道路和正确行动的呢？

我知道 5 条快车道戒律以及哪些路径具备"快车道精髓"，而且我知道这两个选项的成功概率有多高。

快车道精髓：5 条戒律

你不应投资一个无需求的生意；你不应该用时间去交换金钱；你不应在一个有限的规模上做生意；你不应放弃控制权；你不应将一个初创生意当作一个结果，而不是一个过程。

我分析发现豪华轿车出租服务是一项潜在生意，并非一条快车道。这个生意满足了控制权和进入条件，但不具备规模性，它只服务于芝加哥西北部郊区。这个生意需要投入大量时间，我必须每天工作很长时间，而利润不多，不足以增加人力资源。当然也无法解决未满足的需求，芝加哥有大量的豪华轿车出租公司。

为了让这个生意驶上"快车道"，我需要投入大量时间、精力和金钱。我深知我想要做的生意是从一开始就是一条快车道，而不是一个需要打造成快车道的生意。典型的快车道具有最佳的财富潜力，一旦你遵循了影响力定律，金钱会自动靠近你。哪些是高速快车道呢？哪些道路是符合影响力定律的快车道呢？

3条高速快车道

我把最强的3条快车道称为"3条高速快车道"，是因为它们拥有最快的上限速度，或者能够满足全部5条戒律。这3条高速快车道是：

- 互联网生意。
- 创新产品或服务。
- 创造规模效应。

每条高速快车道都涵盖了很多其他道路。将这3条聚合在一起，你的旅途就有数百条道路可供选择。

高速快车道1：互联网生意

互联网生意是一条高速快车道。近10年里，互联网行业出的百万富翁要比其他任何行业多。互联网已经并正在摧毁诸如旅行社、股票经纪人、报纸杂志这类传统行业。互联网是快车道之王。

互联网是我的掘金之地，也是我放弃拥有一家豪华轿车出租公司的部分原因。互联网是现有的最好的快车道，因为它完全符合快车道的5条戒律，并且具备需求前提。互联网的规模天生可以扩大到全球范围，可以通过电脑系统形成自动化，是一种你可以掌控的媒体（不幸的是，其他大部分媒体不是这样），它还具有防止"每个人"进入的门槛。

互联网生意模型（道路）可以分为以下7类。

（1）提供订阅服务。

为用户提供数据、信息或软件，收取月度费用。数据可以是线索、销售信息、专有数据库或图片。如果有1万人每月付你9.95美元信息费，你就是在快车道上飞奔了！当我经营自己的公司时，我购买了不少网站服务，都是付费订阅，内容涉及数据分析（谁在访问你的网站）和管理（谁想提供我的服务）等。一家公司提供网站监控服务，以确保网站正常运行。在它的主页上有该公司监控的客户网站数量。当时写的是"服务20 000家客户"，我每月要交给他们50美元服务费。假定我交的费用是平均数，20 000 × 50美元 = 1 000 000美元，这是该网站每个月的总收入。这是互联网业务系统的一个完美例子，这个生意就是一个系统。没有产品，不需要运输，也不用操心。我算过这家网站的利润率为75%，净收益在每月75万美元左右。每个月收入75万美元，想想多久就可以成为百万富翁吧。你宁愿从每年4.5万美元的薪水里每月省出200美元吗？别开玩笑了。

订阅网站的例子有RealtyTrac.com，LoopNet.com等。

（2）提供内容服务。

内容模式是指面向特定市场或行业的在线新闻杂志和博客。这类服务商提供免费内容，以出售广告的方式来赚钱。我的快车道论坛便可以被看作是一种基于内容的盈利模式。

我认为基于内容的盈利模式是最难成功的，因为进入壁垒已经大幅下降，其成功可以通过浏览量预测，而且内容系统深度参与附属项目，是一种搭便车的架构。

（3）引导性销售。

引导性销售服务（lead generation services）通常在向消费者提供服务的同时，也对非同质的行业加以整合。这就是我在豪华轿车出租业所做的事情。我把一个高度碎片化的行业放在一个中央控制渠道里，将消费者聚拢起来，向豪华轿车出租公司出售消费者信息。引导性销售在碎片化行业很受欢迎，这些行业主要是中小型企业。

航空业的引导性销售可能不会成功，而对于整形外科则很合适。引导性销售解决了两方面需求，第一，消费者的愿望是节省时间和金钱；第二，企业的需求是便宜地找到新客户。

（4）社交网络。

社交网络是从内容系统剥离下来的一部分。不再依靠内容来吸引眼球，人们被安排在不同的组或部落里。脸书开始依靠的是大学生，后来逐步发展成容纳各年龄人士的社交网络。MySpace 的目标群体是高中学生。领英（LinkedIn）主打高端商务专业人士。社交网络只是同类群体社区的聚集体，它的覆盖范围很广，从神秘小说作家到周末喜欢鼓捣发动机的齿轮发烧友。

（5）中介系统。

经纪人将买家和卖家拉到一起以完成交易。他们是某个行业的中间商，并且从每笔交易中赚钱。著名的经纪商的例子包括 PayPal、Elance、CarsDirect 和 Travelocity。

（6）广告。

和经纪商类似，广告商也是将买卖双方撮合在一起，与经纪商不同的是，广告商接受广告费而不是交易费。比如说，我交给网站一个等待出租的好车列表，网站为此要收取广告费。是我引入了买方和卖方。一些服务同时包含经纪和广告，比如 eBay。像谷歌和雅虎这类搜索引擎同时依靠广告和经纪模式赚钱。

（7）电子商务。

电子商务就是通过互联网出售物品、服务和信息的商业活动。Amazon.com 和 CSNStores.com 就是大型电子商务提供者的例子。但是也有不少本地小型店铺通过电子商务拓展和实现了规模。在我家后院，有一个 24 小时太阳能灯，就是我在网上从明尼苏达州一家电子商务公司购买的。几年前，那还是本地公司，且没有多大销售量，现在依托电子商务，变成了全球性的商店，也向凤凰城的退休人士出售商品。

信息也可以通过电子商务销售，电子书在互联网上就非常流行。当我在网上出售我的电子版图书时，我就是在做电子商务。我可以拖着行李箱坐在亚利桑那州立大学停车场上卖书，也可以设立一个网站，把书卖给欧洲读者。

当你将互联网视为一条快车道时，从我们的快车道财富方式看，它是非常强大的。

财富 = 净利润 + 资产价值

对于销售数量这个变量而言（净收入），如果在网上做生意，那么全世界就是你的上限。除此之外，资产价值作为快车道财富公式的一部分，不只是由净收入决定，影响它的还有流量数据。许多网站的销售额高达数十亿，却一分钱也赚不到。流量或者网站访客数也不具有上限。净利润和资产价值这两个快车道变量，实际上均没有上限。

高速快车道2：创新产品或服务

创新是快车道的一个精髓，它包罗万象。过去典型的致富方式是发明一个产品、一项服务或一条信息，进行制造或加工，然后销售。

创新包括两类行动：一是制造，二是销售。也就是说，创新包括了销售之前的所有活动。

发明一个产品，既可以通过电视购物、互联网、QVC进行销售，也可以通过1万名网络分销商销售，还可以卖给20家批发商，再由他们出售给2万家零售商。何为创新产品？实际上它是在满足一项需求或一个愿望。

- 食品（啤酒、烧烤酱、饼干、秘方）。
- 家居用品（真空机器人、工具、衣架）。

- 健康与活力（维生素、草药、能量饮品、酒吧、男性保健品）。
- 信息（书籍、杂志、简报）。
- 个人用品（衣物、钱包、鞋子、手套）。
- 汽车用品（车用饰品、配件、贴签）。

发明还被看作是满足缺省的快速致富途径，事实也确实如此。然而，不要被愚弄了。发明并不是指发明一个工具、电话机或者笨重的赛格威车，发明者的核心活动是对一些东西加以改进和提高，把一些老旧的东西改造得更好。发明者选一个不为人知的产品，加以改进并重新推入市场，把不常见的东西变成常见的。

我看过对一位成功企业家的专访，那位发明人只是将伏特加的旧透明玻璃瓶换成了一个五彩缤纷的彩色瓶子。我过生日时还收到了一个骷髅形状瓶子的伏特加。伏特加大概已经有几个世纪的历史了，然而当一位企业家将这个古老的产品加上独特的元素时，它变得不同了。有时候，事情就是这么简单。

我最欣赏的例子是Snuggie品牌的懒人毛毯衣，这是一种带袖子的超大毯子。这个产品概念已经出现几年了，但是有人将它重新捡起来，重新包装后推出市场，售出了4 000万件，非常抢手。

创新是双阶段挑战过程：制造和销售。发明一件可以解决一项需求的产品只是打了半场仗，另外半场是将你的发明卖给几百万人，其中包括一系列的销售渠道，如电视购物（通过大众媒体销售）、零售商（卖给分销商和批发商）以及直销（通过印刷媒体、直邮、互联网销售）。

例如，我写这本书就是在生产。我一边写，一边编辑整理，然后交付印刷出版。我制造了这本书。

我投身于创新。和所有创新一样，生产只是一场大战中的一个小战斗，销售才是赢得大战役的关键。如果一个产品无法送到人们手中，那它就毫无用处。要使它实现价值，则需要销售。

对于我的书来说，如果想要成功，就得平衡好亚马逊（一个销售系统）、书籍分销商（批发商）和互联网（另一个分销系统）之间的关系。是的，你的产品发明可以在中国制造出来，或者是在周末写出的一本电子书。创新（从书籍到产品）是快车道。你想过为何外面出售的教人快速致富的书的内容只是把以前30本书里的废话再重复一遍吗？这些书的作者明白，写书是一条很好的致富之路。

我写这本书的挑战既不是书本身，也不是其中的辞藻。世界上最棒的著作可能无人问津，而平淡无奇之作却卖出了几百万册。区别点是市场营销，公共关系以及这项古老行业里的诀窍。写书并非一项生意，卖书才是。如果我有意将这本书卖出数百万册，我就得先制造，然后还得将书分销出去。我不得不营销、推广、露面、演讲、访谈和写作，我还得在分销方面投入时间和精力。为了满足快车道财富公式和影响力定律的要求，我不得不做出承诺，并身体力行地让这个产品呈现在数百万读者面前。

高速快车道3：创造规模效应

创造规模效应是一条高速快车道，但因为不满足全部5条戒律而极具挑战性，它不满足其中4条戒律，而只满足最后一条戒律——规模。规模可以通过人力资源系统或重复成功获得。

比如说，一位房地产投资者在银行处置不良资产时，购入一栋独立别墅再将其租出去，这个行动不会产生规模效应。这位投资者在快车道财富公式中的回旋空间很小，因为净收入来自租金，而租金取决于这栋房屋的市场价值。

为了解决这个问题，投资者并非只买了一栋别墅，而是买了50栋。是的，说来容易做来难，整个过程非常漫长。实际上，投资者选择的是用一种"安打"的做法达到全垒打的效果，这就需要创造规模效应。

连锁经营是创造规模效应的另一个例子。如果你设立一家小型商店用来创造规模效应,你的目标不是一家店,而是几百家,也许是几千家,这可以通过连锁经营实现。

规模效应可以积累多个成功。一家小店铺开始时通常不满足4条戒律,但是可以很快通过重复,转变为一家羽翼丰满的快车道型企业。快车道式连锁经营就是通过系统性流程打造一家本地企业,然后在全国甚至全世界开展连锁经营。这样做的目的是复制和推销一个概念、一个品牌和一个系统,并且让创设人可以从中脱身。尽管你的小店可能并非快车道,但是通过创造规模效应,用连锁经营和复制的方法,可以变成那样的企业。

我的论坛里有一个热帖,题目是"一个糖果售卖机可以成为快车道吗"。一位论坛用户想知道在购物中心设一个糖果售卖机是否算一个快速致富计划。如果只有一台的话,答案是否定的。如果采用规模策略?就具备快车道的雏形了!在购物中心拥有一台糖果售卖机,不会给你带来财富,因为这是一个"安打型"生意。然而在50个购物中心拥有200台这样的机器,情况就不一样了。因为这样可以创造净收入,放大资产价值,形成更大影响力量级。

本章小结:助你踏上快车道

※最佳快车道满足所有5条戒律:控制、进入、需求、时间以及规模。
※假定有需求基础,则互联网生意是最强大的快车道,因为它可以满足全部戒律。
※创新可以是任何一种:写书、发明或者提供服务。
※成功的发明需要销售助力。
※"安打型"生意可以通过创造规模效应而成为"全垒打型"生意。

第 36 章
找到你的金光大道

> 开始时,人们拒绝相信一件新奇的事,之后人们开始希望能做到,然后他们看到那件事确实可以做,最终那件事做成了。所有人开始问,为何这件事几个世纪了都没人去做。
>
> 弗朗西斯·霍奇森·伯内特(Frances Hodgson Burnett)

需求、想法、机遇和道路

机遇和开放的大路其实无处不在。瞧瞧周边,那个人正在小店柜台抱怨,这是机会;在你致电给银行时,那个愚蠢的语音播报害得你晕头转向,这是机会;那栋卖不出去的房子无人理睬,这是机会;那里有个扔在路边的垃圾桶,这是机会;那盘放在冰箱里两天就腐败了的沙拉,这是机会;那些成天在论坛上吵来吵去的人,这是机会。

如果你看不到每天环绕着你的各种机会,你就还没有转到快车道频段上来。当你稍微调整一下想法,看上去封闭的道路会突然向你打开。许多企业家错解了机会,因为他们将机会看作是突破或新奇的想法。他们寻找新奇而完美的想法,一个让世界大吃一惊的事件,然而这类事情鲜少发生。

极少会有像电灯泡或汽车那样的突破性发明,但机遇会像一个有待满足的需求那么简单，或者就是一个未得到充分满足的需求。机遇就是对一个"不方便"提出解决方案；机遇就是简化；机遇是一种感受，它让人感觉到舒适；机遇是更好的服务；机遇是消除痛苦；机遇是让经营差的公司退出市场。

有人在做那件事

你想到一个好主意，但有人已经在做那件事了？无所谓，你可以做得更棒。

"有人正在做那件事"是一个幻觉，让你觉得那是一个难以逾越的障碍。所有事情都有人在做。问题在于，你可以做得更好吗？你可以更好地满足需求，提供更高的价值，或者成为更棒的营销商吗？当我想起要在网上建一个豪华轿车出租目录时，我觉得这个主意棒极了。我上网搜索时，还觉得这个点子不错。然而，我发现早就有很多公司在做这件事了，这是一个朴素的毫不出奇的想法。当时我有点想不通，打算放弃这个想法，重新想一个奇妙的点子，一个地球上60亿人都没想到的点子。但是一位朋友点醒了我，让我重新认识了这个问题。她说："竞争无处不在。只要去做，做得更好就行。"她是对的。竞争是一个古老的主题。这个机会是一条开放的道路，不是死胡同。网上已有的豪华轿车出租目录不容易查找，大多数都不好用。我意识到这是一个未被很好满足的需求，并决定抓住这个机会，不去理会那些标明"此路不通"的路障。10年之后，我担心的那些公司都消失了或变得无足轻重。事实上，那些公司无法跟我竞争，只好转去干别的生意了。

新奇点子不如比别人干得更好

成功的生意极少来自新奇的想法。相反，成功的创业者采用现有的概念，但会做得更好。他们选择未被很好满足的需求，并更好地解决问题。放弃新奇的点子，专注于很好地执行。你无须去做从未有人尝试过的生意。旧的点子没什么不好的，关键是比别人做得更好！

几年前，如果谢尔盖·布林（Sergey Brin）和拉里·佩奇（Larry Page）研究网络时得出结论："瞧瞧，已经有很多搜索引擎了——雅虎、Snap、Alta Vista，为什么还要做谷歌？早已经有人做过了！"那么情况会是怎样？谢天谢地，他们没那么想，而现在谷歌是使用率最高的搜索引擎，布林和佩奇也因此成为亿万富翁。一定要有一个全新的想法吗？不，你只要有一个需要更好解决的需求和完美的执行即可。

百货商场已经存在了几十年了，但是这没有挡住山姆·沃尔顿（Sam Walton）创立沃尔玛。看上去似乎没有出路的领域，其实广阔得很。

汉堡包已经出世几十年了，也没能阻止雷·克洛克（Ray Kroc）创立麦当劳。这也是看上去没前途但实际却广阔无边的领域。

在霍华德·舒尔茨（Howard Schultz）开设星巴克之前，咖啡已经有千年历史了。这是一个新点子吗？当然不是。星巴克把咖啡做得很时髦，而且用咖啡创立了一个品牌、一种氛围和一种情致。

数字多功能光盘（DVD）出租店也存在很久了，但是没能阻止NetFlix或RedBox的创立，它们将"便利"加入需求公式中。这是一条看似不通但却畅通的路。

人们酿造啤酒已有几千年历史了，但也没能阻止吉姆·科赫（Jim Koch）在美国创立山姆·亚当斯（Sam Adams）啤酒或山姆·卡拉乔尼（Sam Calagione）创立角鲨头酿酒厂。创立于1995年的角鲨头酿酒厂在当时只是一家资金很少、产量只有40升的家庭酿酒作坊。这是一条看上去走不通的路。

自从人类降生在这个星球，就带来了垃圾。这没能阻止布莱恩·斯库达莫尔（Brian Scudamore）创立连锁经营的 1-800-GOT-JUNK，也未能阻止韦恩·赫伊津哈（Wayne Huizinga）仅靠一辆卡车和几个客户就开办了垃圾管理公司。他后来将这家公司打造成世界财富 500 强企业。垃圾是新需求吗？或者是一个有待更好被满足的需求？这是一条看似不通的死路。

带袖子的毯子？这玩意儿几年前就有了，但是斯纳基还是通过电视购物节目卖出了 4 000 万条。一个旧的点子，通过更好的营销和执行，就是一条不错的致富之路。

MySpace 在脸书面世前已经风靡，但这没能让马克·扎克伯格停步。他看到了需求并且解决了，这是一条看似不通的大道。

未能得到很好满足的需求就是一条大道，尽管它们看上去似乎走不通。成功的生意可以采用已有的点子、服务和产品，只需要做得更好，或者采用新的做法。

如何找到大道

找到未被满足的需求并将其作为走上快车道的机会并非一日之功。我之所以有创新性想法是因为通过习惯性感觉，我发现了机会的边界。我看到和听到了大多数人看不到的。怎样才能发现机会呢？通过一些练习，很容易做到。

开放大道、需求和机会到来时都有一些"代码词汇"，表明"这是一个机会"。当你（或者别人）听到这些词汇时，你大概正好发现了一个好机会。下面是最常用的词汇：

"我憎恨……"
你恨什么呢？化解这种憎恨就是你的路。
"我不喜欢……"
你不喜欢什么呢？去除这种厌恶就是你的路。

"这让我很烦恼……"

你的烦恼是什么？去除烦恼就是你的路。

"为什么是这种情况？"

我不知道其中的原因，找到"为什么"就是你的路。

"我不得不做吗？"

你要做吗？去掉"不得不"就是你的路。

"我希望有……"

你希望什么？如果你希望，其他人也会有希望，让这个希望变成现实就是你的路。

"我试过要……"

你试过什么？解决别人的厌倦就是你的路。

"那个糟透了……"

什么糟透了？解决那个问题就是你的路。

机会用可以预见的词句表明自己的存在。比如，我是一个邋遢的人，除了邋遢，我还有个讨厌的习惯就是咬嘴唇。每次咬嘴唇都会得口腔溃疡。我从上小学就得这种病。这个问题不大，只要我不咬自己的嘴唇。我最后一次得口腔溃疡持续了一周时间，让我感觉非常痛苦。

"我讨厌口腔溃疡！"注意这句话"我讨厌……"

铃铃铃，机会来了！

这促使我上网查找口腔溃疡的研究成果。我发现在预防这种病方面有一些相互矛盾的信息。一些人建议服用维生素X，而另外的人则建议服用草药Y（维生素X和草药Y不是真实说法，因为我要保护我的药方）。于是我买了维生素X和草药Y来验证。

一次吃燕麦粥时，我又咬到了嘴唇。几天后我发现咬过的地方出现了溃疡。我服用了维生素X和草药Y。效果非常明显，溃疡没有再犯，证明维生素X和草药Y可以起到预防溃疡的作用。现在只要有溃疡征兆，我就会做同样处理，而且每次都是有效的。我差不多两年没有再生口腔溃疡了！从每隔一个月犯一次到从不再犯。

我明显得到了一个机会，可以向大众出售我特殊的"口腔溃疡处方"。我拥有控制权、进入壁垒、规模和时间。有多少人受到口腔溃疡折磨？有多少预防口腔溃疡的处方？有一些，但是市场情况如何呢？我可以比别人做得更好吗？

公开大道的机会很容易用平白语言说出来：不适、不良、不便、抱怨、问题以及表现不佳。你必须面对这些挑战，向大众提供解决方案并确保赚钱！也就是说，解决了别人的问题，就能解决自己赚钱的问题！

失败开辟一条新路

不幸的是，快车道并非铺满沥青的坦途，而是充满磨难。这意味着会有人离开这条路。在这条路上，每个人都尝过挫败滋味。面对失败时的反应才能区分谁是胜者谁是败者。你会做出什么样的反应？你的旅途会以这种方式结束——"这条快车道根本不管用"，还是你会转移到其他路上去？抑或继续前进？

驱使你选择新方向的失败通常会成为创新的最有效力量。心脏起搏器、微波炉、青霉素和硫化橡胶都是在失败和偶然中被发明出来的。挫败开辟了新路，发明人在失败中发现了它。

是的，放弃现有道路，改变方向，有时就是最佳选择。但是要注意"放弃"和"放弃你现在的路"之间的区别。放弃是永远丢掉你的梦想，将它们扔进"不可能"的垃圾箱。而"放弃现在的路"则是改弦更张，转上一条新路。

如果你辞去教师工作，开办一家私营培训公司，你就改换了道路；如果你把日光浴沙龙卖掉，去开办互联网公司，你就改换了道路；如果你离开网络营销公司，决定开办自己的公司，你就改换了道路。

我多次改换过道路,但从未丢掉过梦想。如果你的路不能实现你的梦想,现在就是放弃它的时候了。

本章小结:助你踏上快车道

※机会极少是突破性的,而是有关表现不佳、不便和痛点。

※竞争不应挡住你的路。竞争无处不在,而你的目标应该是"做得更好"。

※快车道成功有赖于执行,而不只是一个想法。

※世界上最成功的创业者不是具有不得了的点子他们只是将现有的点子做得更好,或者将这个点子展示给更多的人。

※机会暴露在你或者别人的说话和思考过程中。

※失败开辟一条新路。

※放弃是永远丢弃自己的梦想。

第 37 章
为你的路设定终点

> 悲剧不是你未能达到目标,而是你根本没有设定目标。
> 本杰明·梅斯(Benjamin Mays)

你的终点是什么

快车道不关心你的终点,它只是手段。昂贵的轿车和奢华的房产可能对你来说并不重要。也许你是无私的,想要过节俭生活,传播福音,从事福利和慈善事业。你要的快车道的终点是自由至上的快乐,包括财务的自由,自由地旅行,没有老板、闹钟、2小时通勤的自由,不受工作束缚的自由(朝九晚五,一周5天工作,2天休息,每年只休假2周等),以及将整个世界当作游乐场的自由。

自由的代价:金钱

自由是有代价的,代价就是金钱。伟大的梦想,无论是奢华的法拉利,还是无私的非营利性基金会,都需要花钱。你无法靠游泳走遍世界,你得有路费。如果你认为金钱是邪恶的,你就错了。

在快车道论坛上,一位用户贴了下面这个帖子,人们想得到自由的果实,却缺乏种植自由之树的方法。

我坐在一堆篝火旁和别人说话，聊到了金钱的话题。一个家伙对我说，金钱并非是生活的全部，金钱甚至不是真实的，它只是社会接受的一种幻象。而他愿意这样穷下去，也不愿意为企业打工。这个家伙告诉我，为了找到自我，他已经将生活甩在身后了，所以他现在在这里实习（免费）以交换食宿。

对于放弃他4岁大的儿子去寻找自我来说，事情并不那么容易。生活虽然并非全部和金钱有关，但他和住在山下的邻居们一样，需要一处小屋和一匹马。篝火边的每个人都点头称是，赞扬这个家伙的想法如此开明。第一，我也同意，生活并非只是金钱，而是与时间有关。那么为何你要一周花费40小时，只是为了得到一个栖身之地呢（这还不包括钱）？第二，金钱不会改变人，只是让他们更像自己。第三，一处小屋和一匹马大概需要150万美元，而最重要的是，你会为了寻找自我就抛弃自己的儿子吗？你在这个过程中就赚不到一分钱吗？谁来资助你这样做，并承担养育你儿子的责任？我见过不少憎恨金钱但又需要钱去处理每件事情的人，但是他们仍想要最终结果：可自由支配的时间和实现梦想的能力。当这种人在夸夸其谈的时候，我都不知道如何聊下去。坦率地说，是我们（而不是他自己）将为这个家伙付钱买下一处小屋和一匹马，还得找人为他抚养他的儿子。

不管梦想是大还是小，都有代价，都需要金钱、责任、信任和承诺。是的，你需要花钱，那么要花多少钱呢？

设定终点：4个步骤

你的终点就是你可以自由享受符合你的期望的生活方式。

有两个策略可以达成你的目标：一是你有一大笔足够多的钱，每月利息就能够支撑你的生活方式所需的费用；二是你有一个商业系统，可以产生被动现金流，在支持你的生活方式的同时，也可以为你的系统提供资金。

为了做到这一点，你需要设定目标。具体说，你和你的家庭需要多少钱？自由的代价和你的生活方式需要多少钱？下面是4个步骤：

- 定义生活方式：你想要什么？
- 评估成本：你的梦想需要多大代价？
- 设定目标：建立金钱系统和生意收入目标。
- 实现：找到方法并去做！

第一步：定义生活方式

定义你想要的生活方式。你想要大房子还是非营利性基金会？你具体想要的是什么？把你的想法写下来。作为练习，下面是我想要的东西。

- 3辆汽车：一辆梅赛德斯，一辆油电混合型轿车，一辆小货车。
- 一栋500多平方米的大房子，带喷泉、泳池和瀑布。
- 在山上有一间小木屋。
- 一年可以外出旅游3个月。
- 孩子上得起私立学校。

第二步：评估成本

确定每个月要支出多少钱，包括全部税费和保险费。

- 3辆车：2 000美元。
- 住宅：5 000美元。
- 小木屋：1 000美元。

- 旅游：1 000 美元。
- 私立学校：1 000 美元。
- 生活方式成本 ＝10 000 美元/月。

下面确定每月生活花销和其他支出。其中包括衣物、小玩意、孩子的玩具，健康保险等。把这笔钱加上生活方式成本就得出你的生活总成本。

生活总成本 ＝10 000 美元/月（生活方式成本）＋4 000 美元/月（花销）
＝14 000 美元/月

然后确定你的净生活成本，用生活总成本除以 0.6 或 60%，这将包括可能要交的税。

净生活成本 ＝ 14 000 美元 / 0.6 ＝ 23 333 美元/月

第三步：设定目标

这一步要设定两个目标：商业系统的收入目标和金钱系统的目标。对于商业系统目标，用生活总成本乘以 5。

商业系统目标 ＝ 14 000 × 5 ＝ 70 000 美元/月

对于金钱系统目标，用净生活成本乘以 12，再除以 0.05 或 5%。5% 是一个金钱系统的最小预期收益率。

金钱系统目标 ＝（23 333 × 12）/ 0.05 ＝ 5 599 920 美元

这就是你的两个目标。第一个是创立一个商业系统，每月产生被动收入 7 万美元，其中 40% 交税，40% 给你的金钱系统，20% 用于维持生活方式。这样可以实现你的生活方式，同时为你的金钱系统提供资金。另一个目标是你从一个大额金钱系统获得被动收入。为了让你的金钱系统支持你享受特定的生活方式，你的目标值是 5 599 920 美元。5% 的利息大约是每月 23 000 美元，用于生活和交税。

通过这两个途径形成被动现金流,用从商业系统得到钱投入金钱系统。你不用退休就可以体验退休生活。例如,我的网站生意通常可以让我每个月赚 10 万美元,但是我没有 2 000 万美元的现金。这种生活方式只是一种选项,因为我将很多钱投入到了商业系统中,充裕的收入为我的金钱系统提供了资金。后来我清算了资产,达到了"金钱系统"的目标。如果你的商业系统能产生被动收入,你可以用这些钱同时享受生活方式和资助你的金钱系统。

第四步:实现

从今天开始,把眼睛盯在你前方 1 米处,而不是前面 5 千米。长期注视山峰会让你感到晕眩,所以不要再那样做。完成总目标的关键是将其分解为最小部分。把关注点放在第 42 千米处,无法让你坚持跑完一场 42 千米的马拉松。你应该先完成第一个目标,然后是第二个、第三个和第四个。

我在快车道论坛上常见到过这类问题:"我想每月赚 5 000 美元,该怎么做?"撇开有缺陷的"追逐金钱"逻辑,第一步是每个月赚 50 美元。如果你不知道如何每个月赚 50 美元,就无法每月赚到 5 000 美元!奇怪的是人们总是喜欢跳过过程去追求结果。

开始创建你的金钱系统,将 1 美分投入一个罐子。恭喜!你离自己的目标还有 25 步远。我不是开玩笑。你的目标不是 560 万美元,而是 560 000 000 美分。每天晚上把零钱投进那只罐子,这里 60 美分,那里 25 美分,尽管不多,但你每天都会一点一点地接近目标。这并不荒谬,我就是这样起步的。直到今天我都在这样做,因为这个练习有 3 个特殊目的。

第一,当你每天都往罐子里存钱时,你在训练自己看到向目标靠近的过程,提醒你向目标前进。当然你不会用这种方式存够 560 万美元,但是这是个逐步接近遥远目标的过程。第二,这个练习会迫使你自省。你是否为达到目标给自己加了压力,或者你的存钱罐是你唯一的武器吗？你在寻求一个快车道生意还是一直将自己约束在一个工作上？第三，改变你和金钱之间的关系。如果你严肃对待金钱系统，你需要从根本上改变对钱的看法。钱对于你而言是什么？购买最新版魔兽世界？还是成为你自由军团中的一名战士？

最后，在一家经纪商那里为你的金钱系统寻找资金。为你的金钱系统开立一个账户，通常大多数经纪账户需要存入最少1 000美元。如果你已经有一个账户，选择一个至少每年有5%收益的基金，并买入这只基金。或者可以开一个交易账户，用较便宜的钱做杠杆，定期交易型开放式指数基金（ETF）而不是传统的共同基金。下面为你推荐几个开立账户的经纪商。

- 富达（Fidelity.com/1-800-FIDELITY）。
- 先锋（Vanguard.com/1-877-662-7447）。
- 普信（TRowePrice.com/1-800-638-5660）。
- TDAmeritrade（TDAmeritrade.com/1-800-454-9272）。

如果你没有1 000美元开立账户，可以等到存够1 000美元再开。你的零钱罐大概每年可以存500美元。通过经纪账户，你可以看到金钱系统的实时被动累积过程。如果你的被动金钱系统里有了5万美元（不足以走上快车道），可以每月看到利息或分红成为被动收入。例如，你将5万美元投资到一个收益率为6.5%的全球债券基金，每月就可以产生270美元的被动收入。

我重申一下，快车道财富是由净收入和资产价值创造的，不是由股市或复利创造的。你的快车道生意应该为这个账户提供资金，而不是从你的工资中省钱投入这个账户。

快车道规则：财务知识

我妹妹21岁时买了她的第一辆车——尼桑Pulsar。这是她在财务上犯下的第一个错误，也是我第一次表现出对财务知识的欠缺。我妹妹在分期付款上碰到了问题。当她拿来贷款文件让我看时，我被难倒了。我仔细研究完，问她："你怎么买的这辆车？是怎样和人家协商的？"她回答："我告诉车商想每月支付399美元。"她的悲剧不是谈判上的弱势，而是不懂财务知识。车商答应了她的要求，但这样做对她很不利。她买这辆车多付了几千美元，并以奇高的利息贷了款。

车商给了我妹妹想要的结果：每月支付车款399美元。他们只需填个表就行了，而我妹妹的贷款期是60个月（本应该是48个月），而且利息为18.8%（应该是9%）。最终，她为这个错误多付了一倍的价格，她的错误就是不懂财务。

管理金钱系统需要懂财务

如果你不懂基本的财务和经济学，就不可能建立起一个财务王国。

这些知识是打造财务王国的基石。没有它们，连走人行道都会变得很危险。记住，更多的钱并不能解决钱的问题。如果说毕业后不继续接受教育是走上人行道的第一步的话，另一步就是不学习基本的财务和经济学知识。

欠缺财务知识的人比比皆是，他们没学过驾驶，也不懂道路规则。如果我们没有学过资金管理和基本财务知识，我们就如同被扔在一个野兽到处出没的财务原始丛林中。许多聪明人都缺乏基本的财务常识和概念，比如：

- 利率。
- 应税和非税收益。
- 抵押贷款分期偿还。

- 支票余额。
- 基本比率计算。
- 计算投资回报率。
- 为何股票上涨和下跌。
- 为何一个银行存单给出15%回报是骗局。
- 股票期权是怎么回事，比如看涨和看跌期权。
- 为什么保险能够存在。
- 共同基金是怎样运作的。
- 债券是什么，为何会有升跌。
- 全球通货。

为了成功发挥金钱系统的被动性，你得了解金钱系统使用到的金融工具。你知道如何计算利息吗？你知道怎么计算投资回报率吗？你知道利率提高时债券的价格会发生什么变化吗？你能区分应税收益和免税收益吗？这些概念可以让你的财富之路变得更坚实。不懂财务就不能管理金钱系统。为了踏上成功之路，你得懂得道路规则，并接受"驾驭财富的教育"——基本的财务和经济学知识。

量入为出——慢车道

财务的第一条规矩"量入为出"。在慢车道信徒看来，这就意味着"将费用控制在收入之内。"赚10美元就别花20美元。但这和快车道有关联吗？当然有，但有一个区别：量入为出，扩大收入。

"量入为出"适用于任何收入水平。关键变量是"入"字。如果比尔赚了5万美元，杰克赚了100万美元，谁可以花更多钱？谁可以过上奢华生活？两人都应该"量入为出"，但是杰克的生活方式有更多选择。记住，慢车道上的人寻求花最少的钱，而快车道上的人寻求最大化收入和资产价值。

你可以生活得很充裕，但支出不能超过收入，对于快车道上的人，这不是一个很大的挑战，因为我们先挣到钱再消费，而不是相反。而且税单要在获得收入很久之后才寄到，"量入为出"的生活仍然超过了平均水平。

财务顾问解决不了知识问题

我是自己的财务顾问，因为我不愿意失去控制权。聘用一名财务顾问可能对你是有意义的，但要注意财务顾问不能解决你欠缺财务知识的问题。是的，这只能让你在午餐时吃上沙拉，不意味着你晚餐能吃到甜甜圈。如果你聘用财务顾问，那么你需要有能力评估他提出的建议。你的顾问会不会在提高利率时向你推荐一只债券？国库券供不应求时会建议你购买吗？你的顾问会向你推荐一个看上去"好得不是真的"的投资项目吗？财务知识可以让你有能力评估他的建议。

2009年10月，声称2008年赚了超过4 000万美元的演员尼古拉斯·凯奇（Nicolas Cage），向其前财务经纪人索赔2 000万美元，指责其引导他做了糟糕的投资，造成了重大损失。凯奇声称他的经纪人向他推荐了一揽子高风险投资，导致了灾难性损失。在后续的反诉中，凯奇的前经纪人指责凯奇"乱花钱"造成了财务困境，而并不是因为他的建议。不管真相如何，如果你无法监督你的顾问，你就失去了控制权；如果你不能区别好坏建议，你就没有控制权。对于那些雇佣财务规划师的人来说，财务知识是一个保障。财务顾问不能解决你缺乏财务知识问题，正如再多的钱也解决不了糟糕的资金管理问题。

缺乏财务知识会让你暴露在风险中，最糟糕的情况是造假。伯纳德·麦道夫（Bernard Madoff）的投资基金骗了几千人，导致了几十亿美元的损失，但是让人吃惊的是，它的投资基金几年前就已经显露了造假的征兆。因此，如果你不懂财务知识，你就是个聋子，听不到警告。

本章小结：助你踏上快车道

※快车道是达到终点的手段，因为梦想是有代价的。

※通过将大目标分解成小目标而达成目标。

※每天存钱强化了你与金钱的关系，这是你用来得到自由的被动系统，存下的钱就是加入你财务自由大军的战士。

※金钱系统不是用来创造财富的，而是用于带来被动收入的。创造财富是快车道的任务。

※如果缺乏财务知识，你很难打造一个财务王国。

※"量入为出"适用于任何收入水平。

※对于快车道上的人，"量入为出"意味着扩大你的收入。

※财务顾问无法解决你财务知识欠缺的问题，财务知识是保障。

※缺乏财务知识会削弱你的控制权，你无法评估一个财务顾问的建议。

第8篇

加速累积财富

第 38 章
成功的速度

> 点子只是神经冲动,此外无他。
> MJ·德马科

"喔,350 公里/时"

我把那辆兰博基尼开到停车场时,听到那帮小年轻对着我的车说"350"之类的话,因为车速仪表盘上的最高速度就是 350 公里/时。尽管有这么大的马力,这辆车很少开到 350 公里/时,甚至都很少开到 240 公里/时以上。"350 公里/时"只是"最高速度"、是闲置的,未充分利用的潜能。

快车道是信息的集聚,可以创造潜在速度。

你已经了解快车道路线图和财富公式,你已经抛弃了人行道和慢车道。你的车加满了油。你不只是有兴趣,而且做出了承诺。你准备投入这个过程,知道自己想要什么和想去哪里。你选好了路线,现在是时候加速了。

他们知道你什么也不会去做

你想过那些电视购物广告的产品是怎么回事吗?你可以空手套白狼,通过交易外汇或买卖房产赚几百万美元吗?事实上你可以。

那些电视购物商家不会告诉你他们真正的赚钱模式。他们是靠着"计划性报废"来赚钱的。"计划性报废"是指营销商期望，不管他们卖什么东西给你，你都不会用它。因为如果一直把它搁置一边，也就不大可能要回你的钱了。

他们想到了你不会用到它。人类天性在这类生产商的商业模式中起到了重要作用。电视购物的致富系统利用了人类天性，因为人们追求的是结果，而过程则被回避了。最容易的做法是什么也不做，或者浅尝辄止。事实是，大部分人（不管他们是否认同快车道策略）都不会根据信息采取行动。他们会盯着路线图，却不踩油门，不把车开上路。拥有财富路线图是一回事，上不上路是另一回事。如果你回避做事，那么什么也不做就再正常不过了！

速度的策略：是象棋，不是跳棋

速度不是想象快车道业务，而是创造它。速度是发现需求，并为此给出解决方案和原型产品。速度是为你的商业组织提交注册文件，是打造和发展一项业务。速度是签订合同和推进你的流程。速度是在对手玩跳棋时，用下象棋的策略推进你的业务。速度是关掉你的游戏机。

象棋是走法复杂的游戏，而你的业务也应该如此。不幸的是，大多数企业家只从一个维度处理业务，即采用跳棋的玩法，这样做是绝无取胜可能的。跳棋是单维度的，因为所有走法都只有一种。而象棋是多维度的，每一步都因为棋子不同而走法不同。

像下跳棋那样经营企业的人，对于价格既无法防守，也无力进攻。无法提价、降价和降低成本，价格较便宜的供应商会说："天啊，怎样才能做到最便宜，让所有人都从我这里买呢？"这种单维度走法将企业家限制在无穷无尽的价格战中，为了得到业务，心中只有一个念头：价格最便宜。

在豪华轿车出租行业，价格战非常盛行，因为业主对于品牌经营的理解是单维度的："如果我的报价是最便宜的，就可以得到最多的业务。"

你想成功，就要从单维度转到多维度。把跳棋放一边，玩象棋吧，每个棋子代表你的业务中的某个特定功能。你如何摆布每一功能将决定你是在快车道上高速行驶，还是漫无目地地随波逐流。这些棋子代表：

- 王：执行部门。
- 后：营销部门。
- 象：客户服务。
- 马：产品/服务。
- 车：业务人员。
- 兵：你的点子。

然而，这里无法详尽解释每个棋子的角色，我将重点阐述影响速度的重要因素。你自己要把这个系统建起来！

执行为王，点子是兵

潜在速度只是提出一个想法，你需要去执行。一个新手看到仪表盘上的 220 公里/时，他们只是看到了一种可能性。在商业中，想法是卒子，只是一辆停在那里的最高时速达 350 公里/时的兰博基尼。实际速度要看执行，即踩在油门上的压力，执行是整个游戏的王者。

- 潜在速度——一个想法。
- 实际速度——被加速和执行的想法。

你脑中的一个点子就像一辆耗光了油停在车库里的好车，其用处没有发挥出来，也没做成任何事。执行就是让一个想法变成现实，给油箱加满油。执行就是将兰博基尼开出车库，踩紧油门向前冲。执行就是落实你的想法，尝试各种可能的方法。

创业者努力区分想法和执行。他们认为想法价值百万，而成功却与想法无关，而是在于执行。"是我想出了那个点子！"哦，是吗？可是谁在乎呢，很多人想到过啊。你和他们有何区别？他们去做了，而你什么也没做。相反，你把时间都花在了踢足球上了。你睡懒觉，在一件事上花了5天时间，除了那个伟大的点子，你什么正经事都没干。点子只是你脑中的灵光一闪，需要你为此付出努力。点子是结果，而执行是过程。皮埃尔·奥米迪亚（Pierre Omidyar）的eBay不是只停留在好点子上，他采纳了那个点子（结果），并进行了大量的落实工作（过程）。执行把成功者和失败者从点子中区别开来。

如果你想提前30年退休，你需要有控制权，坚持不懈；而不应消极冷漠。

点子无用，执行无价

在我的论坛上花10分钟就会发现，大多数创业者喜欢点子，而很少谈到执行。他们只是在琢磨那些卒子。

- 这是一个好点子！
- 有人在做吗？
- 我不能泄露这个点子，因为有人会偷走它！
- 你愿意在我告诉你那个点子之前先签一份保密协议吗？

不，我不想签保密协议，也不关心你的点子。在财富世界里，点子不值钱，却被当作黄金。那些点子大师很小心地保管着自己的点子，努力不让别人偷走它，却不知道有好几百人都想到过那些点子。点子的所有者不是那些想到它的人，而是那些实施它的人。

创业家德雷克·西弗斯（Derek Sivers）认为，点子只是乘数，

第38章 成功的速度

执行才会带来真正的财富。在我们的快车道棋局里，点子（兵棋）是潜在速度，而执行（王棋）是加在油门上的压力。下面展示了为什么一个很棒的点子（潜在速度/强壮的士兵）在和薄弱的执行（没踩油门/懦弱的国王）结合时是无用的。

兵棋：点子（潜在极速）

烂点子 = 1.6 公里/小时

差点子 = 8 公里/小时

普通点子 = 56 公里/小时

好点子 = 104 公里/小时

棒点子 = 160 公里/小时

绝妙点子 = 320 公里/小时

王棋：执行（油门压力）

不执行 = 1 美元

不得力的执行 = 1 000 美元

一般的执行 = 10 000 美元

好的执行 = 100 000 美元

出色的执行 = 1 000 000 美元

最佳的执行 = 10 000 000 美元

你看到了吧，一个绝妙的点子，如果不执行，就只值320；而一个普通的点子经过最佳的执行，可以值5.6亿。你瞧，这和你的点子及其潜在速度无关，重要的是看你执行得如何！

当我开始做网站业务时，其他公司早已建立了类似的网站。尽管"有人已经在做了"，但我执行得更好，成为业界的领先者。是我的点子更特别吗？不是。同样的点子，但是我执行得要比竞争对手好。在我的收益模型成功之后，被很多人复制了，我的业务减少或失败了吗？没有，因为这个点子不是成功的关键。复制了这个点子的竞争对手们在这个财富棋局里没有一个强大的王棋，那就是执行。靠偷走兵棋是赢不了一盘象棋的。

MySpace 和脸书的所有者并不是最初想到这个点子的人，但他们却将自己的产品变成了最受欢迎的，为什么？执行。执行将冲动的点子变成了一朵花香四溢的玫瑰。

认真想想我在这本书中说过的话吧：为何执行是如此困难，而点子并不出奇？我们要再一次回到财富的二分法：结果和过程。执行是过程，是努力、牺牲、纪律和坚持。点子只是结果。

如果你想要到 6 000 千米远的地方去，而你的速度是每小时 15 米的话，需要 45 年才能到那里，这是一条慢车道。如果你的速度是每小时 95 米的话，需要用 7 年时间，这是一条快车道。生意的速度靠的是执行。快车道的速度可以让生意按照指数倍增，使净收入和资产价值实现爆发式增长。

本章小结：助你踏上快车道

※ 速度就是将思想转化为执行。

※ 大多数人浪费了有用信息，让信息失去时效，变成废物。

※ 成功的快车道业务是多维度的，就像一局象棋。单维度的业务只关注价格。

※ 执行把成功者和失败者从点子中区别开来。

※ 从商业上看，点子是结果，执行是过程。

※ 点子是潜在的速度，执行是实际的速度。

※ 如果别人分享了你了不起的想法，但只是想想，则不会有任何成果。只有那些动手执行想法的人，才能从中获益。

※ 当一个项目（潜在速度）与执行（油门的压力）相匹配时，才能得到财富和冲力。

※ 点子只是灵光一闪，而执行会将其变成一朵花香四溢的玫瑰。

第 39 章
烧掉商业计划,立即开始行动

> 除非你采取行动,否则即便有全世界最棒的点子也没用。想喝牛奶的人不能只是坐在养牛场的一把椅子上,等着奶牛过来喂奶。
>
> 柯蒂斯·格兰特(Curtis Grant)

世界按照自己的逻辑行事

世界按照自己的逻辑行事。如果你认为 1 + 1 = 2,而世界告诉你 1 + 1 = 3,你应该接受,而不管你以前是怎么想的。当一个点子出现在你脑海、你的计划和生意中时,如果不去实行,你永远不知道会出现什么情况。在商业上,我将此称为"把它放进盒子里"。

每当我在网站上提供一项新服务或功能的时候,我都会观察世界如何反应。这样的实验让我感到惊讶。我想:"这个新网站设计将是一个绝妙主意!"而现实是,几百封邮件汹涌而来,陌生的来访者恨不得把你绑在树干上鞭打。

对你的点子进行最终裁判的是这个世界和你服务的市场。如果这个世界喜欢你的东西,他们通过长时间关注你、提供想法或花钱来支持你。如果他们不喜欢你的东西,他们就不会花钱,不会搭理你。那些被你惹恼了的人会怎样呢？他们写电邮诅咒你，在博客里批评你。

留待别人去评价

我的网站需要重新设计，我花了6周时间让它改头换面。我很兴奋，人们将会喜欢这个设计，它清爽、易用，展现了我的设计能力。然后我将新的网站设计换上去了。可是大家并不买账，各种抱怨蜂拥而至。网站的跳出率（人们看到一页就退出的比率）直线上升，转换率陡直下跌。每天的业务量从1 200掉到了只有500个。

别人给出了评价。我马上抛弃那个新设计，重新用回原来的版本，把花6周时间做的设计扔进垃圾堆。我的精心设计惨败。这个世界给了我一个信号，我读懂了，然后做出反馈。

世界会随时告诉你该向哪个方向前进，而你需要留意信号。你怎样让世界告诉你？把你的点子和概念展示出来，按照你的想法做出来，让它告诉你。用你的天才之笔涂抹这个世界，然后它会告诉你是对还是错。

书呆子教授靠边站

世界不看重想法，它只会对这些想法做出反馈。这个简单的事实给商业计划当头一棒。学术界将对此恼怒万分。做好准备面对这个对商业的最大亵渎吧：商业计划完全没用！它们只是一些突发奇想。

除非你认为这些脏兮兮的纸有价值，而我从来没有什么商业计划。事实上，最好的商业计划是在餐巾纸、用过的Arby（快餐连锁店）纸袋和Baby Ruth（巧克力糖）包装纸上的涂鸦，以及你的苹果手机语音备忘录。商业计划是另一种形式的潜在速度，就像一台昂

第39章 烧掉商业计划，立即开始行动

贵但很少使用的豪华轿车，它们并不比旁边一台割草机的用处更大。商业计划如果没有被执行，是全然无用的。

猜猜执行商业计划会发生什么后果？一旦执行，便会验证我讲过的那些话：你的商业计划是无用的。市场（世界）会引领你的业务走向一个完全无法想象的地方，和你的商业计划上的东西完全不一样。如果你与创业时间超过 5 年的企业家谈过话，他们就会告诉你，变化总比计划快，他们开始时卖的是 X 产品，最后却以卖 Y 产品收尾。世界会告诉你应该去哪里，却不会为你 150 页的商业计划付一分钱。

脸书起步于一个大学生社交网站。从一个对象很窄的网站变成了面向各年龄段人的大众社交网络。我的网站开始时只是一个目录，后来变成了一个领先的门户网站。在把想法转变成现实时，这个世界会摧毁任何商业计划。

当然，财务分析除外。在不了解生意所受的财务限制时，盲目跳进去是鲁莽的。当我决定开办一个服务豪华轿车出租公司的网站时，我确实做了财务分析。我没有纠缠于复杂烦琐的商业计划，那些事情替代不了执行。你只需找出该解决的事情并着手落实，这个世界有自己的运行轨迹，会告诉你前进的方向。

我需要风险投资

或许有人会提出反对意见："不准备一份商业计划书，你怎么能拿到风险投资呢？"他们认为没有商业计划书，你就别想拿到资金。拜托！用用心，问题不在于商业计划书，永远都和商业计划书无关。世界上最好的商业计划书就是执行的记录。

如果你是一个有经验的执行人，马上就会有人要看你的商业计划，因为他们知道你有执行的毅力。如果我从一个两年前以 2 000 万美元卖掉自己公司的人手里接过一份商业计划书，我一定会读那份

计划书。而价值不是那份计划,而是这个人和他以往的执行记录。

如今,我认识一些人,只要我把商业计划书交给他们,他们就会看那份计划。他们了解我的执行记录,这为我的商业计划做了背书。如果你没有良好的执行记录,商业计划书就是一堆废纸。

依靠执行获得资金,不要靠商业计划书

我在开办公司时,手里只有900美元。没有投资人,没有资金,没人帮忙。事实就是我浪费了150小时去写一份95页的商业计划书,没人读那份计划书,因为我完全没有经验,没钱,没有业绩记录,没参加过竞赛,没成就,没赢过比赛。但是,我创立公司并做大时,奇妙的事情发生了。我的点子变成了可以被这个世界消费的资产,我也变成了香饽饽。风险投资人和天使投资者给我打电话(我没主动打给他们),人们突然想要看我的商业计划书。为什么会有这种突然变化?我和几年前有什么不同吗?当然有,我的想法不再是纸面上的,我已经把它反映在执行中了。

快车道论坛上的一个常见问题是"如何为自己的点子找到投资人"。不管这个点子是一项发明,还是一个全新的网站,我的回答都不会是大家想听的。如果你想要找到投资人,那就行动吧。做一个原型,创立一个品牌,建立让别人看得到的执行记录,深入到过程中去。当你把一个想法变成现实时,投资人就会打开钱包。你只要做得足够好,他们就会抢着给你钱。

如果你只有120页的文字和图表,那只能展示你的组织技能,而并不是执行能力。天使投资人从不因为商业计划书而投资,他们只投资那些有良好执行记录的人。这才是你最好的商业计划书!如果你真的想要为你的业务争取资金支持,就动手把你的想法变成现实。给投资人一些他们看得到、摸得着和感受得到的东西,让投资者看看你的执行能力,因为那些才能实现快车道目标。

第39章　烧掉商业计划，立即开始行动

本章小结：助你踏上快车道

※世界会给你指出前进的方向。

※商业计划书是无用的，因为它们只是突发奇想。

※一旦世界与你的想法产生互动，你的商业计划书就失效了。

※市场将会把你引到之前未曾规划过的方向上去。

※最佳商业计划书是良好的执行记录，它为商业计划做背书。

※如果你有良好的执行计划，马上就会有人想要看你的商业计划书。

※如果你想让自己的商业计划书获得资金支持，就采取行动，通过可以看见的执行效果获取资金。

※投资者较有可能投资可见和现实的项目，而不是写在纸上的一些想法。

第 40 章
步行者会让你发财

> 如果你做得不错，客户会口口相传。口碑很重要。
> 杰夫·贝佐斯（Jeff Bezos）

你棋盘上的象

在生活艰难时，我们寻求神父、拉比和牧师的指引，他们是你在生活中遇到困难时的求助对象。而对于你的生意，该向谁求助呢？谁最接近你的客户？在生意中，与国际象棋里的"象"对应的是客户服务，它指的是你如何对待买你产品或服务的人。所有生意的客户服务目标都应该围绕着一个职能，即提供帮助、支持和解决方案。

内部路线图：我的黑皮书

快车道路线图是我的财富指南针，但是我还有一个内部路线图，它是我的小黑皮书。它记录了我生意中每天遇到的抱怨、牢骚和问题。这本书作为我的指南已经有 10 年以上的时间了。

绝大多数企业家听到客户抱怨时，会不理不睬，或者把问题转给某个职员，然后祈祷事情会被解决。然而，这不是快车道方法。抱怨是很好的事情，它们代表的是自由反馈，暴露了你的生意中未被满足的需求。

我之所以记录客户的投诉是因为这是一个观察客户内心的万花筒。1 个投诉意味着还有 10 个人也有同样的意见。我每周会把类似的投诉集中处理,评估和采取纠正措施。投诉是这个世界给你的提示,告诉你应该前进的方向。

4 类抱怨

当这个世界对你的新网站、产品或概念提出意见时,你应抱有怎样的期待?哪些应该重视,哪些可以忽略?

抱怨有 4 类:变化、期望、无效投诉、欺诈投诉。

变化

对人们喜爱的东西做出改变,你就会接到汹涌的抱怨。还记得可口可乐改变其处方的事吗?真是不敢相信,他们怎么敢干那种事!记得福克斯影业取消放映受人欢迎的家庭剧《五口之家》(*Party of Five*)的事吗?这个世界厌恶改变,抵触改变也是人类天性。改变会威胁到舒适、预期和安全。

当我重新设计网站时,收到了几百条投诉,我感受到了某种抗拒,这是正常的。实际上,在 10 多年里,每次重新设计都遭到了反对。然而对于批评意见,问题在于多少才是正常的?多少才是合理的?

对改变的抱怨信息含量极少时,最难破译。对于我重新设计的失败,数据显示有大量的投诉,跳离率翻了两番,也影响了转化率。我只得承认失败,重新用回原来的设计。当你做出改变时,就会出现抱怨和投诉,这是必然的。并不是所有抱怨都是可以解决的,因为起作用的是人的心理,而不是你的工作。

期望

当你打破了客户的期望时,就会发生相应的抱怨和投诉。你说服他们和你做生意，他们对此有所预期，而你提供的东西没有达到他们的期望。这种情况之所以发生，要么是因为你的服务失败了，要么是他们的期望受到了营销策略的误导。不管是哪种情况，都暴露了一个问题。这是你的问题，不是客户的问题。你或者做出更好的工作去满足他们，或者更好地管理他们的预期。

"你们的服务糟透了。"我听到这种抱怨有几百次了，而我的公司不仅活了下来，还很成功。如果我的服务很糟糕，而且人们也是那样评价的，我的生意怎么可能成功呢？于是我对此进行了深入研究。

广告客户抱怨说："你们的服务糟透了"，他不想再用我们的服务了。他们的期望有些变态。我采用的是一个引导服务系统，可以向客户发出引导电邮。这些邮件需要回复。如果这封电邮放在你的邮箱3周都没有被打开阅读，之后再回复便失效了。如果这种服务被错误使用，结果当然很糟糕。我需要做的是更好地管理客户的期望，我详细解释了引导邮件只有在人们正确回复它们时才会起作用，未回复的引导邮件不会被处理。而且由于我的大多数客户不太懂得怎么做，我组织了一些培训活动，确保他们知道如何做出专业的回应。如果我不能解决这些投诉，我可以管理他们的期望。我知道，如果客户在赚钱，他们会一直付我钱。

如果你在酒店点了一道鲈鱼，当端上来的鲈鱼半生不熟时，你对烹调好的食物的期望就被破坏了，于是，你开始抱怨。但是对于酒店主来说，问题会更大：为什么端上来的鱼没做熟？是厨师能力有问题吗？厨房流程是否需要改变？这类抱怨能够暴露操作问题、营销信息错误和产品问题。

如果你雇了一家声称"保证两周内完成浴室改装"的住宅改装公司，而这个工程花了两个月，你的期望就被打破了。要么广告宣传应该符合实际，要么这家公司需要改进工作，满足客户期望。无论是哪种情况，你都需要做出改变。总之，发生期望方面的投诉是因为破坏了客户的预期。

第40章 步行者会让你发财

无效投诉

无效投诉是指客户不断提出某方面的要求，而你无法满足。无效投诉非常有价值，因为它们暴露了有待满足的需求。

过去我做豪华轿车预定网站时，一个最常见的投诉来自豪华轿车出租公司，"我们不做婚礼租车业务！"客户有时会为婚礼租用豪华轿车，而一些租车公司不提供这类服务。类似地，许多租车公司不提供机场转送服务。这个投诉不断出现，我后来想出了一个解决方法。在网站上增加一个功能，让租车公司明确他们提供的服务类型，这个问题因此得到解决。通过解决这个问题，这项预定服务的价值得到了提升。更高的价值等于更大的影响范围、更高的利润和资产价值的增长。

无效投诉充满着机会。人们坦率地告诉你他们想要什么，而你不一定要为此花钱，就可以满足这些需求。

欺诈投诉

2005年3月，一位年轻的女士走进温迪餐厅，投诉说在她的辣椒碟里发现了一截断指。她不仅要投诉，还想控告餐厅。幸运的是，这个女人不堪的诉讼经历被曝光，这个欺诈投诉终究失败了。次月，拉斯维加斯警方以盗窃罪逮捕了那个女人。

欺诈投诉是司空见惯的。随便问问企业主，他们都会告诉你，欺诈投诉是最让人沮丧的，因为它们反映了糟糕的社会现实：设计非法的投诉敲诈企业主。

我几乎每周都得处理欺诈投诉。例如，价格输入错误会让某个傻瓜以为可以用每小时5美元的价格租一辆原本每小时50美元的豪华轿车。"你要么答应我，要么我就联系律师控告你！"我当然知道你有律师。祝你走运，你会支付250美元/时的律师费，打一场因为输入错误而需多花45美元的官司吗？

不幸的是，当你要和几百万个客户打交道时，你将遇到几百个"傻瓜"。是的，这可能会让你变得愤世嫉俗，因为投诉人想用低劣的欺诈要挟你。当你把一只苍蝇扔在汤碗里想吃霸王餐时，对不起，你就是个骗子。

如何处理那些别有用心的投诉人？你可以优雅地回应，解释你的立场，然后继续做你的事情。

选择你的战场

比尔·科斯比（Bill Cosby）曾经说过，"我不知道成功的诀窍是什么，但是我知道失败的关键在于试图取悦每个人。"我开始做生意时，非常想让每个人都开心快乐，结果很快证明那样会让人抓狂。应该有选择性地处理投诉，这就是为何我要做记录，我想要识别出可以加强我的服务价值的模式。我明白，更好的产品带来更好的客户，而更好的客户给的价格也更好。

互联网时代很容易了解到对你业务的抱怨和投诉。推特（Twitter）可以让企业主跟踪客户的意见，谷歌提醒功能（Google Alerts）可以提醒你留意别的网站提到的你公司的名字。跟进反馈会变得更容易，但是解读信息变得更困难。

"我不想为你们的服务付钱。"类似这样的投诉可以忽略。如果你尝试让每个人开心，你会被逼疯。选择你的战场，解决那些能够带来最大价值和最有帮助的投诉。作为企业主，你必须记住，尽管没有老板管着你，帮你偿还抵押贷款的是你的客户，你应该经常听听他们在说什么，但是有时候也可以忽略。

变不利为优势

现代社会的客户服务令人头痛。我们经历着生活中各种糟糕的客户服务，以致对差劲的客户服务习以为常，不再期望更好的服务。

在我家附近有一个商业广场，其中有一家餐馆每6个月就会换老板。自从我住在那里，就见到4家餐馆开业并关张。我没有光顾过之前的3家，只能说说最后这一家。饭菜质量不错，但是服务很差劲。饮料喝完也没人添加，银餐具发暗，女侍应生很傲慢，似乎我们的光临造成了她的不便。起身后我在想，"这家店做不长久。"果然，几个月之后这家店就挂出了"招租"的牌子。

作为客户，尽管糟糕的服务让我们很烦恼，但我们给创业者带来了很大的机会。期望的美丽之处就是它正好是反的。尽管和期望有关的投诉是指对期望造成的负面影响，糟糕的客户服务却能对期望产生积极作用。

把"差劲"变成"超越预期的客户服务"

你可以通过采用一个超出预期的客户服务战略，将你的业务推上平流层：可以叫作"超越预期的客户服务"。

在客户服务方面存在一些纰漏，对于快车道上的人是一个优势。例如，如果我发现在银行给我的账单上出现了1万美元的错数，我的第一反应是非常兴奋，第二反应是打电话给银行解决这个问题。此时，我的脑中马上浮现出致电银行时的一个期望，下面是我的"期望"或我预期会出现的场景：

- 我会听到一段电话录音或自动接线员的对话。
- 然后是重复播放的按钮菜单：按1做这个，按2做那个，按3是某业务，等等。
- 之后，我的电话会被转给另一个人。
- 我会和某个名叫"史蒂夫"的英语不太流利的人通话，但那人听上去更像是叫普拉吉或桑贾什么的。

这就是我能想到的状况。毫无疑问，我的客户服务预期并不怎么样。我的开户银行以及其他银行都是如此，它们只提供这样糟糕的服务，因为这就是我们期望的服务。让我们来彻底改变这种情况吧。当我致电银行时，不是自动的语言回复，而是马上有一位讲英语的人士接听电话。我不要语音邮件，不要按数字键，不要自动接线员，我要一个活生生的人来接听电话。在和客户服务代表交谈了5分钟之后，我的问题会被记录和解决，他甚至不会把我的电话转给另一个人。我此时的感受是"太棒了！"

这就是一个超越预期的客户服务示例：将一个糟糕的客户服务转变成超越预期的服务。当你打破了客户对服务的负面期望时，就会把他们变成忠实的回头客，最终给你的业务带来好处。

借力免费人力资源系统

一个被动收入系统是人力资源系统。

除了员工不便宜之外，人力资源系统通常需要管理。如果你可以免费利用一个人力资源系统，岂不妙哉？当你为自己的生意培养出信徒时，这个想法就实现了。

超越预期的客户服务打破了客户原来的低预期，将客户变成忠实的主顾和你生意的信徒。他们会不断地为你做免费广告。口碑是强大的广告工具，因为这是免费的，会带来无限的投资回报。

你的客户服务战略将影响你公司的成长。满意意味着期望被满足。为了获得忠诚的客户，你必须让他们非常满意。当我和公司的潜在买家协商时，经常被问道："你会花多少钱做广告？"我的回答

第40章 步行者会让你发财

你一定想不到，一分钱也不花。这让大家很疑惑。当然，在我刚开始做生意的时候，也是按照常规套路：调研，营销，广告，给陌生人打电话推销。但是一段时间之后，我的广告成本不见了，因为有人免费为我做广告了！如果你的客户喜欢你的生意，他们会成为信徒，为你做广告。他们变成了不要钱的人力资源系统，变成了到处为你传播美名的传道士。

怎样才能培养你的生意信徒？答案就是提供超越预期的客户服务。当你向一家公司发出一封电邮时，多久才会得到对方的回复？一天？还是一周？在我的公司，答复客户电邮只需要几分钟，而不是几小时、几天甚至几周。人们有时发电邮给我们，只是想测试我们的反馈速度。我打破了客户的期望，这给我带来了红利。

我一直提供实时的客户服务，任何人给我公司打电话，都会有一个有血有肉的人接听，不用按1号键、2号键。我们没有将客户服务外包出去，因为我不想这样做。

客户的衷心拥护会让生意指数增长，这都得益于这个人力资源系统。比如，我的网站主机提供商是流动网。在第一次联系流动网的技术支持人员时，我发出一个服务要求，然后期待着在一两天内得到反馈。我错了，10分钟不到，流动网客服就反馈了，只用了20分钟就解决了我的问题。他们为客户提供了超越预期的服务。结果如何呢？我成了流动网的一个信徒。当有人问我："你推荐用哪家的主机？"我会毫不犹豫地回答："流动网"。我是一个传道士客户，我为流动网支付了两种形式的货币：一种是现金，另一种是我对他们业务的频繁推荐。后一种的有效价值是无法衡量的，因为我是帮他们免费推销产品的人。想象一下，如果你拥有的不是一个这样忠诚的客户，而是1万个，你的业务一年会增长2%？还是200%？

为了提供更好的客户服务和扩大你的业务，你应该知道客户对你有什么样的期望，他们与你这个行业的竞争对手和类似公司的关系如何，想想客户的期望，然后超越它。

任何时候只要你超越了客户的期望，都会获得双重好处：一是他们会继续向你购买产品或服务；二是客户会成为你业务的信徒和免费传道士。这两者都能提高速度，加快财富积累。

好的客户服务要求你付出更多，但是收益也会更多。如果花更多的钱取悦现有的客户，而不是用来找新客户，通常业务的存活期会超过5年。不幸的是，把赚钱放在首位、把需求放在最末的企业主经常把广告费花在招揽那些不了解他们的客户服务有多糟的新主顾身上。这成为一个重复的战斗，就像用水瓢把漏水的船舱里的水排出去：用容易找的新客户替代那些不满的老客户。

你需要突破客户的期望，培养自己的传道士，创造免费为你工作的人力资源系统，把钱吸引过来。

你的忠诚在哪里

商业所有权的最大神话是"做自己的老板"。信奉这句话的业主后来发现自己什么老板都不是，业务最终会垮台、倒闭。商业的成功诀窍是让你的客户成为老板和排在第一位的利益相关方。

利益相关方是指"在一个组织里直接或间接持有权益的个人或组织，可以影响组织或被组织的行为、目标和政策影响。"当你把自己当作利益相关方而放弃客户时，就会扼杀长期业务。想知道为何客户服务那么糟糕吗？是因为企业主把客户放在相关利益链条的最下端。上市公司是最糟糕的，因为它们把股东放在第一位，把华尔街放在第二位，把经理人放在第三位。客户被他们排在最下面。

我常反复告诫员工："是客户为你发工资，而不是我。因此，你要让他们开心。"我的利益相关方不是自己想要好车和豪宅的自私愿望，而是我的客户，因为我知道他们有这个力量。我忠实于我的客户，他们是我的老板，掌握着所有我想要的东西。

大处着眼，小处入手

高二时，在米勒（Miller）先生的健身课上，我认识了马克·瑟格拉夫。实际上，并没有这样一个学生。因为米勒先生总是把学生的名字读错，所以汉德森就变成了汉克森，西格拉夫就成了瑟格拉夫，而里克森被叫成雷克士。不管你叫什么名字，米勒先生很少读准过。我不知道他是不识字呢，还是因为岁数太大了。

那是10年前的事情了，我的网站的首席技术官是谁？马克·瑟格拉夫。网站设计师是格蕾琴·汉克森！我雇了高中同学来工作？没有，那些名字只是虚构出来的，他们都没有为我工作。但是如果你浏览我的网站，就会在"联系人"和"关于我们"页面上，看到他们作为雇员，且都有很高的职衔：首席技术官、业务发展或者网站设计师。这些人不是我的员工，但是会让别人以为我的员工很大牌，业务在成长。

我承认开始时我觉得这是和雇员开的一个无害的"内部玩笑"，但后来我逐渐发现了这样做的好处：这让我的产品看上去更好，让我的公司看上去是领先的、资金雄厚的、具有成长潜能的。当然，我并不确定把1987年上健身课的同学的名字拿来当作自己的雇员是否道德，但我的目的和意图很明确，我想让自己看上去很强大，在业务上会从小处入手。

你的公司设置要超越客户期望

大公司在提供糟糕服务方面臭名远扬，而这样的服务已经被大家默认。而小公司则以提供优质服务而为人所知。我的目标是使公司看上去像大公司一样有实力，但是要像小公司那样提供人性化的服务。当客户从一家大公司得到了人性化的出色服务，你就提供了超越客户预期的客户服务，并建立了忠诚的客户群，他们会到处传播你的好口碑。

客户服务很糟糕，对你而言，是一个生意机会。大处着眼、小处入手是建立超越客户期望的客户服务的基础。客户开始时期望得到中等的服务，这对于任何没有物理场地的企业都是有效的。显然一家小商店不可能看上去很强大，但是对于我们这样的网络企业，是可以做到的。

遗憾的是，许多企业主正好是相反的情况；他们看上去弱小，却虚张声势。

"乔大牛连锁企业"这个名字会不会让你觉得对方是一家强大、声誉卓著的公司？这个公司名称只给人以"这是只靠一个灵魂人物的公司"的印象，而不会让人觉得有很强的实力或吸引力。不好意思，"乔大牛连锁企业"是一个明显的败笔。我敢肯定没有一家企业使用这个标识，如果有的话，会是平淡乏味的，或者就像是用免费设计软件打出来的字样。这家公司的网站是静态的，俗套且幼稚。Comic Sans 也不会给人以专业的印象，这家公司看上去像国际企业，却不提供免费客户服务电话号码。

把小生意做得像个大公司，会带来很多问题。你每次致电这类公司，需要按很多数字键，最后才能接通一个语音留言信箱。那么发电邮如何？算了吧。大多数电邮都会被忽略，那些有幸被读到的邮件，几周之后才会收到回复。客户的要求不会在几小时内得到解决，而是需要几周时间。

如果你坚持每周工作 4 小时，你的生意是不会有发展的，因为你的自私要比做大生意更重要，虚张声势就是自掘坟墓。

别等竞争对手动手，要先下手为强

我的"看上去强大"策略的另一个目的是，在竞争对手开始行动之前打击他们。当某人（或某公司）想开店与你竞争时，会先调查你。他们浏览你的网站，看看你的业务、收费标准等，然后决定是否投资和花时间进入这个领域。对于未受过训练的创业者来说，与一家大公司竞争困难重重。"我的天啊，他们有12个员工对付我一个，我该怎么办啊？"

如果一个创业者认为你太过强大而无法竞争，那么竞争还没开始，你就已经赢了。他们要么三心二意地去做，要么会转到一个竞争不那么激烈的行业。要让自己看上去很强大，但要从小处着手。

本章小结：助你踏上快车道

※客户投诉反映了客户有价值的真知灼见。

※少量的客户投诉很难破译，通常需要其他信息加以验证。

※期望方面的投诉暴露了你的业务或营销策略方面的问题。

※无效投诉暴露了有待满足的需求，展现了新的收入机会，需要你提升产品或服务的价值。

※好的客户服务其实很简单，就是超越客户对服务的较低的期望。

※服务方面的缺口是快车道的机会。

※忠实的客户会成为推广你的业务的免费人力资源系统。

※对你的公司感到满意的客户会带来双重好处：一是重复购买；二是成为你的信徒，为你传播好口碑。

※你的客户和他们的满意度是你获得个人想要的东西的关键。

※大处着眼，小处入手，超越客户对服务的预期。

※打出气势可以吓走潜在的竞争对手。

第 41 章
把搭便车者扔出去

> 人才是一家公司的最大资产,不管这家公司是造车的还是做化妆品的。一家公司的人有多好,这家公司就有多棒。
>
> 玫琳凯·艾施(Mary Kay Ash)

你的车管理不善

你的车就是你的生意。如果你让骗子进来了,一定会有麻烦。回到那个下象棋的比喻,象棋里的车代表你业务中的那些人,包括员工、合作伙伴、投资人和顾问。

商业联姻:合伙人

生意合伙人就像是婚姻伴侣,要么琴瑟和谐,要么以惨烈的离婚收场。

3 年前,吉姆和麦克在酒吧里喝啤酒,他们突然想到一个非常好的点子,于是两人决定合作一项生意。他们的合作只是来自一时的激情。他们商量好平分利润,然后就充满激情地干起来了。麦克找到了第一个客户,吉姆找到了第二个客户。没出几个月,他们的客户就已经达到了 28 位,多到足以让他们辞去

第41章　把搭便车者扔出去

工作，用这部分收益养活自己。

两年后，吉姆的工作时间和质量开始打折扣。麦克不知道吉姆每天在干什么，但是注意到一些让他担心的迹象。麦克每找到4位客户，吉姆才能找到1位客户，有时甚至一个也没有。后来他知道吉姆读了一本书，那本书鼓吹每周工作4个小时。更糟糕的是，吉姆没有很好地照顾客户，而麦克得帮他维护客户。即使这样，吉姆照样拿走一半利润。当麦克向吉姆提出这件事时，吉姆采取了对抗态度，双方关系变得紧张。这种冲突使得吉姆的工作成效变得更低，有时他几个月都没有带来新客户。麦克试图散伙，而吉姆拒绝。为什么他要拒绝散伙呢？因为他可以分享麦克赚到的一半收益。麦克最终不得不聘请律师，寻求通过法律途径解决问题。几年之后，合伙关系解除了，同时麦克和吉姆的友谊也结束了。

合伙如同婚姻。当爱情和激情消退，他们必须依靠人格、协同和互补因素得以继续下去。我的早期创业企业就是合伙制的，最后都失败得很惨。不是说我的合伙人都是坏蛋，而是我们的道德观、价值观和愿景并不一致。我记得有个合伙人有一份朝九晚五的工作，而且热爱体育运动。我们合作的生意的重要性只排在他的优先清单中的第四、第五位。还有一个合伙人，他还有其他4份工作要做，这使得我和我的那些业务变得无关紧要。你从中发现问题了吗？

在快车道论坛上搜索"合伙制"，你会找到很多有关合伙失败的抱怨。一位合伙人想扩大生意，另一位则想打造品牌；某个合伙人想做广告，另一位却想做研发；一位合伙人想要昂贵的汽车，但是资金很晚才到，又早早就流出了。合伙制就像婚姻，一半会失败，因为合作伙伴并不般配。

"他们"说你应该和具有互补技能的人搭伙，如果我是做市

371

场营销的，就应该与一个搞技术的人合伙。如果你是擅长和人打交道的销售人员，应该和一个擅长分析的人结伴。尽管这是一个很好的寻找合伙人的出发点，而许多其他的个人性格会破坏合伙关系。

- 你们具有同样的工作态度吗？你在熬夜加班时，你的合伙人是在溜冰吗？
- 你们有同样的愿景吗？还是你们的想法有冲突？
- 如果你想慢慢发展而你的合作伙伴想更快发展并拥有整个世界怎么办？
- 如果你想出售连锁加盟权，而你的合作伙伴想单干怎么办？
- 你信任你的合伙人吗？
- 你和合作伙伴的性格一样吗？

事实是，人们因为错误理由而结成合作伙伴。就像人们出于错误的想法而开始做生意（不是出于需求），他们也会因为类似的错误——分散化而结成合作伙伴。合作伙伴之间找的不是协同，他们寻求的是风险、费用和工作量的分散。通常每个合伙人都想找其他人帮他分担重担，而当一个人承担更多时，就会产生不满。

合伙是可行的，正如很多婚姻那样，只是你要搞清楚对方是什么人。和大学室友很好地相处两周时间，可能不足以证明你们合得来，就像你不会和某个约会了两周的人结婚一样。

找到好律师和会计师

我曾经和投资人谈过很多轮，而当90多页的法律文件放在我的桌上时，我发现说过的事情和写在纸面上的东西已经完全不是一回事了。我们讨论的是一个5年以上10%利息的抵押贷款，为什么文

第41章 把搭便车者扔出去

件上写的是10年以上5%的抵押贷款？是谁把这种不一致埋在了一大堆法律术语中？不是我，是我的律师。有时，稍不注意，一项业务支出就有可能让你多交几千美元的税金。当你以为3.8万美元一套的互动语音回复系统只是一套昂贵的电话系统时，谁会知道这套系统是可以折旧的？是会计师。如果我没有好的团队成员——律师和会计师的话，那就会更糟糕。是的，这些人不太好找，因为他们类似签订合同的合作伙伴，是另外一组对你非常有用的人。

还记得我的第一个会计师，她是我在黄页上找的，而不是通过别人介绍的。没过多久我就发现她其实不关心税务计划的事情，她对我的生意或我的顾虑没有任何兴趣，只是一门心思地埋头填写表格。另外，她的大部分客户是慢车道上的人，每天忙于处理W-2和401K报表，而不是企业客户。而我需要的人应该具有快车道生意头脑，于是我开始努力寻找。在面试和考察了几个会计师后，我发现了一个主要服务企业主的会计师。

要非常小心地对待那些你信任的掌握你车钥匙的人，因为他们可以让你遭受财务损失。记住尼古拉·凯奇的遭遇，他的经理人导致他财务破产。你要做面试和考察，要从已经成功的企业家那里得到推荐人选。你要把律师和会计师当成合作伙伴一样对待，因为他们可以不受约束地随时进出你的车，那些带着钥匙的人有机会将你引入歧途。当你在一些事情（生意、财务投资、安全）上盲目相信别人时，你就疏于防范，让别人有机可乘了。曾经有一部关于啤酒的商业片，讲一对夫妻驾车走在一条黑暗的乡村公路上，他们看到路边有一个搭车者，带着一箱啤酒和一个活动链锯。司机想搭上这位搭车人，因为他有他想要的啤酒，但是对那个藏在身后的凶器——链锯则视而不见。你必须将自己的信任作为别人需要争取得到的一项资产。让行动去证实而不是言语。当你允许文字或废话夺走你的信任时，你将陷入易被攻击的境地。当你让搭车者上来，垂涎他们的那箱啤酒时，你可能忽视了他带的那把链锯。

我雇用过的一个最差的员工是个病态的骗子，她偷了我的东西。我究竟为何要雇用她呢？她用言语打动了我。在面试时，她告诉我，她在教堂合唱团唱歌，是一个信教的人。她假定我对宗教完全信任。她猜得没错，我没有问她任何有关宗教的问题，这解除了我的警惕性。我没有做任何验证就雇了她，直到几年后我才发现事实真相。

先验证，后信任

美国前总统罗纳德·里根（Ronald Reagan）曾说过，"先信任，再验证。"当我雇用那个女骗子时，我信任她而没有做验证。经过几起盗窃案、一些视频和公开记录我才发现真相。我的验证工作做得太晚了，以致给我造成了巨大损失。

最糟糕的信任案例出自我们的金融系统。伯纳德·麦道夫编织了有史以来最大的庞氏骗局，涉及金额达数十亿美元。他是怎样从几百万人那里吸引了数十亿美元的呢？答案就是没有验证的盲目信任。几千人信任麦道夫而没有做验证，那些做过查证的人没有向他投资，有些人还发出了提醒。我们信任别人，而且我们想给最好的人以信任。我们想相信童话故事里的那些情节，想相信只需支付两次 39.95 美元，就可以在无须首付的房地产中大赚几百万美元。当我大学毕业开始第一次创业时，我信任所有人。我买了各种承诺可以走上财富之路的书。当你相信每一个人时，发生了什么？你会到处碰壁。你会碰到懒人，你会雇到犯罪分子。当你信任所有人时，你让自己置身于违反了控制戒律的商业机会中，你允许其他人主导你的财务旅途。而当那些情况出现时，你处处碰壁，遭受打击。在这个世界上，只有一个人是你完全可以信任的，那就是你自己。为何要说得如此尖刻呢？如果你现在还不理解，以后也会明白。当你服务几百人时，你会联络几百人。只有那时你才会理解消费者/生产商公式的精妙之处。你要时刻警惕有多少人会想办法算计你，你会遇到撒谎者、骗子、小偷。这些人在最不可能的地方出现：社区教堂、约会网站以及豪华的乡村俱乐部。

我在一项投资上损失了1万美元，如果我曾经做过细致的调查，就可以处理好这件事。容易到手的东西，也容易脱手。但是如果我因为盲目相信别人而被人趁机偷走了1万美元的话，情况就不同了。现在我不相信任何人，但会给所有人机会证明他们值得被信任。这个世界上有很多好人，好人的数量还是要比坏人多。只是你得花费点工夫去筛选，让他们进入到你的生活中来。要小心对待你挑选的人，不要受到诱惑而对危险视而不见。

解雇粗心的司机

你待在家里时，是谁在管理车？谁在掌管你的生意？

提供优质的客户服务是一件事，而让员工做好客户服务是另一回事。当你把焦点转移到业务后端时，前线通常会受到影响。那个未经培训的前台人员的糟糕态度会给你带来多大损失？为了让客户成为你的忠实信徒，员工也得和你有一样的客户服务理念。你不能让任何员工毁掉你的几百万美元投资，世界上任何东西都无法挽回糟糕的客户服务体验所造成的结果。

在拉斯维加斯待了9天之后，我发现了机器人式服务是一项业务的极限。大多数人在拉斯维加斯度假是为了从同事、不称职的员工、脏乱的房子、交通和典型的动物园式生活剧中逃离出来。拉斯维加斯大概适合作为逃避之地。在开会时，我遇到了一位朋友，他推荐我去拉斯维加斯就住里约酒店。我过去从未住过这家酒店，而且一般也不会想到这一家。这家酒店有点老旧过时，床很硬，家具都磨损了。但是，我发现员工很热情，发牌人很友善，赌场员工有求必应。我喜欢上了那里。

在里约酒店住了3天，之后我换到威尼斯酒店住，这家酒店是美国运通公司安排的。对于那些初次来住的人来说，这是一家建筑豪华的新酒店：华丽的梁柱、富丽堂皇的大吊灯以及丰盛的聚会，让人犹如置身皇家宫廷。我在威尼斯酒店住了 6 天。

不幸的是，6 天之后，我决定以后再也不住这了。

我喜欢那里的意大利建筑，但是酒店服务人员简直差劲儿透了。噩梦从第一天开始，每天都是如此，充满糟糕的个人体验：客房服务部没人回应，酒店服务等候时间过长，不兑现承诺，冷冰冰的服务人员，收费过高，最糟糕的是这里并非好的休假之处。从中我们可以吸取两大教训：

- 超越客户期待的服务理念必须由你的员工落实。
- 出色的产品特性不能补偿糟糕的服务。

首先，员工必须落实你的客户服务理念，你的员工代表着你，代表着你的公司，是他们将公司愿景传播出去。如果他们粗心大意，公司的愿景就毁了。员工决定了公司给公众的印象。

那样无礼和冷漠地对待我，难道是威尼斯酒店的政策吗？这值得怀疑。问题出在管理层与员工的沟通上。这不是一个员工的问题，而是许多人。你不能整天都在开车，你的员工才是真正干活的人，如果他们不好好服务，那就等于劫持了你的生意并产生了负债。如果员工不将客户服务理念落实在行动中，客户服务理念就什么用也没有。

第二，不管产品有多好，比如伟大的技术（时髦的网站）或出色的建筑（装饰豪华的酒店），都弥补不了糟糕的客户服务。尽管威尼斯酒店价值 10 亿美元，有大理石地板和华丽的柱子，但它们的客户服务糟透了。而里约酒店的客户服务是出色的，给客户很棒的体验，尽管那家酒店的建筑已经落伍。

这种不协调就好像是一条单行道：出色的服务（超越客户期望的服务）可以弥补产品缺点，但是出色的产品无法弥补糟糕的服务

第41章 把搭便车者扔出去

或糟糕的人际交往。威尼斯酒店的地板哪怕是用黄金做的都没有用，没有任何东西能够战胜糟糕的体验。

你可以在加利福尼亚最好的海滩拥有世界上最棒的酒店，但是如果没有照顾好客户，没有满足他们的需要，他们下次就不会来了。生意的指数增长有赖于出色的客户服务，你的前线员工必须和你有共同的愿景。这不是贴在CEO办公室墙上自吹自擂的公司使命。

本章小结：助你踏上快车道

※ 生意伙伴关系和婚姻一样重要。

※ 好的会计师或律师会为你省下几千甚至上百万美元。

※ 会计师和律师有进入你的车的钥匙。要确保你完全相信他们，因为他们可以对你做出好或不好的事情。

※ 完全的信任将你暴露在完全的风险之中。

※ 未经验证就给予信任可能导致无法控制的后果。

※ 你的员工向外界展现了公司的公共形象。

※ 出色的客户服务可以弥补产品缺点，但是出色的产品无法弥补糟糕的客户服务。

※ 客户服务理念由人际互动传递，而不是贴在CEO办公室墙上的雄心勃勃的公司使命。

第42章
成为别人的救星

> 市场不会因为一个好产品而被拯救，但是一个坏产品足以很快摧毁它。
>
> 亨利·福特（Henry Ford）

身着闪亮盔甲保护你的骑士

你的产品或服务是不是对某些人特别有吸引力？它能够使你反败为胜吗？还是出于你的私心和欲望，让你自己变得富裕，成为老板？

平庸的拥挤世界

人人在做的生意只能带来平庸的收入。我们不难见到各种没有实际需求的生意，它们之间没有差异，也没有特别之处，它们被埋没在一堆不起眼的业务中，一旦"自己做老板"的幻觉消退，它们就会让主人发狂。建立在错误上的生意会让你碰壁，并迫使你去做一件不得不做的事情：下跳棋。

什么是商品化？商品化就是一个产品或服务看上去和别人提供的是一样的。比如，商品化最严重的一项服务就是航空客运业。大多数人不会忠实于任何一家航空公司，他们喜欢的是价格最便宜的那一家航空公司。因为，这个产品是高度商品化的。另一个例子是汽车加油行业。我可以在7家加油站中的任何一家加油，因为这个产品是商品化的。

人们做出购买商品化产品或服务决定的指标只有一个，那就是价格。如果你的产品不是这样的，是因为它在差异化方面做得比其他产品好。如果你的产品不能脱颖而出，它就不会得到机会，而你不得不采取削价竞争策略。

做生意要有合适的理由

为什么你要做这个业务？大多数人可能会给出错误的理由。例如，豪华轿车出租行业，不断有新公司进出。是什么原因促使某个人开办一家新的豪华轿车出租公司呢？绝不是因为有需求，而是因为他们想要满足自己想做这个行业的需求。实际上，豪华轿车出租行业看上去就像是的士出租的某种升级。市场需要一家新的豪华轿车出租公司吗？有人想提供一个超越竞争对手的超级服务吗？没有，他们的动机是自私的：我想要拥有一家豪华轿车出租公司，所以我就去开一家。这导致了供过于求，到处都是豪华轿车，而客户并没有那么多。当供大于求时，价格必然下跌。你不顾及市场需求会导致供给变得富余，而你必须用最便宜的价格去争取客户。这种疯狂源于何处呢？是因为没事可做，所以才去做这个生意，他们做生意是因为"想做自己喜欢的事"或者"做自己懂的事"。

一位做地毯清洗生意的人在快车道论坛上贴了一个类似的故事。他写道：

"问题是尽管我在业务中提供了很大的价值，但人们并不想要这些服务。人们总是能拖就拖，只要还能凑合，就不清洗地毯。所以在现实中，我提供的服务的价值不大，我觉得应该换个业务。我该改做什么业务呢？现在人们看重什么？我觉得我现在的生意选得不好。"

我为这个人感到遗憾。为何他要做地毯清洗业务呢？因为有这种需求吗？还是因为他需要一个工作，想拥有自己的生意？不管是哪个原因，他所在的行业都是竞争激烈的。企业主们为了争取客户打得头破血流，可是赚的钱却越来越少。如果他想做大业务，就得打价格战。

我的答复是你无法改变你的业务，因为你已经在做这行了。正确的做法是避开这个行业，或者为这个行业找到未被满足的需求。当几百个人进入一个行业，只因为他们了解或想做这个生意，而不是根据市场的需求，你就会陷入你现在的处境：为了几美元而大打价格战。那里只有有限的需求和过多的供应者（供给）。要以需求为前提决定是否进入这个行业，或者进入这个行业去解决某个问题，而不是在进入之后再改变。如果你的产品是商品化的，就要和其他产品保持距离，做出差异化，这样才能克服商品化的不足。

不要老是盯着你的竞争对手

尽管我的互联网服务是面向消费者的，但是给我付款的客户是小企业主。当你每天和几百个小企业主互动交流时，你可以深入了解他们是怎样做生意的。我错误地以为所有企业主和我有同样的想法，而他们的倾向经常和我相反。我很快发觉大多数企业主对竞争对手的关注要比对自己生意的关注更多。他们不去关注自己的生意，而是东探西探，看别人都在干什么。当你这样做时你就忽略了自己的产品，这样的态度是消极的而不是积极的。

你要把视线放在自己的车和前面的道路上，不要东张西望只顾看周边的车。Excel 豪华轿车出租公司把每小时租费调低了 5 美元！

梅西，快去报告价格纠察！天啊！Godfrey 豪华礼宾车出租公司在广告上把 2003 年的车说成是 2009 年的了！我要打电话给律师！如果你的眼睛总是盯着竞争对手的屁股，猜猜会怎样？你就没法注意前边的路面情况。如果你跟着别人，就没法领先，而如果你不领先，就不是在创新。如果×公司做了某件事，而你做出反应，你就是在做出防卫，而不是积极进取。为什么不让人家跟着你走？如果你把观察竞争对手做什么当作优先事项，你就是在欺骗自己的生意和客户。

如何利用竞争

在绝大部分时间（95%）忘掉你的竞争对手，剩下的 5% 时间应该用于利用对手的弱点把你的业务进行差异化。如果你忘记了竞争对手，就可能把注意力放在你的业务上面，通过创新赢得客户的心。当你满足了需求，你的客户群就会增长，你会突然发现：所有人都追随你。

在我这行里，我是领头羊。我来创新，其他人是追随者。如果我发起一个新功能，竞争对手会在几个月之后也加入这个功能。我引入了收入引导生成模式，这个模式被复制了几十次。我不盯着别人，因为我全神贯注去实现自己的成功，让自己的客户得到满足。你可以偶尔留意一下竞争对手，这样做的目的是为了利用他们，抓住他们的弱点，做好你的产品差异化，做好他们没有做好的方面。当然，也能从中发现需求，利用他们的客户服务缺陷。不可能提供更好的服务吗？那些不满意的客户是不是对那个网站说了不好听的话？

当我把豪华轿车出租目录放上网时，我的竞争对手包括已经有的网站和传统的黄页。二者的弱点都是风险。为了做广告，不管是否盈利，他们都得先支付一大笔预付款。如果他们花了 5 000 美元才得到一个新客户，意味着他们为了这个客户已经花了 5 000 美元，多可怕的风险啊，不是么？我觉得这个风险太大了，所以得想办法解决这个问题。

对于成熟的企业来说，竞争通常是用来发现你不应该做什么，而不是你应该做什么。跟我竞争最激烈的竞争对手以不回复电邮而声名狼藉，他们给了我一个好机会。如果你把视线移开路面去观察竞争对手的话，就去找他们的弱点。利用他们的弱点打造你的品牌，因为差异化是对商品化的一种防御手段。他们哪方面做错了？哪方面缺乏效率？在客户不满的灰色区域里存在着差异化的机会。提升同类产品和服务竞争力的唯一方式是差异化，这要通过分析竞争对手的劣势和创新完成。因此，要努力创新。

本章小结：助你踏上快车道

※你基于错误前提而做业务的时候就发生了商品化："我想做个生意"或"我知道如何做这个，所以就开家公司做这个业务"。

※如果你忙于复制或紧盯你的竞争对手，就没有时间去创新。

※利用竞争对手的弱点。

第43章
打造品牌而不是生意

> 每个人脖子上都挂着一个看不见的标牌，上面写着"让我觉得自己很重要。"在和人们打交道时，千万不可忘记这件事。
>
> 玫琳凯·艾施

皇后：市场营销与品牌

在象棋里，失去皇后，你就输了。然而，在商业世界，大多数企业家经营业务的时候却失去了自己的皇后。

你曾经通过电视购物买过产品吧，当你使用这件产品时，功能是不是和电视广告上说得一样呢？由于不合意，你试图退货时，是否遭遇过一个听上去智商只有两位数的人在搪塞你呢？你之所以购买这个产品完全是市场营销的力量：不好的人，糟糕的服务，差劲的产品，但是营销非常棒。如果你有一个还过得去的产品（虚弱的马）、糟糕的客户服务（瘫软的象）和无能的人（装载蠢材的车），只要你有一个强大的皇后，你就能生存下去。

皇后是象棋中最厉害的角色，在商业世界也是如此。市场营销可以说服人们购买一般的产品。营销可以隐藏产品或服务的缺陷，可以掩盖能力的不足，甚至还能帮企业逃脱责任。营销的力量在于，好的广告能够改变一个产品，即便这个产品里面藏着蟑螂。营销是认知游戏，不管是什么样的认知，那就是现实。

打造品牌而不是生意

  企业要生存，品牌很重要。品牌是商品化的最佳防御工具。当你做的是一个赚到的钱只够当月使用的生意，你就是在下跳棋，是单维的。人们忠实于品牌和关系，而不是公司或生意。

  我喜欢可口可乐，讨厌百事可乐。我忠实于可口可乐，即便百事可乐突然降价一美元，我也不会改变。我永远都喝可口可乐。可口可乐已经打造了一个品牌，这种品牌的力量是品牌忠诚，很难撼动。可口可乐真得比百事可乐好吗？我不知道，也不关心。

  当你想到沃尔沃汽车的时候，你会想起什么？我想到的是安全。那么保时捷呢？我想到的是速度。法拉利呢？我想到的是富有。大众会想到什么呢？实用。他们可能会想到丰田，因为可靠。然而，如果说起某些品牌汽车，除了快要倒闭、闹哄哄的工会、不可预测的可靠性之外，脑中别无他想。一些汽车制造商打造了强大的品牌，而另外一些则疲于应付。

  我那位做地毯清洗业务的朋友也有自己的生意，但没有品牌。品牌地位很难撼动，但生意不同。如果我的那位朋友想在一个竞争激烈的行业胜出，他应该拥有一个品牌，让自己与众不同。他应该像是一辆耀眼的兰博基尼。什么可以让他的地毯清洗业务与众不同？为何人们会用他的服务，尽管他的价格要比别人高出20%？

  这些问题很难回答，特别是他进入了一个错误的行业。经过深入调查，你会发现，他的大部分不择手段的竞争对手采用的是引诱和转移销售策略。也许可以利用这个行业的弱点？我给他的建议是对抗那种做法。也许他可以将自己打造成一个"不说废话"的地毯清洁商，即固定价格，没有附加费用，也不用精美广告。

第43章 打造品牌而不是生意

计算机制造商苹果公司是一个基于需求打造品牌的好例子。人们讨厌病毒、间谍软件和个人电脑屏幕上经常出现的"你的更新已经准备好"信息。苹果公司利用了个人电脑的这个弱点，解决了他们的问题。这家公司成为品牌史上最成功的例子之一。苹果电脑并不是最便宜的电脑，但因为他们成功打造了一个品牌，因此可以提出更高的要价。说到苹果电脑，我的脑中就会浮现出：有创意、时髦、容易使用、酷炫。当我想到其他个人电脑时，我脑中浮现出来的是蓝色屏幕、非法操作以及"你需要重新启动才能完成本次升级"。一个是品牌，而另一个是生意。

做到独特

打造品牌的第一步是有一个独一无二的销售主张。如果一个生意没有独特的销售主张，就像漂在海面上的无舵之舟，在众多企业中随波逐流，搭不上市场的季候风。没有独特销售主张的生意，没有吸引力。你没有理由让人家非要买你的产品，而不是买其他更便宜的同类产品。你独特的销售主张就是你的品牌之锚。是什么让你的公司与其他公司不同？是什么让你的生意有别于其他生意？是什么原因让客户选择你而不是别人？

我的销售主张很有力：没有风险的广告。如果我们没给你提供有价值的东西，你无须付款。广告商蜂拥而至，因为它们不喜欢做黄页广告，那些黄页广告提供的是有风险的业务，"先付我们5 000美元预付款，然后抱着良好期望祈祷吧。"我发现了它们的痛点并解决了它。我的那位做地毯清洗业务的朋友没有独特的销售主张。没什么让他显得与众不同，他就像沧海一粟。

独特的销售主张是建立品牌的基石，可以弥补过高的价格，甚至一个差劲的产品！联邦快递在说"你的包裹绝对可以在一天内正确地投递到指定地点"时，全世界都知道了这家公司。M&M 的说法是,"这块牛奶巧克力融化在你嘴里,而不是你的手上。"你留意到这些独特的销售主张是怎样描述优点的吗?我不喜欢 Domino 的比萨饼(尽管我曾经受雇于这家公司),但这家公司却基于"最多 30 分钟送到你家,否则不收费"的独特销售主张,建立了一个比萨王国。Domino 发现了需求:比萨饼的送货是个大问题。他们解决了这个问题,做出了品牌,其他竞争对手则成为历史。Domino 是怎样渗入这个拥挤的市场并成功的呢?靠的是品牌和市场营销——象棋中的皇后。

开发你独特的销售主张

如何为你的公司开发一个好的销售主张?有以下 5 个简单步骤。

第一步:发掘优点

进入一个行业要有合适的理由:解决一个问题或者满足某种需求。你的销售主张首先要符合这个条件。如果你早就在做生意,那么找出你的产品的最大优点,以区别于其他产品。在做这件事的时候,心里要有客户。考虑他们有什么需求,他们想要什么。

第二步:独一无二

销售主张的目标是要独一无二,这是消费者选择你的逻辑依据,如果不选你,他们就会失去这个好处。独特的销售主张应该采用有力的动词,产生出愿望和紧迫感。"减轻重量"应该改为"消灭脂肪"或者"甩掉肥肉","做大企业"应该写成"收入爆炸式增长"或者"打破销售纪录"。

销售主张的独特性可以在消费者做购买决定时给他们提供更多选择,如果你选择苹果电脑而不是一些差劲儿的电脑,你选择的是安全、速度和可靠,而不是病毒和臃肿的软件。

第43章 打造品牌而不是生意

第三步：要具体，给出证据

噪音无处不在，如果你想克服噪音，就得让挑剔的消费者信服。销售主张要具体化，如果可能，提供一些证据。

- 网站："你的车会在20天内出售，否则不收费。"
- 产品："体重减轻20磅，否则你不用付一分钱。"
- 服务："你的房子可以在30天内售出，否则由我们买下。"

Domino的比萨饼并没有说"及时送货"，他们说的是"30分钟内送到否则免费"，给出的是一个特定的行动和这个行动的证据（如果我们没有做到，你的比萨饼就免费）。对我而言，我的责任就是发出广告邮件，如果我做得不好，就收不到钱（我们给你生意否则你一分钱都不用付给我们）。

第四步：简短、清晰、明智

最佳的销售主张是简短、清晰和有力的，过长的句子会被人们略过。

第五步：把你独特的销售主张放进所有营销资料

如果有了独特的销售主张，而没有表达出来，那它就没价值。在你的所有营销资料中用上你独特的销售主张。

- 你的货车、设备和建筑物上。
- 你的广告和促销资料上。
- 你的商业卡片、信头、标志、手册和传单上。
- 你的网站和电邮签名上。
- 你的语音邮件系统，前台/销售资料中等。

第六步：说到做到

独特的销售主张要足以说服人们购买，如果能让人们转换为品牌的忠实消费者更好。如果它没有抓住受众的注意力，或者吸引力太弱的话，就起不到作用，而且你必须对销售主张上的承诺说到做到。如果 40 分钟才将比萨饼送到，你就违反了 30 分钟的承诺。欺诈的销售主张很快会露馅，导致人们抛弃你。

引起注意

下次你在被堵在半道上时，就朝周围看看。每辆车看上去都差不多，没有哪一辆更引人注目。到处都是庸碌之辈。作为一个天生的市场营销人员，这就是我为何特别喜欢兰博基尼的原因，因为它鹤立鸡群。你的品牌也应该如此。

面对事实吧。没有人喜欢和别人一样。年轻人都在努力让自己有别于他人，这就是为何他们沉溺于乳头环、眉环、哥特装扮和文身。所有这些都为了表明"我和别人不一样！"

成功的公司在品牌和市场营销上采用的是同样的做法。

写作这本书，尽管很有挑战性，但并非一个真正的挑战，让人们购买这本书才是真正的挑战。为什么？因为讨论金融和赚钱的书汗牛充栋，换言之，各种噪音能把人震聋。而为了让这本书实现我的梦想，成功晋身为畅销书作家，我需要让自己的品牌从中脱颖而出。

有个人看了我的脸书更新，然后留下了下面这些乱七八糟的东西。

- 大学肄业生一天赚了 2 000 美元。知道为什么吗？看看我是怎样利用这个美妙机会一个月赚了 1.5 万美元的！一家新创公司有一个强大的计划，保证你获得 6 位数的收入！我刚加入了这个棒棒的计划，今天赚了 300 美元！来做自己的老板吧！

第43章 打造品牌而不是生意

我最近用过一个互联网计算器软件，可以计算出我的"财富段位"，用我的净财富与全美国的同类人做比较，然后得出排名。我排名在前1%之内，我感到万分荣幸，这正是我的挑战目标。我的净财富称得上"独特"和"超卓"，但是在网络世界里，它被淹没在噪音中。在脸书，你永远不会猜到，大部分人都接近破产。是的，脸书上每个人都是百万富翁、成功的教练、大师或模特。每个人都是排名在前1%，包括那些确实属于前1%的人。你瞧，我们都是营销专家，有些人还是幻觉营销大师。这样的结果就是制造了很多噪音，造成了鱼目混珠，反而听不到真正的成功者的声音了。你的市场营销努力必须克服这些噪音。

如何克服噪音

有5种方式让你克服噪音：

- 极化。
- 冒风险。
- 调动情绪。
- 鼓励互动。
- 不落俗套。

极化

极化也许不是一个大众化市场品牌的最佳策略，因为极化包含了极端的观点或信息。你不会想要失去一半的客户群！但是，极化对于需要流量的网站或想获得读者青睐的书来说是非常有效的。

极化能起到作用，是因为它传递了一个极端观点，即强迫人们要么爱你，要么恨你。萨拉·佩林（Sarah Palin）用过这个策略，你要么爱她，要么恨不得把她从船甲板上踹下鳄鱼出没的沼泽。政治评论家用极化策略推销书籍，因为读者需要为一个目标集结，或者挑起激烈的争论。网站极化可以吸引访问者，因为人们会捍卫自己的理由，而另一些人则会攻击他们。如果芝加哥白袜队的狂热粉丝在网站上看到有人恶意攻击芝加哥球队的无能，必然会出现极化的围观者，一些人支持而另一些人反驳。

这本书本身也可以看成是极化的。很多人会认为我的观点很极端，因为这违背了传统智慧。天啊！他说用优惠券不会发财！他批评我的养老计划！与"常规"相反总会被视为极化。

性吸引

性可以吸引人，而且是最常用到的克服噪音的手段。性是一个强大的噪音干扰器，因为性是常青的。你可以过度使用它，但依然会吸引消费者，因为性总是流行的。2005 年，GoDaddy 第一次播放超级杯赛广告就用性作为武器，收到了很好的效果，如今声名狼藉的 GoDaddy 女郎广告在那几年曾红极一时。我从不认为那些广告有多棒，但是它们确实克服了噪音，吸引了大家的注意力。结果呢？2006 年之后，GoDaddy 的销量和市场份额上升到了 32%。

我留意到脸书通过社交媒体营销商采用的性吸引技巧。一位身着比基尼泳装的女人通过视频节目讲授市场营销的技巧，她的比基尼泳装视频得到了 5 倍的浏览量和点评。为何这个比基尼视频要比一般视频表现更好？很简单，是性吸引了人们。男人看到这个视频中那个丰乳肥臀的女人时在想，"哇哦，我得仔细看看。"而女人会很好奇，"我的天啊，那个穿着比基尼做节目的人是谁啊？"这个案例几乎是极化和性的混合体。

调动情绪

大多数消费者的购买决定会受到情绪影响。有时，我们购买东西是为了满足情绪的需要。我买一辆兰博基尼并不是为了代步，而

第43章 打造品牌而不是生意

是为了感受到自豪、成就感、不同凡响、兴奋和荣誉。美国动物保护协会已成立了一个世纪,但直到最近我才听说它。他们是如何让别人留意到的?他们发起了一场有力的调动情绪的市场营销活动。他们做了一支广告,内容是被关在笼子里的小动物,而背景是凄惨得令人动容的鸣叫声。

如果你可以触动受众的情绪,让他们在乎你,他们就会购买。让人们兴奋,惹他们哭,逗他们笑,你传递的信息将会克服噪音,促使人们去买。

互动

看和做不是一回事。人们说,如果你想激发自己的激情,试试去开你梦想中的车。交互性提高了对事情的回应性。如果你可以品尝、感受或使用,你就更有可能买下来。

互动就像听到自己的名字,这是你喜欢的。在脸书上,最受欢迎的应用是"调查"和"问卷",因为人们自恋。我最喜欢的电影是《非常嫌疑犯》(*The Usual Suspects*)!我喜欢比萨饼!我有一只贵宾犬!人们喜欢谈论自己,如果你把这些纳入市场营销规划,你的产品或服务的回应率将会改善。

比如说,如果我发起一个调查"请回答你是在快车道上加速行驶还是被堵在慢车道上",我就是在做一场互动活动,吸引人们加入,谈谈他们自己。当你的潜在客户卸去个人隔阂,向你敞开心扉,他们就会离你更近,就像你们之间存在一种关系。人际关系要比公对公的关系更有帮助。

"找到接下来会发生的……"一些公司使用传统媒介和互联网加强互动。我最近看到一家汽车制造商的广告片,里面除了驾车高速追逐的画面,还有我们经常看到的"预知后事如何,请浏览××网址"的内容。通过不完整的信息或内容吸引受众,潜在客户会为了解整个故事而访问网站,网站加强了互动。

391

社交媒体和"网络2.0"的革命表现在互动性方面。你不仅仅想读一篇文章，你还想评论它！你想让人们感受到你的存在！

不落俗套

见多不怪，如果你上个月已经看到过某个东西或类似东西几十次，你还会觉得新奇吗？比如"做自己的老板"就是一句过度使用而威力已失的话。然而，我仍然看到广告标题和子标题提到所谓大师说过的这句话，就好像这句话里面蕴藏着威力似的。这已经被用滥了，为何你还要用？

什么是不落俗套？你见过一辆兰博基尼只卖1美元吗？我没见过，如果见过，我一定不会忘记。这样的活动会引起好奇心，因为它不同寻常。什么样的疯子才会把一辆豪华轿车卖1美元？这是骗局吗？其中的机关是什么？我得看清楚！

另一个不同寻常的例子是打破惯例。还记得劲量兔（Energizer bunny）吗？它仍然很受欢迎。这些广告片打造了一个不落俗套的品牌。广告商创造的一系列标准和令人厌倦的市场营销信息，由于劲量兔的介入而四散。营销者预料到了你对常规套路已经很熟悉（呃，不过是另一个令人生厌的广告），用一只粉色的兔子打破了无聊，打动了受众。AdAge网站将这些广告片排在最佳设计的前100名。

另一个打破惯例的例子是Geico保险公司，他们在常规情境中插入令人惊喜的对话："我有个好消息！我刚才为我的车买保险时节省了一大笔钱。"常规情境被一句话打破了，"我有个好消息"创造出了不寻常。另一个Geico保险公司的例子会让你感觉就像是在看一部叫作"蜗居"的电视连续剧的宣传片。这个促销广告片讲的是一对新婚夫妇，他们在一个小公寓里住了整整一年，因为住处拥挤不堪而产生婚姻危机。你看到这对夫妇的头撞到低矮的屋顶，他们在一张狭窄的床上辗转反侧、难以入眠。但是稍等一秒钟，这个大家都能预料到的套路只是一个"包袱"，背景声音的出现打破了常规：

"这部剧是真实的,但你的汽车保险一分钱也不能省。"

如果吸引了你的注意,就赢了一半。另一半要靠满足消费者需求赢得。将你的信息以消费者的角度处理。换言之,就是说明"我能给你带来什么好处"。比如,为你的车险节省15%或更多,你觉得如何?

这里有哪些是我需要的

这句话听上去有些挖苦意味:为了在快车道上取得成功,我们必须放弃自我,去满足他人。我说过走快车道就像漫步在沙滩上一样舒适惬意吗?

你能想到的第一个人类行为就是自私。人们想要他们想得到的东西。人们不关心你、你的生意、你的产品或你的梦想;他们想的是他们自己和家庭。这是人之本性。所以,我们的市场营销信息必须聚焦在能带给他们的好处上,而不是产品的特点上。人们需要被告知其中哪些是他们所需要的。你的产品或服务如何才能帮到他们?好处是什么?用营销的话讲,就是"这里有哪些是我需要的"。

我的客户是小企业主,我服务几百万个客户。这种互动关系可以让我以一种有力和快速的方式,同时了解客户和供应商的行为。我在几周里了解的事情,教育者可能需要几个月的时间才能知晓。我发现小企业主容易陷入自私的陷阱,喜欢吹嘘自己的公司。他们的卖点是产品特点,没有意识到人们是为了图方便和事情的需要才租车的,而不是因为它是一辆豪华轿车。

作为消费者,我们买东西是为了解决需求,我们做交易是为了填补空隙。你要的不是一个钻,而是为了打洞;你不是要买一件衣服,你要的是一个形象;你买的不是一辆丰田车,而是购买可靠性;你买的不是一个度假产品,而是一种体验。我们必须成为问题解决者,并且把我们的生意当成某人的救世主,我们必须把特点翻译成好处。你的公司是卡罗拉多最大的豪华轿车出租公司这件事是否能够解决我的问题？不会的，除非你把这个特点翻译成一个好处。

把特点翻译成好处

如果你想把产品卖出去，就应该把产品特点翻译成好处。有4步可以做到这一点。

- 调换角色。
- 确定特点。
- 明确优势。
- 将特点翻译成好处。

首先，和你的目标买家调换一下角色，你做客户。你的客户是谁？他们的典型做法是什么？他们是那种花钱大方的CEO，还是像沃尔玛的那些购物者一样对价格非常敏感？他们是手头紧巴巴的学生？还是单亲妈妈？如果你无法确认你的目标客户是怎样的，你的结果不会很理想，特点也不能变成好处。一旦你确认了买家是谁，你就要问：他们想要什么？他们害怕什么？他们需要解决什么问题？或者他们想"感受"什么？

例如，两个品牌的同样产品可以有两种不同的买家。一个买了科尔维特车的人和一个买沃尔沃的人有不同的心理动机。都是车，但买跑车的买家不是为了基本的交通需要。科尔维特的买家更像是愿意承担风险的人，自雇、独立、外向、有主见。沃尔沃的买家有可能更关注家庭和安全性。他可能比较保守，喜欢分析，比较顾家。两种完全不同的买家类型意味着营销上的着力点必须锁定各个客户群的特别的欲求。

在你和客户调换了角色并了解了他们想要的东西之后，下一步是分离出你的产品的特性。对于我的网站服务，我列出了一些特点：

- 上传图片。

第43章 打造品牌而不是生意

- 通过邮件确定车辆、用车日期和服务。
- 安排车辆。

尽管这些特点都很棒，但我还是得把它们翻译成优点。为什么说这些特点很棒？能给我的客户提供哪些好处？

在你总结出特点之后，接下来要将它们翻译成优点或者推衍出一个特定的结果。这就是为何有人会从你这里购买而不是从别人那里买的原因所在。

对于我的网站服务来说，"上传图片"可以翻译成："不用再浪费时间和客户在车库会面，上传你的车队图片，把产品展示给客户看！""邮件预定"可以翻译成："锁定你想要的客户，直接确定日期、服务和车型。""安排车辆"可以翻译成："最大化车队的使用率，基于车辆的使用情况接受预定！"每个特点都重新写成能够吸引买家购买的某个优点。我不会让客户填空，我为他们填补空白。

用价格做品牌武器

价格就像是为你的产品或服务刷上油漆。

我第一次体验到"刷漆"的作用还是在很小的时候。那时我只有六七岁的样子，妈妈搞了一次为期2天的车库销售，她允许我卖掉一些玩具，把钱自己存起来。我拿出来卖的一个东西是"足球闹钟"，一个计时用的庞然大物。我一直都清楚地记得当时卖了2.55美元，跟白送似的。

在销售开始的第一天，我的足球闹钟吸引了很多目光，但是没有卖出去。我开始想办法，怎样才能以2.55美元卖掉呢？我不想再降价了，因为这个价格正好是我想在街角商店里买的那个玩具的价格。于是我想出一个主意，我找来妈妈用来做标签的双面贴，剪成4小条，粘在现在的价格标签上面的位置。在第一条上写了5.55美元，然后划掉。在第二条上写了 4.50 美元，也划掉。然后是 3.95 美元和 2.95 美元，都划掉。每一条上的价格都更低一些，划掉是为了让买家可以看到"降价"，这样还是没有改变之前定下的价格 2.55 美元。

现在我的闹钟价格还是一样的，只是观感不同了。人们可以清楚地看到更高价格的标签被划掉了，这传递了两个信息：（1）更高的价值；（2）划算的买卖。猜猜结果如何？看到这只闹钟的第二个人就把它买走了。我成功地改变了买家对于价格的看法。当然，我 7 岁大的时候，还不知道"市场营销"意味着什么，也不知道自己在做什么。但这是我第一次接触市场营销，并考虑价格的影响。

价格代表的不仅仅是成本

价格是品牌的表现，因为价格意味着价值。你的价格越高，其价值应该越大。价格越低，价值也越低。价格不仅仅是告诉别人商品成本的数字，它还传递了价值和用途的信息。

我听过一个古老的讲述价格等于价值的故事。在清理地窖的时候，一个人找到一只旧的梳妆台，打算扔掉。他把那个梳妆台移到街角，放上一个标牌，上面写着：免费。奇怪的是，那个梳妆台摆在那里一整天都没人拿。这让那个人很疑惑，因为梳妆台虽然旧，但是外形很漂亮，只需要稍微涂点漆就很完美了。那个人决定采用新的策略，他走到街角，把免费的牌子换成"50 美元"。不到一小时，那个梳妆台就被人偷走了。

同样的目的，不同的定价策略。

除非你用价格作为品牌招揽客户（如沃尔玛、西南航空），否则不要让价格毁了你的品牌，特别是你应该用价格来定义品牌的时候。价格不只是一个竞争工具，还可以通过调低调高让产品卖得更快。它也间接传递了你的产品或服务的价值信息。我有几位竞争对手，他们的价格比我低 10%，有时甚至低 20%。但是我的生意仍然很

第43章 打造品牌而不是生意

好。我的价格不是最便宜的，那么为何我能做得更好呢？因为我的服务有更高的价值，我会保持价格与价值相称。我的营销对象是经过挑选的，也有更好的合作伙伴，我得到了很大的支持。我在打造品牌，而我的竞争对手是在经营生意。

我的一位艺术家朋友，她的画非常精美，但是标价却很低。她是单身母亲，手头不富裕，靠着卖画维持生计。对她来说，500美元都是一大笔钱，因此她标出的价格远低于那些画的真实价值。她对于价格的错误认识扭曲了她的赚钱能力，贬低了她的作品价值。我建议她提高价格，把标价90美元的画提高到300美元，再看看会出现什么效果。她卖出了所有画，因为价格代表着价值，定义了品牌。

即便是在慢车道上，定价也有自己的角色，它表现为你获得的工资的形式。下面是一则贴在快车道论坛的帖子：

> 一家公司在报上刊登了两次广告，招聘一名网站编程人员。一次列出的薪水是每年12万美元，另一次列出的是每年3.2万美元。第一次较高薪的广告只收到了4份简历，第二次广告给出的薪资远比第一次低，却有100多人回应。大部分人对自己和自身能力缺乏信心，而且愿意接受较低的薪酬。

你愿意在生意中少赚点钱吗？是否你对价值的谦虚低调导致你无法发挥潜力？正确的定价策略对于打造品牌和市场营销是非常重要的，错误的价格传递了错误信息。对于竞争激烈的行业来说，价格是关键。一位公共关系顾问可以比竞争对手多收30%的费用，但是一家加油站却不能这么做。

尽管我是完全的异性恋，但仍然着迷于设计师的手提包，因为我欣赏他们的定价策略。为什么一只手提包可以卖4 000美元，而它的成本可能不到100美元？原因在于品牌和市场营销，价格是打造品牌的一个部分。

价格是给客户留下印象的众多方式的一种。为了给你的品牌确定价格，你得把超出实用性成本的那部分价值解释得让客户信服。是什么让你与众不同？为何别人应该付给你更多钱？作为营销人，你得深入买家的头脑，让你的品牌显得不同。控制消费者的头脑，也就获得了客户。

本章小结：助你踏上快车道

※营销和品牌（象棋中的皇后）是快车道工具箱中最强大的工具。

※商业生存靠的是品牌。

※品牌地位很难撼动，但生意不同。地位危机迫使企业主加入价格战。

※独特的销售主张是品牌的关键，能够将你的公司与其他公司区别开来。

※人的本性是保持独特性，而不是像其他人。

※为了营销成功，你的信息必须克服广告噪音。

※如果你的产品定位于极化的受众，如政治人物、少数派，甚至是运动队，那么，极化将是一个克服噪音的工具。

※性很管用，而且总能吸引眼球。

※消费者基于情绪而不是实用性做出购买决定。

※如果你可以激发受众的情绪，你会有更大机会说服他们购买。

※人们天性喜欢谈论自己。如果你可以引入互动，你将会取得更大成功。

※不同凡响意味着首先要区分和识别出常规套路，然后反着做，或者打破那种惯例。

※消费者是受自我激励的，你要随时将你要表达的信息调整为"里面有哪些是我所需要的"。

※当你从生产者的角度转为消费者时，特点就会被翻译成好处，确认特点所具备的优点，并将优点推衍出特定的结果。

※价格隐含着价值和用途的信息。

※不要因你对价格的认知而导致你的品牌变得平庸。

第44章
选择"一夫一妻"制

> 没有配鞍,马儿跑不远。
> 没有加压,蒸汽推不动任何东西。
> 没有管道,尼亚加拉大瀑布的水发不了电。
> 专注、投入和自律,才能让生命变得伟大。
>
> 哈里·艾默生·福斯迪克(Harry Emerson Fosdick)

欺骗配偶不是好合作伙伴

在本书即将完结时,我必须谈谈快车道对忠诚的要求——"一夫一妻"。

我上大学时的朋友马库斯·特克尔(Markus Tekel)是一个非常有进取心的创业者(马库斯,如果你也正好读到这里,我向你抱歉重提往事)。但是,他每周都在做不同的生意。这一周是某个多层次营销项目,下一周是某企业杂志的广告承包商,而再下一周是个分类广告项目。几乎每周不同。我的朋友们后来把这种跳来跳去的神经官能症称作"特克尔症状"。

特克尔症状强迫你把注意力在不同的项目和机会之间移来移去,这也是一种追逐金钱而不是去满足需求的症状。当你把时间投入5种不同的业务中,你就变成了一个"多处撒网"的机会主义者。这个想法就是朝墙上扔尽可能多的东西,总有些会黏在上面。总有项目会让我赚到钱!

重点不集中导致了发散的结果，没有一个业务是特别出色的，"多处撒网"的机会主义者有20个生意，个个都一塌糊涂。10项业务共赚1万美元，倒不如做好一个业务。把精力分在不同的资产上，结果就是每个资产都很弱。这样的资产无法承重，不能建起雄壮的金字塔。弱势资产不能产生速度，也值不了几百万美元。弱势资产不会加速财富积累，它们的收入只够用来为下个月的新项目提供启动资金。

当我模仿当前的公司模式开始做另一个网站的时候，我便进入了"多处撒网"的模式。网站上线之后，从我用来养家糊口的核心业务中挤走了很多时间。就像是我对老婆不忠，结果被抓了个正着。我把曾经用来做核心业务的时间用到了那个新公司上，结果很不理想。当时，我有4个选项：（1）继续从我现在的生意中挤时间；（2）雇人管理现在的生意；（3）雇人管理新业务；（4）停止新业务。最终我停掉了新公司，因为我估摸着，雇佣新员工会让我把更多业务时间投入到管理中去。

只有专注，才能有多样化

我没见过非常成功的"多处撒网"的机会主义者，除非他们开始创业时是专注于某一个事业。

仔细想一想，世界上最富有的人都是把精力聚焦在某个关键目标上，而不是分散自己的注意力。勒布朗·詹姆斯如果对什么事情都感兴趣，那他不会成为篮球健将。他只关注一件事，那就是篮球，不管他是在吃饭、睡觉还是做别的事。现在以他传奇般的社会地位和数百万美元净资产，他可以做任何感兴趣的事情。

要么赢得棋局、生意，不然你就得自食其力。如果你同时涉足10件不同的事情，结果会是都平淡无奇。要集中做一项业务，并把它做好。

一些伟大的技术型创业者用100%的努力打造出令人印象深刻的公司，他们没有把精力分散在其他创业企业。在赚得第一桶金之后，他们才会涉足由其核心业务衍生出的其他领域的创业企业。换言之，是他们的专注换来了多样化的结果。

在创业者以5 000万美元高价卖掉了自己的公司之后，他们通常做的第一件事是什么？他们会投资几家公司，去做慈善事业，挥洒他们的激情。为什么他们现在可以同时做很多事情了呢？是钱。钱可以买来系统，比如人力资源系统，也可以买来时间。

快车道的成功来自专注，不要将精力分散在不同的业务上。把精力放在快车道业务上来，全力以赴。

本章小结：助你踏上快车道

※特克尔症状的受害者是在机会间跳来跳去的"多处撒网"的机会主义者。
※弱业务导致弱资产，而弱资产无法加速财富。
※最成功的企业家依靠自己的生意，而且全力投入其中。
※一个领域做得成功，才能在其他领域得到成功。

第 45 章
为你的致富计划充满电

> 选择可以马上做出，后果则相伴一生。
>
> MJ·德马科

为财富配置一个超级充电器

千里之行始于足下。我已经为你的致富之路铺垫了很多信息和知识，现在是时候做个总结以及迈出第一步了，是时候用协调的行动开始你的致富流程了。你现在已经拥有了所需的心理学和数学框架，这会为你的致富大业带来更好的机会。带上你的"快车道超级充电器"F-A-S-T-L-A-N-E S-U-P-E-R-C-H-A-R-G-E-R，这就是本书提出的快车道程序的缩写词，开启你的百万富翁快车道之旅吧！

1. 公式（Formula，Fastlane supercharger）

财富是一个公式和信仰、选择、行动、生活方式构成的系统性过程。财富是一个过程，而不是结果。

2. 认同（Admit，fAstlane supercharger）

认同以前公认的致富之路——缓慢致富是完全错误的，因为其中包含无法控制的有限平衡，所需花费的时间很难预计（财富＝工作收入 + 投资收益）。要想走上百万富翁快车道，你需要认同"快速致富"是存在的，承认"无计划"不是一个好计划，认同运气是全心投入的结果。

3. 弃旧迎新（Stop and Swap，faStlane supercharger）

放弃追随错误的路线图，停止你一直在做的事情。不要再浪费周末时间，不再想着养老金计划和共同基金会让你成为富人。从无效的路线图转向快车道路线图，把重点从消费者转移到生产者。

4. 时间（Time，fasTlane supercharger）

时间是快车道最宝贵的资产，尤其是可自由支配的时间。你要投资于可以产生自由支配时间的活动。避开时间窃贼，比如会耗光你的时间的寄生性债务。把时间放在一个可以将受限制时间转变为可自由支配时间的商业系统，把时间作为关键的决策因素。

5. 杠杆（Leverage，fastLane supercharger）

用可以控制的杠杆和没有极限的数学创造出财富。在慢车道财富公式里没有杠杆，它预测的是时间（每小时薪酬、年薪、年化回报率、投资的年数）。如果你不能控制决定你的财富的算法，也不能加快致富速度的话，你就无法掌控你的财务计划。杠杆是由对你有用的系统所决定的。

6. 资产和收入（Assets and Income，fastlAne supercharger）

财富可以通过生意让收入和资产价值发生爆发式增长，这可以通过出售和清算实现。通过聚焦收入，同时控制花费，既可以保持你一定的生活水准，还可以不断扩大你的地盘。收入和资产价值的指数增长，以及不奢侈浪费，可以打造出百万富翁。

7. 数字（Number，fastlaNe supercharger）

你的赚钱目标是什么？过你想要的生活需要多少钱？确定一个

数字，做出详尽的计划，然后实现它。开始把零钱存起来，开立一个经纪账户，在办公室墙上贴一张图表，连续监控你的财富积累状况。在你工作的地方贴上你梦想的生活方式的图片，实现你梦想中的生活方式。比如，你想在山边小溪旁有一间木屋，照一张这样的图片作为电脑桌面，这样你就可以每天都看到它。把你对未来的愿景展现出来，让它在你心里扎根，并且经常提醒你。如果你的梦想是一辆法拉利，买一辆法拉利汽车模型放在你的桌上。紧紧抓住这些梦想，让梦想变成现实！

8. 影响力（Effection，fastlanE supercharger）

影响力带来财富。影响力定律是说，"在你能够控制的环境里，受你影响的人越多，你赚到的钱越多。"你影响几百万人，就能赚到几百万美元。当你解决了大量的需求问题，钱就会向你涌来。金钱反映了价值。

9. 导向（Steer，fastlane Supercharger）

生活的导向就是选择。在某个时刻，你必须转向快车道理念，这有助于形成你的致富过程。财富不是选择一个结果，正如你不能选择减去 100 磅，一觉醒来突然体重轻了 100 磅。

你如何对待导向，决定了快车道对你来说是一种生活方式还是一个兴趣爱好。为了对极端情况做出好的决策，要用 WCCA 和 WADM。年轻时的决策的影响力是最强的，随着年纪变大影响力逐渐变小。检查你过去做过的选择，你当时做了什么选择？为什么要那样选？你对生活做了哪些叛逆的事情？为何你陷入了债务？如果你不纠正过去选择的错误，必定以后还会重犯。行为改变开始于对过去选择的反思，用快车道的理念在未来做出改变。你要有责任心，要能承担责任。

10. 脱钩（Uncouple, fastlane sUpercharger）

正式与慢车道财富方程脱钩，为你的生意创立一个合适的快车道实体：一家 C 型或 S 型公司，或一家有限公司。从此以后，这个实体就是你的商业系统的载体。它"首先为自己赚钱"，政府排在最后。它自我生长，与你的时间是分开的，这是你创建一项资产的第一步。

11. 激情和目的（Passion & Purpose, fastlane suPercharger）

除了有一个商业实体和盈利目标勾勒你的梦想人生之外，你还需要激情和目的，将它注入你的习惯性行动之中。不要把"激情"和"做你喜欢的事"混在一起。激情点燃你的灵魂，驱使你去做该做的事。激情令你激动万分，也会让你对不满暴跳如雷。某些激情是自私的（我想要一辆兰博基尼），而某些是无私的（我想帮助孤儿）。不管是哪一种，只要激情足够高，都会把你卷入创造财富的过程中。

12. 教育（Educate, fastlane supErcharger）

教育开始于毕业之后，不要停止学习。你现在了解的知识不足以支撑你未来的目标。要学习快车道知识，在你控制的环境中，加强你的业务系统的建设和运作。要去图书馆和上网学习。

信息是你的财务之旅的燃油。要确保在现有被浪费的时间中抽出小块时间读书：火车上、飞机上、健身时、午餐休息时、早晨上班前一小时或是在邮局排队的时候。

13. 道路（Road, fastlane supeRcharger）

踏上一条快车道。但是不要担心你是否可以确定走哪条路，道路会选择你。训练你的头脑去发现需求和问题。留意别人的想法和语言，因为这会暴露他们有待满足或没有得到很好满足的需求。你得寻找下一个突破点，去找问题、痛点或服务疏漏，解决它们。世界上有很多最好的生意是建立在已经存在的产品基础上的，只是它们更好地解决了问题。当你把注意力放在需求、问题、不便等方面，你会发现空间很大。是的，道路选择了你。

14. 控制（Control，fastlane superCharger）

按照控制戒律，掌控你的财务计划。致力于一个你可以完全控制的组织，控制从定价到营销的所有环节。快车道创业者不会把关键业务功能的控制权转交给层级管理结构，因为他们自己就是这个控制结构。要做一条鲨鱼，而不是供人观赏的孔雀鱼。

15. 满足（Have，fastlane supercHarger）

满足别人的需求，钱就会涌向你，这反映了需求戒律。靠追逐金钱不会让你发大财。停止追逐金钱，因为它会甩掉这样做的人。相反，要把注意力放在能够吸引金钱上，也就是解决需求问题的业务上。你提供了价值，金钱自然会来。你要抛开自私，满足人们的需要。这样做的时候，金钱就会向你涌来，因为金钱会被那些拥有别人想要的东西、期望、渴望或需求的人所吸引。

16. 自动化（Automate，fastlane superchArger）

自动化你的生意，使其符合时间戒律，让你的时间和业务脱钩。最好的被动收入摇钱树是现金系统、租赁系统、计算机/软件系统、内容系统、分销系统和人力资源系统。对于任何业务来说，自动化的关键就在这里。

17. 复制（Replicate，fastlane superchaRger）

复制你的系统，遵循规模戒律。选择能打出全垒打的场地打比赛。为了成为百万富翁，你要影响几百万人。为此你需要找到一个能够产生这样大影响的场地！你的产品、服务、过程能够复制到全球以满足影响力定律吗？

18. 成长（Grow，fastlane supercharGer）

像下象棋一样，从多方面壮大你的业务。打造一个品牌，而不是一项业务。对待客户要像对待你的老板，把抱怨转化成机会。仔细倾听外界反馈，因为它们会给你提供最好的方向建议。要避免商品化，让自己有别于竞争对手，从中脱颖而出。要聚焦一项业务，而且只集中精力做一项业务。

19. 退出（Exit，fastlane superchargEr）

制定一个退出策略。快车道的终点是实现完全的被动收益系统。释放这个系统的最好方式是通过清算兑现巨大的资产价值。要知道何时是清算资产的时候，把纸上财富变成真实财富。要知道何时该跳下这匹马，学习驾驭一匹新马。

20. 退休、回报或东山再起（Retire，Reward，or Repeat，fastlane superchargeR）

在卖掉你的资产之后，退休或东山再起。不管你选择马放南山还是重新来过，在路上，每达到一个里程碑，都应该奖励自己一下。卖出了第一件产品？庆祝一下！外出就餐，买只雪茄，喝杯啤酒。资产超过10万美元？好好款待一下自己。完成一项合资交易？更应该好好地庆祝一番。资产超过100万美元？好好放松一下，去休个假。超过1 000万美元？买一辆兰博基尼！

"呃，先生……我们打烊了……"

快车道旅程不是一个最终目的，它只是一段旅程，会成为你生活中的一段经历。你将发现这段旅程值得尝试，只要你拥有梦想就有机会实现，而无所谓从哪里开始，只是看你如何去做。梦想生活的大门永远向你敞开。请抛开让你不堪回首的过去，重新上路，所有快车道上的人起步时总有同样坎坷的经历。

- 可是，我有如山的信用卡债需要还啊！
- 可是，我还得每天去超市摆货架啊！
- 可是，我下班后没有时间啊！
- 可是，我太太不喜欢我做生意啊！

小心这些"可是"，因为它们只会把你的屁股黏在沙发上，让你一事无成。借口不会让任何人发财致富，我们都可以找到借口。不要再学别人了，开始行动吧，今天就做出改变你未来生活的选择。我们已经浪费了太多时间，太阳都落山了，咖啡店的伙计已经挂上打烊的牌子了。

我希望这本书能够唤醒你梦想的种子，并给它们生根发芽的土壤。请永远牢记，只要你有梦想，就可以实现梦想中的生活！祝你心想事成，也许某一天，你对这个世界的影响会追溯到多年以前你做出的一个简单选择——你选择了这本书并认真地读过。

祝你梦想成真……祝你好运，愿上帝保佑你。

→ 附录 A

读者反馈

MJ，我是一名高中教师，我该怎样做才能走上快车道？

首先要明白，你现在的路无法让你致富。当然，我不是建议你辞去工作（现在还不建议）。我建议你开启另一条并行道路。在你这行，是否有一些问题是你可以解决的？你是否可以发明一个每所学校的教学都需要的产品？你是否可以为教师们写一本书？你可以开办一所私立学校吗？

如果你没发现你现在工作中存在什么需求的话，是否可以发现其他行业存在的问题？也许你的学生会提出一个需要满足的需求。你听到过他们的抱怨吗？他们的问题、尝试和痛苦是什么？需求无处不在，不一定要在你干的这一行里找。

只有你敲它们的门时，路才向你开放。此外，作为一名教师，你有大多数人都没有的大量时间。你知道有多少人想在夏天休息 3 个月吗？把这些时间用在可以致富的新路上吧。

MJ，我的邻居经营一个生意已经 19 年了，他很少在家，从没有时间做别的事情，当然他也并不富有，拥有一个生意并不能保证得到财富。

我同意。你的邻居的问题是他选择的道路不会带来富裕，因为他违背了时间戒律。如果你的生意不像一棵摇钱树那样让你从中解脱出来，这个生意可能真得会成为永远摆脱不掉的工作。

MJ，我现在有1.2万美元的负债，几乎无法维持收支平衡，我该从何处开始？

从了解那项债务的源头开始。为何会有这项债务？是怎样累积到1.2万美元之多的？债务累积不是一蹴而就的，而是一个持续多年的过程。你不会一觉醒来就欠了1.2万美元的债，是你的选择导致了债务——用信用卡购买了太多东西。你买了那些堆放在衣柜角落里不穿的衣服，你买了豪车……你想和别人攀比。又或许你住在一个太贵的豪宅，你用信用卡在日用品商店购物。要想摆脱信用卡债务，就得控制消费方式，不要无节制地使用信用卡。检讨人行道式的生活方式，做出新的选择。不要让债务进一步增长，或者做得更好一些，将债务降低下来。买东西用现金付账，如果你无法支付现金，就不要购买。

然后，把重点放到你的收入上来，明白你需要赚更多的钱。如果你的生意每个月能带来1.5万美元的收益，那个债务怎么会成为一个负担呢？不会的，它将永远不会成为负担。你只需要几个星期就能还清，不需要等几十年。收入就是解决问题的答案，同时暂时要减少支出，控制债务增长。投入一项基于需求的生意，用来扩大你的收入，运用快车道财富公式。是的，你应该动手做些别人不喜欢做的事情，要么马上去做，要么永远陷在债务泥潭里。

MJ，我妻子和我走在两条不同的路上。她是一个一辈子都走慢车道的人，算计着一分一厘，过着节俭的生活。我是一名连续创业者，想从生活中获取更多。我的问题是"连续创业"除了造成了关系上的困扰之外，没有给我带来成功。

你的太太是否读过这本书？如果读过，而且她既不赞同快车道理念，也不想参与其中的话，你为未来所做的决定可能会非常困难。你的伴侣是你一生的陪伴，如果你们不一致行动，很难跑在前面。

对于我们的选择及其潜力来说，夫妻关系也具有重要作用。今天你的路与伴侣的路有 1 度角之差，多年之后，你们的道路之间的分歧就会变成 90 度角。

从我个人角度来说，我对于"还不错"的关系并不感兴趣，而是对能让双方都成为最好的关系感兴趣。我无从推测你们的关系有多强，只有你能那样做。你和你的太太是否能够就理念分歧达成某种形式的妥协呢？比如对于时间价值的看法？比如对于财务知识的重要性？比如将你的收入与时间区分开？比如寄生性债务的毁灭性影响？也许这些共同点能够让你们殊途同归，朝向一个共同的目标。

最后一点是，你的"分身术"可能会是一个问题。你是一个可以平衡 10 种不同机会的"一夫多妻制"机会主义者吗？你的生意就是一个伴侣。不要欺骗，把所有关注放在一项生意上。种瓜得瓜，种豆得豆。将时间分配在不同情人间，是缓慢获得收入和资产价值的做法。

MJ，你觉得房地产投资如何？你没怎么提到这个行业，它是快车道吗？

我认为房地产投资是"财富 1.0"，是否是快车道，要看它是否满足 5 项戒律。也就是说，要看你是因为需求还是因为你了解房地产才成为房地产投资人。一个成功的房地产投资人之所以翻盖房子是因为需要那样做，之所以修建公寓楼，是因为周边有这样的需求。另外，房地产具有量级但缺乏规模。这意味着要想成功，你不得不致力于多个成功，实现连锁经营。一个小型物业不会让你成为富人，但是 200 个这样的物业是可以致富的。短短几年不会产生这样的效果，但是多年之后是可以的。我从未见过从事房地产行业的人中有 22 岁就成为百万富翁的。因为这是慢车道，资产价值累积得不如你自创的生意快。资产价值受限于量级，因此最富有的房地产投资人不仅岁数大，而且他们主要关注大型物业。你不会看到唐纳德·特朗普修建单户住宅，他盖的是豪宅，这就是量级。房地产拥有可以与时间分离的特点，只有你可以确定是否房地产投资就是你想要的快车道。

MJ，你是说我不能靠每周工作 4 小时致富吗？

当然可以，因为你有自由决定权。如果财富对你而言就是钱包里装着 100 美元周游世界，而且你总有各种手段和计划、糟糕的客户服务、交易和其他方法达到自己的目的，那么尽可使用。如果你觉得可以靠着每个月 1 000 美元养活自己和全家，也是你的自由。你问我是否曾经每周工作过 4 小时？当然有过，而且这种时候还很多！不同点是我之前做了很多工作才能够那样，而且我每个月不是只赚 1 000 美元，而是 10 万美元。

我从未遇到过哪个百万富翁是从头到尾都是每周只工作 4 小时的例子。这是一条单行线：每周工作 4 小时是摇钱树的果实，但是每周工作 4 小时是无法种出摇钱树的！

MJ，合作营销怎么样？这是一条"快车道"吗？我认识一些人通过合作营销赚了钱。

合作营销违背了进入戒律和控制戒律，如果你可以颠覆那些限制，它也可以成为快车道。不幸的是，合作营销本身并不是快车道。我一直出于我对合作营销的看法，批评一些合作营销论坛。可笑的是，尽管我被视为"老顽固"，那些家伙仍然成天在网上闲逛，伺机将所谓的快车道产品（类似我们的产品）兜售给别人。

当然，我也知道很多合作营销商确实赚了大钱，这就像我不会否认有人买彩票也能发大财。是的，确实有一些网络营销商成了百万富翁。我的观点不是绝对的，我说的是可能性。然后，一旦你违背了控制戒律，就丧失了控制权。当一位合作营销商加入我的公司并让我营销商品，他就给了我控制权，而我降低了进入门槛。而当你违背进入戒律时，你必须是独一无二的。

虽然有合作营销商每月可以赚 3 万美元，但是有 30 万个这类营销商每月的收入不到 100 美元。同样，有人每月赚 5 万美元，就有

50万人每月收入不足100美元。对于每个赢得100万美元的彩票中奖者而言，就会有100万个什么也捞不着的彩票购买者。这就是概率！如果你认为自己可以藐视概率而且例外的话，只管放手做去。那么我得恭喜你了！我可以想到几个例外的合作营销商确实身价不菲。如果你没有一个非常坚实的流程，这是不可能做到的！在非快车道领域的经验并不意味着快车道是无价值或应该回避的。我只关注数学和概率问题，这就是我与别人的不同之处。合作营销是促进生意的一个强大机制，这就是为何我倡导建立大家都喜欢加入的合作项目，而不是加入合作营销。

MJ，你建议我辍学吗？

这取决于费用、你的成熟度、你的目标和上学的边际收益。如果你想成为一名医生、工程师或者护士，答案是肯定的，你需要上学！如果你想发明一个需要大量工程技术的产品，可能需要上学！

要留心教育奴役并且明白大学教育不是致富的先提条件，因为正规教育有时会起副作用。教育带来的速度因其目的和成本而有所不同。我接受了大学教育，没有什么遗憾。换句话说，我还会接受更多教育。

MJ，我的上线说你是个盗梦者，你对网络营销的看法是错的。

好吧，那你就继续听从他的建议吧。5年后再告诉我，你取得了什么样的结果。

MJ，我要养活老婆和两个孩子，无法辞去工作。我到哪里找到时间按你说的方法去做呢？

时间不是问题，愿望和激情才是。因为你身负责任，所以深陷其中。这就是慢车道战胜了你，让你不得不服从于它的安排。为了重获自由，你需要做出承诺，为自己和家人重新找到无限的激情。它将帮你找到时间，不管是一大早还是深夜，或者是周末，如果没有燃烧的激情，你的愿望只会成为一个兴趣，而不会变成一项承诺。做出承诺的快车道上的人创造财富，而只有兴趣的快车道上的人只会找借口。

MJ，当你买下第一辆兰博基尼时，你觉得开心吗？我在考虑买一辆保时捷。

汽车和其他昂贵玩具不会让你开心快乐。我在买下第一辆兰博基尼时，已经很开心了，而买车只是对自己的奖励（快车道充电器）。快乐来自获得成就的过程，而买车是奖励和一个结果。成就是一个过程，可以为你积累经验。快乐来自你为了达到既定目标不断获得成就的过程，而不是一辆车！当这些都变成现实时，你可能会惊讶地发现，那辆梦想中的车已经不那么吸引你了。

MJ，我是一名单身母亲，也是牙医，我怎样才能踏上快车道？

不管你从事何种职业，踏上快车道取决于5项戒律（需求、进入、控制、规模和时间）。你可以创设一项能够解决大规模需求的生意吗？在你现在的行当里（牙医），是否可以帮助几千人？如果你不能发现你这个行当的一个需求或者解决方案，那么你得再想远一点，扩大到全世界和其他可以这样做的领域。要记住，你不仅仅是一名牙医，你还是一个母亲，是女人，是女儿。有几百条路可供你选择。你最热心于什么事情？政治？自然生活？园艺？这其中有没有待满足的需求？如果你不能找出一条新路，就让一个需要答案的问题帮你找吧。

MJ，开创一项生意是有风险的，有什么方法可以将风险降到最低吗？

是的。做生意要有合适的理由，而这个理由就是填补市场空白，或者比别人做得更好。当创业者基于错误或自私的动机开始一项生意时便会有风险。要记住，陌生人并不在意你的梦想是什么，他们寻求满足自己的需要和欲望。在你介入没有明确需求、品牌或目的的生意时，风险将会累积。当你去做一项自己喜欢而不是需要去做的生意时，风险在累积。当你将生意的主要方面的控制权让给他人时，风险在累积。是的，因为创业者缺乏对生意基本目的的认知，而生意是为了解决问题和帮助跟随你的人,所以它是一个风险。利润是随后而来的,而不是先有利润。

MJ,显然你是一个控制狂。既然快车道依赖于被动的利息收入,而你又无法控制利率,你是怎样做的呢?如果利率为零,不是会让快车道失效吗?

是的,只要涉及我的财务规划,我就是一个控制狂,你也应该如此。如果你不掌控,就可能将自己的舒适和安全寄托在别人身上,而不是由自己决定。我同意自己无法控制利率,但是你的金额应该足够大,以适应利率的变化。即便在低利率环境中,我仍然能够找到安全和可预期的 5% 回报,因为我的观察范围是全球,而不是本地。如果你将年回报设定在 10%,那是在愚弄自己,肯定会碰壁。把标准适度降低,以便为变化留出空间。

MJ,一个好的导师可以帮助致富吗?

导师如果只是提供指导而不是担任个人助理,会是非常好的资源。我曾有机会指导一些人,其中一些人对努力工作或付出不感兴趣,他们想让别人承担风险和处理整个过程。导师工作不是去外包整个流程,而是在你的致富过程中提供建议。好的导师可以为你提供助力!

MJ,你不是在虚伪地指责"物质上的奢侈"却同时用兰博基尼和豪宅这类东西鼓吹快车道致富吗?

我没有,因为快车道的核心不是买东西,而是有关自由,是可以自由地买你想要的东西。被束缚在你要的东西和买得起你想要的东西之间是有差别的。如果你可以甩出 30 万美元买一辆车而不用为此担心,那就去买好了。

MJ,我身陷慢车道中很难脱身,白天我要摆货架,晚上要去刷盘子,似乎没办法取得进展。

首先,从你的理念开始改变吧,因为它们会为你指明未来的选择。如果你想有所成就,就要相信自己可以进步。你必须选择开始行动，并从一个简单选项入手。起步可以帮你做出更好的选择，而你要做的第一件事就是分析你过去所做的选择。为何你现在是这个样子？你是怎样对待生活的，导致你现在不得不去洗盘子？

其次，你需要认真想想如何才能用你的智慧帮助其他人。如果你缺乏智慧，你需要获得它。通过充分学习和应用，你也许可以成为某个方面的专家。不幸的是，这种投入是有代价的，通常要关掉电视机，为了更好的未来而牺牲眼前的快乐。我不介意你现在是干什么的，如果你解决了其他人的需求，就可以解决你自己的问题。

→ 附录 B

40 条快车道指南

1. 不要认为快速致富不可能。
2. 不要让慢车道埋葬我们的梦想。
3. 不要让慢车道鼓吹者用他们的教条玷污我的真理。
4. 不要采用慢车道作为你的计划,但可以把它作为计划的一部分。
5. 不要为了换取周末就出卖灵魂。
6. 不必期望或以为做一名司机就能致富。
7. 不要为了省钱浪费自己的时间。
8. 不要把时间放在控制财务计划上。
9. 不要放弃对财务计划的控制权。
10. 不要以为时间很充裕。
11. 不要关注结果,而应关注过程。
12. 不要接受那些鼓吹一套方法,实际上却依靠其他方法致富的大师们的建议。
13. 不要用复利致富,而要用其获得收入。
14. 不要忽视金钱的被动性。
15. 毕业后不要停止学习,而应该开始自我教育。
16. 不要让生活被寄生性债务缠住。

17. 不要站在消费者的角度，要转做生产者。
18. 不要否定梦想成真的可能性。
19. 不要追逐金钱，要找到需求。
20. 不要用爱作为激励，而要用热诚。
21. 不要盯着我的花费，要看的是我的收入。
22. 不要让自己最后一个收到钱，你要第一个拿到收入。
23. 不要做大家都在做的事情。
24. 不要相信每个人，但要给他人证明自己的机会。
25. 不要放弃对自己生意的控制权。
26. 不要搭便车，要争取自己驾驶。
27. 不要把自己限制在有限规模和细小空间中经营。
28. 不要轻视选择的力量。
29. 不要像一只池塘里的孔雀鱼，要像大海里的一头鲨鱼。
30. 不要先消费，要先生产后消费。
31. 不要轻易涉足无壁垒或进入门槛低的生意。
32. 不要投资于别人的品牌，要投资自己的。
33. 想法不能只是说说，重要的是去实施。
34. 不要为了其他利益相关人而放弃客户。
35. 不是打造业务，而是建立品牌。
36. 不要关注产品特点方面的营销信息，而要关注它能为客户带来的好处。
37. 不要做多头兼顾的机会主义者，要聚焦！
38. 不要像下跳棋那样做生意，要像下象棋。
39. 不要超过自己的能力范围生活，但要寻找机会扩展自己的能力范围。
40. 要具备基本的金融知识。